2020世代 いわて

高校野球ファイル

2020 Iwate high school Baseball File

＜表紙の写真＞盛岡地区予選・代表決定戦 盛岡商ー盛岡三 8回裏盛岡三1死一、二塁、盗塁を仕掛けた二走高橋（右）が暴投で一気に本塁を突いて生還。8ー7と勝ち越す。投手桜庭＝7月6日、盛岡市・県営球場

Contents

［表記について］

部員名簿を除き、本文中の人名は原則、新字体で表記しています。

選手の学年は、岩手日報掲載当時のものです。

輝いた2020世代

新型コロナウイルス感染症の影響で全国高校野球選手権岩手大会が中止になり、代替大会として開催された「夏季県高校野球大会」。夏の甲子園という夢は消えたが、今季最初で最後の公式戦に69校65チームが全力で臨んだ。原則無観客の静かなスタンド。応援団や高校野球ファンの歓声が響かない球場で、選手たちは一投一打に気迫あふれるプレーを繰り広げた。地区予選で敗れた3年生はわずか1試合で高校野球生活を終えた。それでも試合ができた喜びがどのチームにもあふれていた。「2020世代」。君たちの熱闘を忘れない。

佐藤真尋

高田のエースとして救援も含めて県大会4試合に登板。21イニング余で奪三振18、自責点3と抜群の投球を見せ、チームの4強進出に貢献した

水谷公省

花巻東の4番。1回戦では高校通算34号となる場外本塁打を放つなど、群を抜く長打力を発揮した

大久保瞬

盛岡大付の背番号1。右横手から投げ込む直球は威力十分。準決勝では147キロをマークした

佐藤颯弥

一関学院のリードオフマン。2回戦ではソロ本塁打を放ち、守っても遊撃手として無失策で投手陣をもり立てた

千田大輔

ベスト8進出の快進撃を見せ
水沢商のエース。県大会は3
合すべてに完投し、準々決勝
152球の力投で一関学院打
を最後まで苦しめた

優勝を成し遂げて喜びを爆発させる一関学院の選手たち

7月26日

決勝

盛岡市　県営球場

令和2年夏季県高校野球大会

一関学院「10年ぶり」夏V

　投打がかみ合った一関学院が優勝した。3回1死一、二塁から近江、坂本、奥谷の3連打で3点を先制。七回は2死から坂本の左中間二塁打を足掛かりに満塁と攻め、佐々木春の中前打で4点目を挙げた。先発菊池が3回1失点、2番手小綿が6回無失点の好投で逃げ切った。

　盛岡大付は強力打線が6安打に抑え込まれた。0―3の三回1死一塁から渡辺の右中間二塁打で1点を返したが、二回1死一、二塁、三回2死満塁を生かせなかった。2番手大久保が被安打3、1失点の力投だった。

一関学院 4―1 盛岡大付

一関学院	0	0	3	0	0	0	1	0	0	4
盛岡大付	0	0	1	0	0	0	0	0	0	1

(一)菊池、小綿―佐々木春　(盛)石井、大久保―塚本

一関学院、バッテリーの勝利

新型コロナウイルス感染症の影響で、例年と大きく形式を変えて行われた代替大会は一関学院が決勝で私立校対決を制して優勝を飾った。投手陣の安定感、上位打線を中心とした振りの強さで過去9年間、夏の頂点を占めてきた盛岡大付と花巻東を上回った。

一関学院は今大会初先発の菊池悠（3年）が直球で押し、2番手小綿大斗（同）は巧みな緩急で無失点。捕手佐々木春磨（同）を含めたバッテリーで勝利を大きく引き寄せた。

3回表一関学院1死一、二塁、近江が先制の中前打を放つ

高橋滋監督は決勝当日の朝まで先発を悩んだという。「一冬頑張った投手。勢いをつけてくれる」。期待を背負った背番号1の投球は力強かった。最速143キロの直球を軸にピンチでも力で押した。三回は1点を返されてなお2死満塁。140キロの真っすぐで中飛に打ち取った。

四回から救援した小綿は「フライを打ち上げさせる」と持ち味の緩急を徹底した。直球の最速135キロに対し、スローカーブは93キロ。40キロ以上の球速差で打者のタイミングを外し、飛球でアウトの半分近くを取った。今春は腰痛で出遅れた。「けがが治れば出られるとは思っていなかった。焦りもあった」。七回2死二塁では変化球で相手4番から空振り三振を奪った。

佐々木春は165センチの小柄な体を目いっぱい使って巧みなリードを見せた。「投手陣の力を引き出してくれた」と高橋監督の信頼も厚い。毎年、好捕手を輩出する同校に憧れて入学した背番号2が先輩に負けないくらい大きく成長した。

表彰式後のグラウンドでナインは高橋監督を胴上げした。「最高の選手たちに巡り合えて良かった」。岩手大会の記録には残らなくても、たくさんの記憶が詰まった一関学院の優勝だった。

【一関学院】	打	安	点	振	球	犠	盗	残	失
⑥ 佐藤 颯	4	0	0	0	0	1	0	0	0
⑨ 佐々木大	4	0	0	1	1	0	0	0	0
⑧ 近 江	5	1	1	2	0	0	0	0	0
⑤ 坂 本	5	2	1	0	0	0	0	0	0
③ 奥 谷	4	1	1	1	0	0	0	1	0
⑦ 瀬 川	3	2	0	0	1	0	0	3	0
② 佐々木春	3	3	1	0	1	0	2	4	0
① 菊 池	1	0	0	0	0	0	0	0	0
H 菱 沼	1	0	0	1	0	0	0	0	0
1 小 綿	2	0	0	0	0	0	0	0	0
④ 鈴木 来	3	1	0	0	1	0	0	1	0
	35	10	4	5	4	1	2	9	0

【盛岡大付】	打	安	点	振	球	犠	盗	残	失
④ 山 口	4	0	0	0	1	0	0	0	0
⑧ 渡 辺	5	1	1	0	0	0	0	1	0
⑤ 松 本	2	1	0	0	2	0	1	3	1
② 塚 本	4	0	0	1	0	0	0	0	0
③ 山 本	4	3	0	0	0	0	0	2	0
R7 遠 藤	0	0	0	0	0	0	0	1	0
⑥ 四日市	3	1	0	0	1	0	0	2	1
⑦ 天 笠	4	0	0	1	0	0	0	0	0
3 篠 山	0	0	0	0	0	0	0	0	0
① 石 井	1	0	0	1	0	0	0	0	0
1 大久保	3	0	0	0	0	0	0	0	0
⑨ 小 林	3	0	0	1	1	0	0	1	0
	33	6	1	4	5	0	1	10	2

投手	回	打	安	振	球	責	失	投
菊 池	3	15	4	1	2	1	1	56
小 綿	6	23	2	3	3	0	0	90
石 井	3⅓	17	7	4	1	3	3	57
大久保	5⅔	23	3	1	3	0	1	86

▽二塁打　奥谷、坂本（一）渡辺、松本（盛）
▽球審　八重樫　▽塁審　小谷地、千葉、田口
▽試合時間　2時間13分

4回から救援し、9回まで無失点に封じた一関学院の小綿（中央）

7回表一関学院2死満塁、中堅手渡辺の好返球で捕手塚本が本塁を突いた二走奥寺をタッチアウトにする

恩返しができた　一関学院・佐藤颯弥 主将（3年）

2投手が流れを断ち切ってくれた。私学2強に勝ちたい気持ちで練習した。監督に恩返しができてうれしい。甲子園が中止になり残念な気持ちはあったが、最後の舞台をつくっていただき感謝したい。

楽しい夏だった　盛岡大付・小林武都 主将（3年）

気持ちも技術も相手が上だった。主将の自分を支えてくれたチームメートと優勝したかった。大会を通じてやりたかったプレーをやり切れたので後悔はない。非常に楽しい夏になった。

昨秋県王者の盛岡大付が快勝。初回に渡辺の左越え2ランで先行し、二回は1死一、三塁から山口の右前打、五回は1死二塁から塚本の右前二塁打でリードを広げた。先発石井が被安打2、2番手大久保も要所を締めて得点を許さなかった。花巻東は一、三回を除いて毎回走者を出したものの3併殺。八、九回の無死一、二塁もあと1本が出なかった。

盛岡大付、完封リレー

盛岡大付 4—0 花巻東

	1	2	3	4	5	6	7	8	9	計
花巻東	0	0	0	0	0	0	0	0	0	0
盛岡大付	2	1	0	0	1	0	0	0	×	4

（花）小野寺、田村、松本—菅　（盛）石井、大久保—塚本

【花巻東】	打安点振球
②　菅	31001
③13田村	31001
⑤8水谷	30001
⑦　大和田	41010
④6清川	41000
⑥　酒井	10001
4　平山	11000
1　松本	11000
R　熊谷	00000
①　小野寺	00000
34渡辺	30011
⑧　千田	10010
5　菊地	30000
⑨　村上	20010
H　東梅	10000
R9五嶋	00000
H　東谷	10000
犠盗失併残 02109	316045

投手	回	打安振球失
小野寺	1⅔	104023
田村	4⅓	182321
松本	2	81020

【盛岡大付】	打安点振球
④　山口	31111
⑧7渡辺	31201
⑤3松本	40000
②　塚本	41110
③　山本	42000
R　遠藤	00000
5　篠山	00000
⑥　四日市	30001
⑦　天笠	21002
R　原田	00000
8　板橋	00000
①　石井	00000
H　川瀬	00000
1　大久保	10001
⑨　小林	41010
犠盗失併残 23138	287436

投手	回	打安振球失
石井	4	122100
大久保	5	244350

▽本塁打　渡辺（盛）＝一回
▽二塁打　清川（花）塚本（盛）
▽審判　球審＝三浦大　塁審＝水野、三浦寿、千葉
▽試合時間　2時間21分（中断8分）

勝負を分けた二回の攻防

投打にかみ合った盛岡大付がライバルに完勝した。先発石井駿大朗（3年）は「この試合は技術じゃない」と気合十分。初回から最速141キロの直球を繰り出し、強気に内角を攻めて三者凡退に抑えた。すぐさま打線も応える。初回無死一塁、犠打も考えられる場面で渡辺翔真（2年）が「（昨秋県大会決勝の）本塁打のイメージが残っていた」とスライダーを強振。左越えの先制2ランを放った。

二回の攻守で優位に立った。石井は先頭打者に安打を許したが次打者を一ゴロ併殺に仕留める。その裏、盛岡大付は無死一塁から今度は手堅く犠打で走者を進め3点目につなげた。「気持ちとして楽になった」という関口清治監督に対し、花巻東の佐々木洋監督は「3点を追うために本来の攻撃ができなかった」と唇をかんだ。

練習試合では花巻東に9—11で負けていた。乱打戦を覚悟していた指揮官の予想に反し、石井は4回を無四球、被安打2。2番手の大久保瞬（3年）は自己最速を更新する147キロの直球で5回無失点。強打者・水谷公省らを擁する相手打線を6安打に封じた。

守備も光った。花巻東が五回1死一、二塁から重盗を仕掛けたが、強肩の塚本悠樹（3年）は「二走のスタートが良かったので一走に切り替えた」。落ち着いて二塁に送球し一走を刺した。この回を無得点で切り抜け、主導権を渡さなかった。内野陣は2失策ながら3併殺を完成させて「逆転の花巻東」に反撃を許さなかった。

上／花巻東—盛岡大付　5回裏盛岡大付1死二塁、塚本の右前打で4—0とする

左／8回裏のピンチでマウンドに集まる花巻東の選手たち

花巻東、本塁遠く

3年生38人で「夏3連覇」を目指した花巻東が力尽きた。

得意の機動力が封じられた。先頭打者の出塁は盛岡大付の5度に対し、花巻東は二、八、九回の3度。五回は1死一、二塁から重盗を仕掛けたが失敗。最後まで本塁が遠かった。

代替大会は3年生のみで出場すると決めていた。そのせいか競争意識が薄れ、練習態度が緩んだことも。佐々木洋監督は大会前に突き放し、メンバー選考を任せた時期もあったという。「全員が出場して全員で優勝をつかむんだ」。監督の言葉で一つになった3年生の夏が終わった。

一関学院が延長タイブレークを制し決勝進出。2―3の十三回1死満塁から近江の押し出し死球で追い付き、坂本の中越え安打で勝負を決めた。二回に佐々木春のスクイズで先制。三回は佐々木大の左越えソロで加点した。高田は五回に千葉の左越えソロ、六回に熊谷大の中前打で追い付いた。十三回は大久保の左前打で1点を勝ち越したが、力投の佐藤が力尽きた。

一関学院、タイブレーク制す

一関学院 4―3 高田

高田	0	0	0	0	1	1	0	0	0	0	0	0	1	3
一関学院	0	1	1	0	0	0	0	0	0	0	0	0	2X	4

（延長十三回タイブレーク）

（高）佐藤―平野　（一）佐藤弘、伊藤、小綿―佐々木春

高田――一関学院　13回裏一関学院1死満塁、中越えにサヨナラ打を放ちガッツポーズで一塁を回る坂本（中央）

一関学院・坂本が決勝打

部員81人の思いを込めてバットを振り抜いた。一関学院の4番坂本章畝《あきせ》（3年）がスライダーを完璧に捉え、延長タイブレークの熱戦に終止符を打った。

十三回1死満塁。同点に追い付いた3番近江博人（同）の押し出し死球はスライダーの抜け球。ここまで無安打の坂本は「スライダーの切れがなくなり球が浮いていた。監督から『任せる』と言われ、しっかり狙い球を絞れた。みんながつないでくれたから打てた」と喜びに浸った。

試合中盤、相手に傾きかけた流れを小綿大斗（同）が断ち切った。90キロ台のスローカーブと130キロ台の直球で緩急をつけ、登板直後の六回こそ連打を浴びたが、七回以降は1安打に封じた。「味方の打者が打ってくれることを信じてテンポよく投げた」。タイブレークの十三回を1点でしのいだことも大きかった。一塁前への送りバントで走者を三塁封殺。続く打者の鋭い当たりは二塁手鈴木来夢《らいむ》（3年）が好捕、併殺に仕留めた。

盛岡大付には2016年の決勝で1点差で敗れた。当時の部長として悔しさを知る高橋滋監督は「歴代OBの思いも背負って胸を借りるつもりでぶつかりたい」と闘志をみなぎらせた。

高田・佐藤が熱投124球

延長十三回。それまで低めに決まっていたスライダーが高めに浮いた。打球が中堅手の頭上を越え、膝に手をつく高田のエース佐藤真尋《まひろ》（3年）。試合後、敵味方問わず、その力投をたたえる輪が広がった。

三回まで本塁打を含む2失点。「真ん中に集まっていたのでコーナーを意識した」と四回以降は修正し、最速143キロの直球と縦横のスライダーの組み立てで凡打の山を築く。打者49人に対しわずか124球。1人平均3球に満たず、一関学院の高橋滋監督に「今大会ナンバーワン投手でしょう」と言わしめた。

準々決勝まで救援登板だったが、準決勝、決勝はエースに託すと全員で決めた。佐藤は「勝ち切れないのは弱さです。みんなのおかげでマウンドに立てて感謝しかない」。甲子園につながっていなくとも、仲間と本気で頂を目指した。背番号1はりりしく球場を去った。

高田・千葉大輝（3年）「打線の要を担う責任を持って打席に入った」（0―2の五回、反撃の左越えソロ）

高田・大久保星音（2年）「勝利に貢献できなかったが、この1本を次への糧にする」（タイブレーク延長十三回、バスターを決め勝ち越しの1点を挙げる）

【高田】		打安点振球
⑤	大和田稚	51000
⑦	佐々木	50001
⑥	熊谷大	51110
⑧	千葉	52100
③	大和田琉	51000
①	佐藤	51000
②	平野	51010
④	平沢	40011
⑨	大久保	31102

犠盗失併残……………
10237　428334

投手	回	打安振球失
佐藤	12⅓	499644

【一関学院】		打安点振球
⑥	佐藤颯	52000
⑨	佐々木大	41112
⑧	近江	52111
⑤	坂本	51110
③	奥谷	41001
⑦	瀬川	51010
②	佐々木春	41100
①	佐藤弘	10000
H	佐藤竜	10000
1	伊藤	00000
1	小綿	30010
④	鈴木来	50010

犠盗失併残……………
310310　429464

投手	回	打安振球失
佐藤弘	5	183021
伊藤	⅓	21001
小綿	7⅔	274321

▽本塁打　千葉（高）＝五回、佐々木大（一）＝三回
▽二塁打　佐藤（高）瀬川、佐藤颯（一）
▽審判　球審＝瀬川　塁審＝菅原、伊藤、吹切
▽試合時間　2時間28分

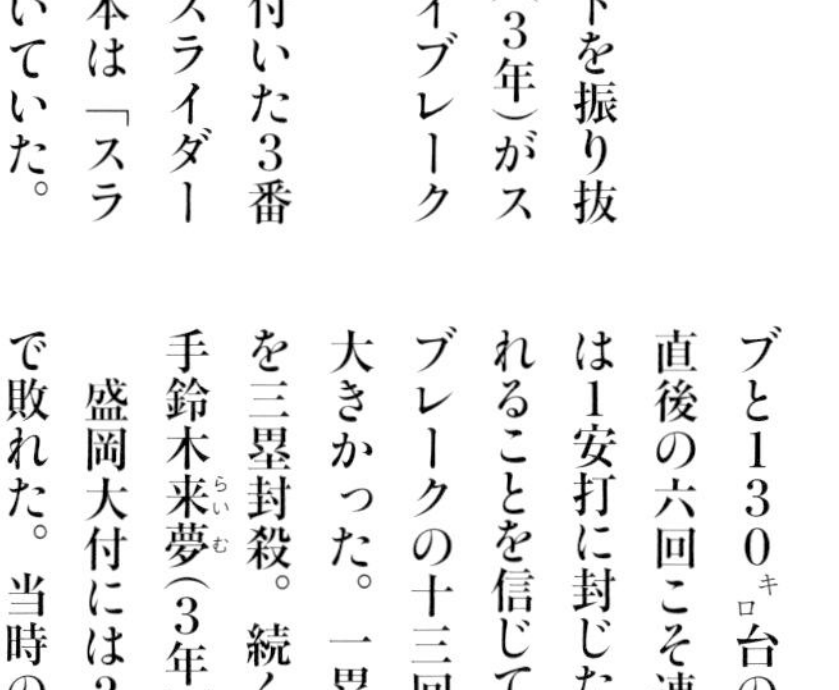

一関学院の選手と握手を交わす高田の主戦佐藤（中央）

高田と一関学院が4強進出。高田は1−1の六回、大和田琉の左越え二塁打など6安打で一挙7点。そのまま一関一を押し切った。一関学院は5−5の七回、代打菱沼が勝ち越し打。今大会5試合目の水沢商は11安打を放って粘り強く戦ったが、あと一歩及ばず。

高田、六回に集中打

高田 8−1 一関一

一関一	0	0	0	0	1	0	0	1
高田	0	0	0	0	1	7	×	8

（七回コールド）

（一）岩渕和、小野寺蒼―高橋啓　（高）伊藤賢、佐藤―平野

一関一―高田　6回裏高田1死三塁、大和田琉の二塁打で三走熊谷大が生還、2―1と勝ち越す

【一関一】	打	安	点	振	球
⑨ 朝倉	3	1	0	0	0
④ 樋口	3	1	1	1	0
⑦1 小野寺蒼	3	1	0	0	0
③ 高橋紬	3	1	0	1	0
⑧ 岩渕匠	2	0	0	1	1
⑥ 松嶋	3	1	0	0	0
R 菊池	0	0	0	0	0
⑤ 軍司	2	0	0	0	0
H 後藤	1	0	0	1	0
② 高橋啓	2	0	0	1	1
①7 岩渕和	3	0	0	0	0

犠盗失併残……………
02115　255152

投手	回	打	安	振	球	失
岩渕和	5⅔	26	9	3	0	5
小野寺蒼	⅓	7	3	0	3	3

【高田】	打	安	点	振	球
⑤ 大和田稚	4	2	1	0	0
⑦ 佐々木	4	2	2	0	0
⑥ 熊谷大	4	3	1	1	0
⑨8 千葉	3	1	0	1	1
③ 大和田琉	3	1	1	0	1
⑧1 佐藤	4	0	0	1	0
② 平野	3	1	0	0	0
④ 平沢	2	1	1	0	0
① 伊藤賢	1	0	0	0	0
9 大久保	1	1	1	0	1

犠盗失併残……………
12117　2912733

投手	回	打	安	振	球	失
伊藤賢	3⅓	14	3	2	1	0
佐藤	3⅔	13	2	3	1	1

▽二塁打　平野、熊谷大、大和田琉、平沢、佐々木（高）
▽暴投　佐藤（高）2＝七回
▽審判　球審＝小谷地　塁審＝宇都宮、谷地、三浦
▽試合時間　1時間59分

3番熊谷大が猛攻の口火

高田の3番熊谷大陽（3年）が猛攻の口火を切った。「足を上げる幅を小さくしてコンパクトに打った」と右中間二塁打で出塁。大和田琉汰（2年）が甘いスライダーを逃さず、左越え二塁打で勝ち越した。熊谷大の鮮やかな右打ちがお手本となり、各打者が逆方向への意識で快音を響かせた。この回だけで6安打を集めて7得点。集中打で4強入りを果たした。

救援で活躍するエース佐藤真尋《まひろ》（3年）は0―0の四回1死一、二塁に登板。走者を背負った場面での救援は今大会初めてだったが、わずか2球で二ゴロ併殺に打ち取った。

五回は今大会初安打を許したうえに初失点。七回は2者連続三振と2連続暴投。130キロ台後半の直球と縦のスライダーが武器の背番号1は「抜け球もあり細かい制球が課題」と気合を入れ直していた。

6回裏のピンチでマウンドに集まる一関一の選手

一関一、力出し切る

一関一の先発岩渕和希（3年）は「やってきたことは間違っていなかった。全力を出したので、悔いはない」と持ち味を出し切った。序盤はストライクになるスライダーと、ボールになるスライダーを織り交ぜ、思い描いた通りの投球だった。しかし六回、わずかに乱れた制球をとらえられ、3本の二塁打を許して降板。エース小野寺蒼（同）も連打を浴びて流れを失った。

それでも五回、樋口裕太（同）の適時打で好投手佐藤真尋に今大会初失点を付けるなど、チームのテーマ「化ける」の一端は示した。後藤健太主将（同）は「甲子園がなくショックだったが、野球が好きだという気持ちを確認し合い大会に臨んだ。切磋琢磨《せっさたくま》し、ベスト8まで来られた」と仲間に感謝した。

一関学院が終盤地力

一関学院 8―5 水沢商

一関学院	0	1	0	4	0	0	1	2	0	8
水沢商	0	0	2	0	1	2	0	0	0	5

（一）佐藤弘、伊藤健、菊池、小綿―佐々木春　（水）千田大―千田慎

代打菱沼が千金の一打

一関学院が代打菱沼海斗（3年）の値千金の勝ち越し打で苦しい試合をものにした。5―5の七回1死二、三塁。高橋滋監督は「左打者の方がボールが見やすい。菱沼はコンパクトな打撃ができる」と、エース菊池悠（同）に代打を送った。期待に応えた背番号14は「フルカウントだったので引きつけて打つことを考えた」と8球目を右前にはじき返した。

この日は下位が奮起した。7番佐々木春磨（同）が3安打1打点、9番鈴木来夢《らいむ》（同）が2安打1得点。どこからでも得点できる強力打線が16安打を放ち、水沢商の勢いをはね返した。投手陣も七回から登板した4番手小綿大斗（同）が無失点。選手層の厚さで激戦をしのいだ。

一関学院―水沢商　7回表一関学院1死二、三塁、代打菱沼が右前打を放ち6―5と勝ち越す

水沢商、互角の勝負

水沢商は逆転勝ちした1回戦と2回戦の粘りを、準々決勝でも発揮した。0―1の三回は1死満塁から千田慎悟（3年）の右前打などで逆転。2点を追う六回は1死一、三塁のピンチを切り抜けると、小沢優斗主将（同）が「流れを持ってくるならこの場面。ランナーをためて（4番の）大輔に回そう」と左前打で出塁。1死満塁から主戦千田大輔（同）が「つないでくれたので絶対打てると思った」と右前に2点適時打を放ち、同点に持ち込んだ。快進撃は止まったが、昨夏に同じメンバーでコールド負けした相手を最後まで苦しめた。「1試合でも多く、一日でも長く」を目標に5試合を戦い抜いた選手たち。小山智之監督は「1年間の成長を見ることができた。ありがとう」と感無量だった。

6回裏水沢商1死満塁、右前に2点適時打を放ちガッツポーズする千田大（左）。5―5とする

【一関学院】		打安点振球
⑥	佐藤　颯	51010
⑨	佐々木大	42212
⑧	近　江	40002
⑤	坂　本	52100
③	奥　谷	42000
⑦	瀬　川	32001
②	佐々木春	43100
①	佐藤　弘	10100
1	伊藤　健	00000
1	菊　池	21000
H	菱　沼	11100
1	小　綿	10000
④	鈴　木	52000
犠盗失併残	431213	3916625

投手	回	打安振球失
佐藤　弘	2⅓	113111
伊藤　健	⅔	31021
菊　池	3⅔	185433
小　綿	3	112300

【水沢商】		打安点振球
④	小　沢	41011
⑦	後　藤	53010
⑥	千　葉	31011
①	千田　大	42201
②	千田　慎	42101
③	原　田	10201
H	三　田	11000
⑨	千田　竜	50020
⑤	阿　部	21010
5	遠　藤	20000
⑧	菊　地	20011
H8	大　芦	10010
犠盗失併残	303211	3411586

投手	回	打安振球失
千田大	9	4816258

▽二塁打　佐々木大2、鈴木（一）後藤（水）
▽暴投　菊池（一）2＝六回
▽審判　球審＝八重樫　塁審＝下天广、釜石、長坂
▽試合時間　2時間40分

花巻東と盛岡大付が準決勝進出。花巻東は1−1の七回、2死二塁から水谷の右前打で勝ち越し。黒沢尻工は六回以降の得点機に一本が出なかった。盛岡大付は4−4の四回、打者一巡の猛攻で5点。盛岡一は三回、相手のミスを突いて一度は逆転したが、投手陣が13安打を浴びた。

花巻東が接戦制す

花巻東 2−1 黒沢尻工

黒沢尻工	0	0	0	0	1	0	0	0	0	1
花巻東	0	1	0	0	0	0	1	0	×	2

（黒）根本、佐藤拓、藤沢—佐藤慎　（花）古川端、清川、小野寺—菅

黒沢尻工—花巻東　7回裏花巻東2死二塁、水谷が右前打を放ち2—1と勝ち越す

【黒沢尻工】

		打	安	点	振	球
⑤	畠山	3	0	0	0	0
⑧	及川	4	1	0	1	0
④	加藤	3	0	0	1	0
⑦	小野寺	3	2	0	0	1
②	佐藤慎	2	0	0	0	0
⑨	宮本	2	0	0	2	1
H	菊池	1	0	0	0	0
⑥	松原	2	0	0	0	1
③	角舘	3	0	0	1	0
①	根本	3	3	1	0	0
R	遠藤	0	0	0	0	0
1	佐藤拓	0	0	0	0	0
1	藤沢	0	0	0	0	0

犠盗失併残……………
5 0 1 2 6　26 6 1 5 3

投手	回	打	安	振	球	失
根本	7	32	8	3	4	2
佐藤拓	⅓	3	2	1	0	0
藤沢	⅔	1	0	0	0	0

【花巻東】

		打	安	点	振	球
④14	清川	3	1	0	0	1
②	菅	2	0	0	0	1
③	田村	4	1	0	0	0
⑧	水谷	4	2	1	0	0
⑦	大和田	4	1	0	0	0
⑨5	渡辺	3	0	0	2	1
⑤4	菊地	3	2	0	1	1
R	村上	0	0	0	0	0
4	熊谷	0	0	0	0	0
1	小野寺	0	0	0	0	0
①	古川端	2	1	1	0	0
9	東谷	2	1	0	0	0
⑥	酒井	4	1	0	1	0

犠盗失併残……………
1 2 0 2 10　31 10 2 4 4

投手	回	打	安	振	球	失
古川端	5	19	3	3	3	1
清川	3⅓	13	3	2	0	0
小野寺	⅔	2	0	0	0	0

▽二塁打　水谷、田村（花）
▽審判　球審＝小野寺　塁審＝千葉、那須野、高橋
▽試合時間　3時間0分（中断55分）

4番水谷、奮起のタイムリー

「勝つためにここまで来たんだろ」。花巻東の4番水谷公省（3年）は指揮官のげきに応え、1—1の七回2死二塁、右前に勝ち越し打を放った。父親哲也さんは横浜隼人（神奈川）の監督だが、佐々木洋監督が同校でコーチをしていた縁で、本来は県内選手のみの花巻東に入学した。昨秋は東北大会前に骨折。初戦敗退の責任を感じていた4番は「自分が決める」と奮起。相手投手の失投を見逃さなかった。

昨秋の東北大会で失策に泣いた二塁手の清川大雅主将（3年）は、中堅に抜けそうな打球を2度好捕。投げては2番手で登板し、最速144キロの直球で無失点と奮闘した。

7回2失点と好投した黒沢尻工の根本

黒沢尻工、根本が好投

黒沢尻工は右下手投げの根本夏珠葵《なずき》（2年）が、3試合で計46点の強力打線を2点に抑えた。花巻東の佐々木洋監督は「内角も攻めてくると思っていた」というが、徹底した外角攻めを貫き、四回以降は先頭打者の出塁を許さなかった。五回には自ら同点打を放ち、競り合いに持ち込んだ。

練習試合では根本が打ち込まれ、打線も4安打に封じられて完敗。この日は先頭が出塁すると犠打で確実に走者を進めた。正攻法に徹して一打に懸けたが、石橋智監督は「ボールを振らせる相手投手陣が上手だった」と脱帽した。

昨季は長打力でベスト4。今季は連打を浴びせてベスト8まで勝ち上がった。「後輩には再び長打力が魅力の打線をつくってほしい」。加藤琉生《るい》主将（3年）は「強打の黒工」復活を託した。

盛岡一—盛岡大付　4回裏盛岡大付2死満塁、四日市が左前打を放ち2点を追加、9—4とする

盛岡大付 13安打11点

盛岡大付 11—4 盛岡一

	1	2	3	4	5	6	7	8	計
盛岡一	0	0	3	1	0	0	0	0	4
盛岡大付	1	0	3	5	0	1	0	1X	11

（八回コールド）

（一）佐々木裕、平井、菅、福井、菅—金沢
（付）石井、大久保、渡辺—塚本

勝負の四回、エース投入

盛岡大付が四回、勝負に出た。4—4の同点に追いつかれ、なお2死1、2塁で主戦大久保瞬（3年）を投入。「力でねじ伏せ、流れを呼びたかった」と自己最速を更新する144キロを投げ込み、遊ゴロで切り抜ける。

悪い雰囲気を断ち切ったその裏、先頭が出塁すると、関口清治監督は代走に遠藤桃次郎（同）を起用。1死二塁から小林武都《たける》主将（同）の左前打で勝ち越すと、四日市翔（同）の左前打など、この回4安打を集めて5点。粘る相手を一気に突き放した。

大久保は四球を1個与えただけで、打者11人を無安打、5奪三振に抑える力投。コールド勝ちを呼び込んだ。

盛岡一、一時はリード

「打倒私立」を目標に掲げた盛岡一が、昨秋の県王者から一時リードを奪った。0—1の三回1死満塁から死球で押し出し同点。なおも2死満塁で相手投手が暴投。捕手が大きくはじいたのを見逃さず、二走浅沼秀平（3年）が一気に本塁を陥れた。再び1点を追う四回は森崇人（3年）が中前打で出塁。すかさず盗塁を決めて佐々木裕平（2年）の左翼線二塁打で追いついた。

川村尚紀主将（3年）は「チームとして何が必要か一人一人考えるチームに成長した」。主砲の高橋怜大《れお》（同）は「3年生だけの力ではここまで来られなかった。後輩には私立を倒して県制覇を成し遂げてもらいたい」と思いを託した。

【盛岡一】

		打安点振球
⑧	福田	32011
⑦	浅沼	31000
⑥	川村咲	40020
③	高橋怜	21102
⑤	川村尚	41020
④	森	41010
⑨	高橋滉	30010
1	福井	00000
H9	高橋健	10010
②	金沢	41020
①	佐々木裕	11101
1	平井	00000
191	菅	10000

犠盗失併残……………………
11217　　30 8 2 10 4

投手	回	打安振球失
佐々木裕	3⅔	21 8 1 3 8
平井	⅔	3 1 0 2 1
菅	2	10 2 1 2 1
福井	1⅓	4 0 0 0 0
菅	⅔	5 2 0 1 1

【盛岡大付】

		打安点振球
④	山口	52010
⑧1	渡辺	52100
⑤3	松本	53300
②	塚本	11103
R	奥野	00000
③	山本	20101
R57	篠山	11000
⑥	四日市	31202
⑦	天笠	10001
R7	遠藤	21100
5	川瀬	00100
①	石井	10000
18	大久保	20010
⑨	小林	22101
9	板橋	10000

犠盗失併残……………………
42009　　31 13 11 2 8

投手	回	打安振球失
石井	3⅔	19 6 4 3 4
大久保	3⅓	11 0 5 1 0
渡辺	1	5 2 1 0 0

▽本塁打　松本（付）＝三回
▽二塁打　佐々木裕、川村尚（一）松本（付）
▽暴投　石井（付）2＝三回、四回
▽審判　球審＝馬渕　塁審＝佐藤、千葉、吹切
▽試合時間　2時間13分

3回表盛岡一2死満塁、暴投で三走に続き二走浅沼が生還、3—1とする

水沢商と黒沢尻工がベスト8進出。水沢商は5－6の八回に連打で逆転。2本塁打を含む12安打の盛岡三を撃破した。黒沢尻工は3－4の九回、加藤の右中間三塁打で追いつき、暴投でサヨナラ勝ち。岩手は九回表、斉藤の適時打などで逆転したが、主戦村上が力尽きた。

黒沢尻工 5—4 岩手

岩手	0	0	0	0	1	1	0	0	2	4
黒沢尻工	0	0	0	0	0	0	0	3	2X	5

（岩）村上—高橋悠　（黒）松原、根本、藤沢—佐藤慎

黒沢尻工が逆転サヨナラ

夏の岩手大会2年連続ベスト16の岩手は、8強入り目前で涙をのんだ。2－0の八回、今大会24イニング目で初の失点、逆転まで許した。それでも九回1死一、二塁、五回に先制打を放った斉藤開（3年）が詰まりながら二塁手後方に落ちる同点打。「この試合に懸ける気持ちが強かった」。続く樋口俊文（同）の右犠飛で再逆転し、ベンチは沸き返った。

主戦村上真羽《まう》（同）は自己最速の136㌔を計測する力投。最後は暴投で力尽きた。

黒沢尻工・加藤琉生《るい》主将（3年）「「我慢比べの試合になると思っていた。チームの成長を感じた」（九回裏に同点の右中間三塁打を放ち、サヨナラの本塁を踏む）

【岩手】		打安点
⑤	関沢	410
④	斉藤	532
③	樋口	411
②	高橋悠	400
①	村上	400
⑨	井畑	410
⑦	松村	310
⑥	田山	411
⑧	藤村	300
H8	渡	000

振球犠盗失併残………
6 4 1 0 1 0 9 35 8 4

【黒沢尻工】		打安点
⑤	畠山	410
⑧	及川	320
⑥4	加藤	411
⑦	小野寺	520
③	角舘	300
②	佐藤慎	420
⑨	宮本	311
④1	根本	300
1	藤沢	000
①6	松原	310

振球犠盗失併残………
3 5 3 2 2 0 9 32 10 2

▽三塁打　加藤（黒）
▽二塁打　関沢、斉藤（岩）
▽審判　球審＝高橋　塁審＝那須野、小谷地、山崎
▽試合時間　2時間18分

岩手ー黒沢尻工　9回裏黒沢尻工1死二塁、加藤が右中間三塁打を放ち4ー4の同点とする。捕手高橋悠

水沢商 7—6 盛岡三

盛岡三	0	2	0	1	0	0	3	0	0	6
水沢商	3	1	0	0	0	0	1	2	×	7

（盛）下谷地、利府—菅原　（水）千田大—千田慎

水沢商が逆転、夏4勝

水沢商がこの夏4勝で堂々の8強入り。3ランを浴びて逆転を許す苦しい展開も、見事な粘りで昨秋8強の盛岡三を撃破した。

1点を追う八回裏、連続四球で無死一、二塁。千田慎吾（3年）は初球のバントがファウルになると、一転して2球目を強振し、左中間へ同点の二塁打。「キーマンだと思っていた」という小山智之監督の期待に応えた。続く原田琉《るい》（2年）は左前への勝ち越し打。「3年生ともっと試合がしたい。2年生で得点しようと声を掛け合った」。6失点ながら粘り強く投げた千田大輔（3年）を助けた。

盛岡三・3番高橋一輝「支えてくれた人が打たせてくれた」。（七回1死一、三塁で左翼席に逆転3ラン。公式戦初の本塁打）

盛岡三—水沢商　逆転勝ちで8強入りを果たし、抱き合って喜ぶ水沢商の選手たち

【盛岡三】		打安点
⑨	小谷地	520
⑤1	利府	510
⑦	高橋	423
②	菅原	500
⑥	佐々木	420
⑧	後藤	300
③	糠森	321
④	吉川	421
①	下谷地	000
H	小野	101
5	志和	310

振球犠盗失併残………
5 2 1 0 1 1 7 37 12 6

【水沢商】		打安点
④	小沢	321
⑦	後藤	400
⑥	千葉	310
①	千田大	210
②	千田慎	312
③	原田	423
⑨	千田竜	410
⑤	阿部	311
⑧	菊地	200

振球犠盗失併残………
4 4 3 1 2 1 4 28 9 7

▽本塁打　糠森（盛）＝四回、高橋（盛）＝七回
▽二塁打　志和（盛）原田、小沢、千田慎（水）
▽審判　球審＝高橋　塁審＝伊藤、坂本、佐藤
▽試合時間　1時間51分

7回表盛岡三1死一、三塁、高橋が左越え本塁打を放ち6—4と逆転する

高田と一関学院が零封勝ち。高田は5回から登板した佐藤が1人の走者も許さず、先発伊藤賢との無失点リレーで一関工を下した。一関学院はソロ本塁打3発を含む11安打。4投手が宮古打線を5安打に抑えた。

高田―一関工　5回裏から登板し、1人の走者も許さなかった高田の佐藤

高田 3―0 一関工

高　田	0	0	0	0	0	0	1	2	0	3
一関工	0	0	0	0	0	0	0	0	0	0

(高)伊藤賢、佐藤―平野　(一)小野寺、伊東、福島―阿部悠

【高田】		打安点
⑤	大和田稚	500
⑦	佐々木	520
⑥	熊谷大	300
⑨8	千葉	310
③	大和田琉	412
⑧1	佐藤	420
②	平野	310
④	平沢	200
①	伊藤賢	100
H	鳥沢	100
9	大久保	111
振球犠盗失併残………		
5 4 2 1 0 0 8		32 8 3

【一関工】		打安点
③	佐藤樹	410
⑥	藤野	400
⑧	千田	410
⑦	佐々木空	300
④	小山	200
②	阿部悠	310
⑨	細川	200
1	伊東	100
1	福島	000
⑤	佐藤蓮	300
①9	小野寺	200
H	山平	100
9	吉田	000
振球犠盗失併残………		
9 0 1 0 0 1 3		29 3 0

▽二塁打　大和田琉（高）佐藤樹（一）
▽審判　球審＝阿部　塁審＝舘崎、伊藤、川口
▽試合時間　1時間52分

高田・佐藤が完璧救援

高田のエース佐藤真尋《まひろ》(3年)が好救援。5回を打者15人で封じる完璧な投球で8強入りをたぐり寄せた。「抑えよう抑えようと思わず、自分の投球を心掛けた。コーナーに投げ分けられた」。

「攻撃のリズムを出すためにも代えた」と佐々木雄洋監督が五回から佐藤を投入。背番号1はいきなり3者連続三振に切って取り、雰囲気を変えた。140㌔の直球が武器だが、この日は縦に曲がるスライダーを交え、8個の三振を奪う快投だった。

一関工・小野寺悠斗(3年)「後ろにいい投手がいるので初回から100%の力でいった」(六回まで無失点の好投)

一関学院―宮古　3回表一関学院、先頭の佐々木大が中越え本塁打を放ち4―0とする

一関学院 6―0 宮古

一関学院	3	0	2	0	0	0	1	0	0	6
宮　古	0	0	0	0	0	0	0	0	0	0

(一)菅原、伊藤、小綿、菊池悠―佐々木春　(宮)阿部―黒田

【一関学院】		打安点
⑥	佐藤颯	531
⑨	佐々木大	531
⑧	近江	310
⑤	坂本	421
⑦	瀬川	300
7	千田	100
③	佐藤竜	322
②	佐々木春	400
①	菅原	100
H	桜庭	100
1	伊藤	000
H	渋谷	100
1	小綿	100
1	菊池悠	000
④	菱沼	200
H	菊池高	100
4	鈴木	000
振球犠盗失併残………		
1 3 0 0 4 2 5		35 11 5

【宮古】		打安点
⑧	山根尚	310
⑥	上木	210
⑦	佐々木	400
①	阿部	400
②	黒田	300
⑨	舘洞	300
H9	小林	100
④	畠山	310
4	尾形	110
⑤	中家	200
5	吉浜	100
H	下山	100
③	川中	310
H	堀合	100
振球犠盗失併残………		
9 4 0 1 1 2 9		32 5 0

▽本塁打　佐々木大（一）＝三回、坂本（一）＝三回、佐藤颯（一）＝七回
▽三塁打　佐々木大（一）
▽二塁打　川中（宮）
▽審判　球審＝井上　塁審＝須藤、木村、高橋
▽試合時間　1時間58分

一関学院が3発快勝

一関学院の1、2番がともにソロ本塁打を含む3安打と活躍した。初回に1番佐藤颯弥主将(3年)が中前打で出ると、2番佐々木大輔(同)が右前打で好機を広げた。初回に1、2番が出塁して先制するのは地区予選から3試合連続で、2人で14得点。佐藤颯主将は3試合で打率7割6分9厘と絶好調だ。

打ってつなぐ2番佐々木大は単打が出ればサイクル安打だった。「一球で捉えることを練習してきた。本塁打は変化球に反応できた」。

宮古・黒田慎斗《よしと》主将(3年)「最後の試合となったが、全力でプレーできた」

一関一と盛岡一が8強入り。一関一は三回に逆転。4投手の継投で盛岡農の猛追を振り切った。盛岡一は初回に3連続二塁打などで5点を先行。水沢の追い上げをかわした。

一関一 5—4 花巻農

	1	2	3	4	5	6	7	8	9	計
一関一	0	0	3	0	1	1	0	0	0	5
花巻農	1	1	0	0	1	0	0	0	1	4

(一)須藤、松嶋、岩渕匠、小野寺蒼—高橋啓　(花)菊池、菅原—瀬川

一関一—花巻農　9回裏花巻農1死満塁、高橋空の右飛で三走三浦(3)が本塁を突くが、タッチアウトで試合終了。捕手高橋啓

【一関一】	打安点
⑨ 朝倉	5 1 1
④ 樋口	3 1 1
⑦1 小野寺蒼	4 2 1
③ 高橋紬	3 1 1
⑧18 岩渕匠	2 0 0
⑥16 松嶋	3 0 1
⑤ 軍司	4 0 0
② 高橋啓	3 0 0
① 須藤	0 0 0
687 岩渕和	3 1 0
振球犠盗失併残………	
8 7 1 2 3 2 6	30 6 5

【花巻農】	打安点
④ 藤原怜	4 2 1
⑧ 梅野	4 0 0
⑥ 高橋悠	3 1 0
③ 三浦	5 3 2
② 瀬川	2 0 0
H 葛巻	1 1 0
R 古川	0 0 0
⑨ 直井	4 0 0
⑦ 高橋空	3 0 0
⑤ 佐藤	3 1 0
① 菊池	2 1 0
1 菅原	2 0 0
振球犠盗失併残………	
7 9 1 6 0 1 1	23 3 9 3

▽三塁打　朝倉(一)
▽二塁打　小野寺蒼(一)
▽審判　球審＝水野　塁審＝三浦、大和田、菊池
▽試合時間　2時間49分

一関一、好返球で同点阻止

一関一は1点差に迫られた九回1死満塁、「投手陣を助けたかった」と右翼手の朝倉颯(3年)が飛球をつかむと本塁へ好返球。同点を狙った三走の生還を阻止した。下手投げの相手2番手を攻めあぐね、終盤3回は三者凡退。相手の反撃ムードを招いただけに、朝倉の強肩がチームの窮地を救った。投手陣も先発から3人が踏ん張り、主戦小野寺蒼(3年)につないだ。小野寺蒼は「カバーし合って勝つことができた。本当に仲間に助けられた」と感謝した。

1回戦で盛岡中央を破り、チームは勢いに乗った。次戦は好投手を擁する高田とぶつかる。朝倉は「(この日の1安打は)トップバッターとして物足りない。次はバットでも貢献したい」と気合を入れ直した。

盛岡一 6—3 水沢

	1	2	3	4	5	6	7	8	9	計
水沢	0	1	0	0	0	2	0	0	0	3
盛岡一	5	1	0	0	0	0	0	0	×	6

(水)神田、伊藤—竹田　(盛)菅、佐々木裕—金沢

水沢—盛岡一　1回裏盛岡一1死一、三塁、高橋怜が左中間に二塁打を放ち2点を先制する。投手神田

【水沢】	打安点
⑥ 小野寺	4 1 0
④ 及川元	5 1 0
⑨ 千葉	5 1 0
⑦ 後藤	4 1 0
⑧ 吉田	4 2 0
⑤ 秋山	3 1 0
1 伊藤	1 0 0
③ 安倍	2 0 1
② 竹田	4 1 2
① 神田	2 0 0
H5 菊地	1 1 0
振球犠盗失併残………	
6 4 1 2 1 1 10	35 9 3

【盛岡一】	打安点
⑧ 福田	4 2 0
⑦ 浅沼	2 0 0
⑥ 川村咲	3 1 0
③ 高橋怜	3 1 3
⑤ 川村尚	4 1 1
④ 森	4 2 1
⑨ 木村	3 0 0
9 高橋滉	1 0 0
② 金沢	3 2 1
① 菅	2 0 0
1 佐々木裕	1 0 0
振球犠盗失併残………	
2 1 3 1 0 0 4	30 9 6

▽二塁打　竹田(水)福田、高橋怜、川村尚、森、金沢(盛)
▽審判　球審＝熊谷　塁審＝金野、三浦、伊東
▽試合時間　2時間11分

盛岡一、初回に長打攻勢

盛岡一打線が初回から爆発した。先頭の福田拳心(3年)がいきなり右翼線二塁打。1死一、三塁として、主砲高橋怜大(3年)が直球をとらえた打球は左中間フェンスまで伸びる二塁打となり、あっさり2点を先制した。さらに川村尚紀主将、森崇人(ともに3年)も二塁打。看板の打線がいきなり5点を奪い、完全に主導権を握った。

水沢の佐々木明志監督が「(先発の)神田(燦汰＝3年)はコースを突いた投球だったが、それをしっかり打ち返された」と相手打線をたたえるしかなかった。今の盛岡一打線は勢いづくと止まらない。高橋は「私立を倒すため入学した。チーム打撃に徹する」と、準々決勝の盛岡大付戦に向け気を引き締めた。

2回戦
第3日

花巻東と盛岡大付がコールド勝ち。花巻東は三回、田村の右越え2ランなど打者15人で11点。投手陣は盛岡北を2安打に抑えた。盛岡大付は三回、6安打と山口の満塁弾で9点を奪い、盛岡市立を圧倒した。

盛岡市立―盛岡大付　3回裏盛岡大付1死満塁、本塁打を放ち笑顔でベンチに戻る山口(右)。12―0とする

盛岡大付 12―0 盛岡市立

盛岡市立	0	0	0	0	0	0
盛岡大付	3	0	9	0	×	12

(五回コールド)

(市)村田、田村、佐々木飛―稲葉、鎌田尚　(付)渋、伊藤、渡辺―塚本、田屋

盛岡大付、勝負決める満塁弾

盛岡大付が一気の集中打で危なげなくベスト8進出を決めた。

3点リードの三回。4番塚本悠樹(3年)の中前適時打から4連打と畳み掛け、さらに四球と適時打で8―0。なお1死満塁で山口青音(3年)が「つなぐイメージ。外野まで飛ばそう」と初球の高め直球を振り抜き、右翼席へ満塁弾を放り込んだ。一挙9点、圧巻の打撃だった。

3年生37人が大会出場を果たし、頂点へ残り3試合。小林武都主将(3年)は「先輩たちのように長打爆発とはいかないが、粘りの打線で1点ずつ取っていく。勝負強さをもっと磨いていきたい」。

盛岡市立・佐々木飛馬《ひゅうま》(3年)「今までの試合で空振りが取れたスライダーも(バットに)当てられた」(3番手で登板)

【盛岡市立】		打安点
③	日山	300
⑧	杉下	100
H	及川	000
8	渡辺	000
④	三浦	210
4	古舘	000
⑦1	佐々木飛	200
①9	村田	100
⑤	本堂	200
⑨	川上	100
1	田村	000
72	鎌田尚	100
②	稲葉	100
7	鎌田航	110
⑥	米田	110
H	府金	100

振球犠盗失併残………
42000041730

【盛岡大付】		打安点
④	山口	114
⑧1	渡辺	320
⑤	松本	212
②	塚本	311
2	田屋	000
③	山本	310
6	川瀬	000
⑥	四日市	212
H3	吉田	100
⑦	天笠	211
R	遠藤	000
9	板橋	100
⑨7	小林	100
①	渋	100
H	阿部	111
1	伊藤	000
8	篠山	000

振球犠盗失併残………
14020112191 1

▽本塁打　山口(付)＝三回
▽二塁打　米田(市)松本、四日市(付)
▽審判　球審＝菅原　塁審＝高橋、吉田、宇都宮
▽試合時間　1時間18分

花巻東 16―0 盛岡北

花巻東	1	2	11	2	0	16
盛岡北	0	0	0	0	0	0

(五回コールド)

(花)船越、清水、下平―菅、関根　(盛)千葉、高橋、兼平―川村

花巻東―盛岡北　1回表花巻東1死三塁、田村の右犠飛で1点を先制する。捕手川村

花巻東、投打に盤石

花巻東は15安打に5盗塁を絡めて16得点。公式戦初登板の右下手投げ船越由飛《ゆいと》(3年)ら3人が2安打に抑え込み、投打に盤石の試合運びを見せた。

盛岡北は大量リードされた五回、3番手兼平旺青(3年)が「何が何でもゼロで抑える」と登板し、無失点で切り抜けた。その裏の攻撃で初めて得点圏に走者を進め1死二、三塁と攻めたが、あと一本が出なかった。

昨秋は地区予選敗退。冬には雪上で守備練習をするなど力を注いできた。四回には右翼手の渡辺亮太(同)と一塁手の兼平が好中継。本塁で走者を刺し、追加点を防いだ。杣沢友介主将(3年)「負けたのは悔しいが、全体を通していいプレーは見せられた」。

【花巻東】		打安点
④	清川	322
②	菅	322
2	関根	000
③	田村	113
1	清水	000
H	川鍋	100
9	渡辺	000
⑧	水谷	322
⑦	大和田	211
H7	湊	210
⑨	東梅	110
H91	下平	221
⑥	久保	111
6	熊谷	100
⑤	安ケ平	311
①	船越	001
H3	新田	311

振球犠盗失併残………
17350152615 15

【盛岡北】		打安点
⑥	杣沢	200
⑤	大道	200
③13	高橋	200
⑨31	兼平	210
⑧	岩崎	210
②	川村	100
⑦	谷藤	200
①	千葉	000
9	渡辺	100
H	田頭	100
④	小野	100

振球犠盗失併残………
81002021620

▽本塁打　田村(花)＝三回
▽三塁打　水谷、清川、久保(花)
▽二塁打　湊(花)
▽審判　球審＝泉田　塁審＝佐々木、高橋、杉本
▽試合時間　1時間37分

黒沢尻工と水沢が2回戦へ。黒沢尻工は初回から打線が爆発。計15安打で福岡工を圧倒した。水沢は主戦神田が8回2安打の好投。打線が六回、一戸の好投手小田島から3点を挙げ、逃げ切った。

水沢 5―1 一戸

水　沢	1	0	0	0	0	3	0	0	1	5
一　戸	1	0	0	0	0	0	0	0	0	1

（水）神田、伊藤―竹田　（一）小田島―大森

一戸・小田島、投げ切った

一戸の140キロ右腕、小田島翔《かける》(3年)の夏が終わった。笑顔で9回145球を投げ抜き、大黒柱の責任を果たした。

1－1の六回、2死から適時打を許し、守備にも乱れが出て3失点。雰囲気が悪くなりかけたが、ベンチに戻った小田島は「おまえの振りを見せろ」と仲間を鼓舞した。「入学時は単独チームで出場できない不安もあった。みんなが守ってくれるから思い切り投げられる」。選手18人。エースで4番の疲労はあっても、仲間との野球を楽しもうとマウンドに立ち続けた。

最終回、二塁手苗代幅光琉《ひかる》(2年)の好守に応えるように、水沢の好打者千葉葵(3年)に高校最後となる138キロ内角直球を投げ込み、小さく拳を握りしめた。

【水　沢】		打安点
⑥	小野寺	500
④	及川元	301
⑨	千葉	500
⑦	後藤	441
1	伊藤	000
⑧	吉田	310
③	安倍	300
⑤	秋山	321
②	竹田	400
①	神田	300
H	熊谷	000
R7	菊池悠	000

振球犠盗失併残………
7 4 2 2 1 0 7 33 7 3

【一　戸】		打安点
⑧	中村	410
④	苗代幅	300
H	照井	100
⑥	奥沢	410
①	小田島	310
⑦	土屋	300
⑤	平糠翔	300
⑨	米田	300
②	大森	300
③	柴田	300

振球犠盗失併残………
9 0 0 0 1 0 2 30 3 0

▽二塁打　後藤（水）小田島（一）
▽審判　球審＝小野　塁審＝坂本、葛西、瀬川
▽試合時間　2時間48分

水沢―一戸　9回の守りで捕手大森と拳を合わせる一戸の小田島（左）

8回を2安打1失点に抑えた水沢の主戦神田

黒沢尻工 13―3 福岡工

黒沢尻工	5	5	1	2	0	13
福岡工	2	1	0	0	0	3

（五回コールド）

（黒）小野寺、佐々木、佐藤拓―佐藤慎　（福）宮沢、奥―田口

黒沢尻工 15安打で圧倒

主砲の先制打が黒沢尻工打線に火を付けた。初回1死二、三塁。「4番としてチームに貢献したい」と打席に入った佐藤慎吾(3年)が左前適時打。さらに満塁から宮本陽《ひなた》、佐藤拓(同)の連続適時打で4点を加え一気に流れを引き寄せた。二回も5長短打で5点を追加。バント安打に9盗塁を絡め、福岡工を圧倒した。石橋智監督は「多くの3年生がベンチに入り、雰囲気良く試合に臨めた。今後も一致団結して勝ち進みたい」と手応え十分だった。

福岡工・佐々木廉主将(3年)「入学時は(部員が)少なくて驚いたけれど、ここまで一緒に(同じ3年生の笠寺翔太と)やれて良かった」

【黒沢尻工】		打安点
⑤	畠山	320
⑧	及川	430
④6	加藤	311
②	佐藤慎	422
①	小野寺	110
1	佐々木	000
H	菊池	110
R	貴俵	000
7	高橋和	000
⑨	宮本	422
⑦1	佐藤拓	223
③	角舘	212
⑥	松原	300
4	遠藤	000

振球犠盗失併残………
0 4 2 9 1 1 5 27 15 10

【福岡工】		打安点
④	佐々木	320
②	田口	200
⑤	立花	322
⑧	高森	200
⑨	笠寺	311
①7	宮沢	300
③	高村	220
⑥	高田	200
⑦	鷹場	210
1	奥	000

振球犠盗失併残………
2 1 1 0 2 0 6 22 8 3

▽三塁打　佐藤拓（黒）
▽二塁打　及川、小野寺（黒）佐々木（福）
▽審判　球審＝谷地　塁審＝吹切、熊谷、畑川
▽試合時間　1時間18分

黒沢尻工―福岡工　2回表黒沢尻工無死二塁、佐藤慎が左前打を放ち8―2とする

盛岡市立と盛岡一が2回戦進出。盛岡市立は佐々木飛が10奪三振の力投。五回以降は無得点に抑え、一関修紅に競り勝った。盛岡一は初回から着々と加点、粘る釜石商工を振り切った。

盛岡市立 5―3 一関修紅

一関修紅	0	0	2	1	0	0	0	0	0	3
盛岡市立	0	4	0	0	1	0	0	0	×	5

(一)佐藤翔、渡辺、伊藤―千葉圭、山崎
(盛)佐々木飛―稲葉、佐藤

盛岡市立、エース10奪三振

盛岡市立のエース佐々木飛《ひゅう》馬《ま》(3年)が10奪三振の好投でチームを勝利に導いた。「前半はストライクを入れすぎたが、後半は変化球がいいところに決まった」と公式戦初完投を喜んだ。1点差に迫られた五回以降はカーブ、スライダーを多用し、130キロ台の直球とのコンビネーションで的を絞らせなかった。七回は2死から右中間を破られたものの、内外野の鮮やかな連係で三塁タッチアウト。好守にも支えられ、9回120球を投げ抜いた。

今年は学校創立100周年の節目。佐々木飛は「100周年にふさわしい市立らしいプレーを貫きたい」と意気込み十分だった。

一関修紅―盛岡市立　10三振を奪い完投した盛岡市立の主戦佐々木飛

【一関修紅】		打安点
③1	伊藤	510
⑦	佐藤優	420
⑧	檀上	210
⑥16	渡辺	412
⑤	田村	300
⑨	小原	410
④	那須	210
H	高橋	100
②	千葉圭	100
H2	山崎	210
①	佐藤翔	200
63	佐藤柊	100

振球犠盗失併残………
104202173182

【盛岡市立】		打安点
③	日山	522
⑧	杉下	211
④	三浦	410
①	佐々木飛	500
⑨	村田	420
⑤	本堂	200
⑦	川上	410
7	鎌田尚	000
②	稲葉	100
2	佐藤	210
⑥	米田	312

振球犠盗失併残………
562320113295

▽二塁打　佐藤優、渡辺、伊藤（一）米田（盛）
▽審判　球審＝三浦　塁審＝伊藤、八重樫、湊
▽試合時間　2時間3分

盛岡一 9―2 釜石商工

釜石商工	0	0	0	0	2	0	0	0	2
盛岡一	3	0	1	0	0	2	1	2X	9

（八回コールド）

(釜)山崎―小笠原　(盛)菅、佐々木裕―金沢

盛岡一打線、本領12安打

盛岡一打線が初回から本領を発揮した。中前打で出塁した1番福田拳心(3年)を三塁に置き、4番高橋怜大(同)が三遊間を破る先制打。さらに森崇人(同)の2点二塁打で、この回3点を奪取した。盛岡工との地区予選は投手戦となり、打線は6安打に抑え込まれた。この日は福田が3安打、コールド勝ちを決める二塁打を放った3番川村咲郎(2年)も4安打。3番から6番の4人で7打点を挙げ、好機をしっかりものにした。

釜石商工・山崎蓮(3年)「監督という存在で(祖父と)野球ができてよかった」(今夏で勇退の山崎善輝監督＝70歳＝に感謝の言葉)

釜石商工―盛岡一　8回裏盛岡一2死一、二塁、川村咲が左翼線に二塁打を放ち、9―2とコールドを決める

【釜石商工】		打安点
①	山崎	320
⑤	佐々木聖	300
⑥	堀内	422
②	小笠原	300
④	佐々木稜	410
⑧	木村	410
③	川崎	420
⑨	鳥居	310
⑦	早坂	310

振球犠盗失併残………
52200093110２

【盛岡一】		打安点
⑧	福田	531
⑦	浅沼	400
⑥	川村咲	542
③	高橋怜	311
⑤	川村尚	211
④	森	313
⑨	木村	400
②	金沢	300
①	菅	200
1	佐々木裕	221

振球犠盗失併残………
742300733129

▽三塁打　森（盛）
▽二塁打　早坂、川崎（釜）川村咲2（盛）
▽審判　球審＝杉本　塁審＝山崎、長坂、小野寺
▽試合時間　2時間13分

盛岡北と花巻東が快勝、2回戦に駒を進めた。盛岡北は終始主導権を渡さず、西和賀を零封した。花巻東は水谷の場外3ランなどで13得点。大船渡東をコールドで退けた。

盛岡北 9—0 西和賀

	1	2	3	4	5	6	7	8	9	計
盛岡北	0	1	0	1	2	0	0	2	3	9
西和賀	0	0	0	0	0	0	0	0	0	0

(盛)千葉、高橋—川村　(西)新田、広沼—加藤

盛岡北、7番谷藤が3打点

盛岡北は7番谷藤遼拓(3年)が先制打を含む3打点で勝利に貢献した。二回1死二塁、「後ろにつなごう」とノーステップで振り抜いた打球は中前への先制打となった。2点リードの五回無死満塁でも再び中前にはじき返し、2者が生還。試合の流れを一気にたぐり寄せた。地区予選の盛岡南戦で無安打だった悔しさを晴らした。

冬場は真横からトスを上げるティーバッティングなどに取り組み、中堅から逆方向を意識した打撃がチーム全体に浸透した。杣沢友介主将(3年)は「初回に点を取って試合を決めるのが理想」と次戦をにらんだ。

【盛岡北】		打安点
⑥	杣沢	621
⑤	大道	511
③1	高橋	531
⑨3	兼平	510
⑧	岩崎	410
②	川村	211
⑦	谷藤	423
①	千葉	410
H	佐々木楓	100
9	渡辺	000
④	小野	411

振球犠盗失併残………
5 4 2 3 2 0 11 40 13 8

【西和賀】		打安点
⑧	菊池	410
⑥1	広沼	310
①4	新田	400
⑦	高橋聖	300
⑨	村上	310
④6	白鳥	420
②	加藤	400
③	東	400
⑤	小向	300

振球犠盗失併残………
8 3 0 3 6 2 8 32 5 0

▽二塁打　杣沢2、兼平、川村(盛)
▽審判　球審＝鈴木　塁審＝細川、下川原、及川
▽試合時間　2時間29分

盛岡北—西和賀　2回表盛岡北1死二塁、谷藤の中前打で1—0と先制する

花巻東 13—0 大船渡東

	1	2	3	4	5	計
花巻東	3	4	2	4	0	13
大船渡東	0	0	0	0	0	0

(五回コールド)

(花)古川端、清川—菅、小船　(大)仁木崇、村上—近江優

花巻東4番、豪快に場外弾

花巻東の4番に会心の一発が飛び出した。2回2死二、三塁。水谷公省(3年)がやや内側に入った直球を振り抜くと、右翼に上がった打球はぐんぐん伸びて場外に達する3ラン。球場全体がどよめく高校通算34号に「ミスショットをしないよう引き付ける意識で打った」。

▼大船渡東打線が沈黙

大船渡東が完敗を喫した。地区予選で大船渡から17安打を放った打線がこの日は沈黙。大船渡戦で先制2ランの3番今川大輝(3年)と、主戦で4番の仁木崇斗(2年)が1安打ずつ放ったが、序盤の大量失点が重すぎた。仁木は「まだ未熟。一日一日の練習を大切にしてもっと良い投手になる」と自らに言い聞かせた。

花巻東—大船渡東　2回表花巻東2死二、三塁、水谷が右越え本塁打を放ち7—0とする

【花巻東】		打安点
④1	清川	300
②	菅	321
H	千田	100
2	小船	000
③	田村	330
R	村上	000
3	菊地	000
⑤8	水谷	423
⑦	大和田	101
⑨	渡辺	224
R9	湊	000
⑧	東谷	100
H5	平山	220
⑥	酒井	110
①	古川端	001
H	小野寺涼	112
4	安ケ平	000

振球犠盗失併残………
0 4 5 5 0 0 3 22 13 12

【大船渡東】		打安点
⑨	佐々木玲	100
④	木下	100
H	菅野	100
⑥	今川	210
①5	仁木崇	210
②	近江優	200
③	平野	100
R	佐々木蓮	000
3	見世	000
⑧	仁木竜	200
⑦	磯谷	200
⑤	千葉	100
1	村上	100

振球犠盗失併残………
8 3 1 0 0 0 5 16 2 0

▽本塁打　水谷(花)＝二回、渡辺(花)＝四回
▽二塁打　渡辺、水谷(花)
▽審判　球審＝千葉広　塁審＝千葉洋、及川、千田
▽試合時間　1時間26分

1回戦

第2日

岩手と盛岡大付が2回戦進出。岩手は西村ー村上の継投で軽米を無得点に抑えた。盛岡大付は四回に3番塚本が豪快な3ラン。4投手をつないで福岡を下した。

盛岡大付ー福岡　3回裏福岡1死二、三塁、前田が中犠飛を放ち3―2と勝ち越す

盛岡大付 7―4 福岡

盛岡大付	0	2	0	4	0	0	0	0	1	7
福岡	0	1	2	0	0	0	1	0	0	4

（盛）石井、藤井、田崎、大久保―塚本　（福）樋口、前田、平泰―和田

古豪福岡、一度は逆転

福岡が昨秋の県大会覇者を一度は逆転、夏の甲子園出場10度を誇る古豪の意地を見せた。

1－2の三回に和田琉之介主将（3年）、樋口夢有斗《むうと》（同）の連打で好機をつくり、敵失で同点。前田李幸《りさき》（同）の犠飛で勝ち越した。七回には樋口が二盗と三盗を成功させた。

試合前には、二戸市の同校から約50キロの道のりを歩いて駆け付けた応援団のエールを受けた。前田は「2日間かけて来てくれた。勝利を届けたかった」と悔しがった。

盛岡大付・塚本悠樹（3年）「苦しい場面で点を取れた」（四回に高校通算33本目となる勝ち越し3ラン）

【盛岡大付】		打安点
⑧	渡辺	411
④5	山口	631
7	徳田	000
②	塚本	523
⑤3	松本	430
⑦	天笠	420
H4	遠藤	100
⑨	小林	400
③	山本	421
575	篠山	100
⑥	四日市	200
H	木嶋	100
6	川瀬	210
①	石井	111
H	楠木	110
1	藤井	000
1	田崎	000
H	狐崎	000
1	大久保	000

振球犠盗失併残………
5712201440167

【福岡】		打安点
⑥	藤田	510
⑧7	北田	300
H	山市	100
②	和田	310
①8	樋口	421
③	菅野	400
⑦	漆田	110
1	前田	101
1	平泰	100
⑨	和山	420
④	平颯	410
⑤	村田	411

振球犠盗失併残………
8223018359 3

▽本塁打　塚本（盛）＝四回
▽三塁打　楠木（盛）
▽二塁打　山本2（盛）藤田（福）
▽審判　球審＝瀬川　塁審＝福士、舘崎、下天广
▽試合時間　2時間21分

軽米ー岩手　3回裏岩手1死満塁、高橋悠の左前打で三走に続き二走井畑（右から2人目）が生還、3―0とする

岩手 7―0 軽米

軽米	0	0	0	0	0	0	0	0
岩手	1	0	2	1	0	1	2X	7

（七回コールド）

（軽）井戸渕拓、中野、井戸渕拓、皆川、柳―佐々木
（岩）西村、村上―高橋悠、小野

11人軽米、最後まで笑顔

軽米が11人とは思えないほど、味方を鼓舞するベンチの声がグラウンドに響いた。コールド負けを喫したが、選手たちの表情は単独チームで戦える喜びに満ちていた。五回にチーム初安打、七回には二塁打も放った井戸渕拓巳（2年）は「球場に来てくれた人に喜んでもらえた」と目尻を下げた。

上級生も下級生も、小学校のスポ少から同じ顔ぶれで野球に打ち込んできた。小林柊陽《しゅうや》主将（3年）は「一丸となり最後まで笑顔でできた。打撃力と笑顔で1勝1勝を重ねてほしい」と後輩に夢を託した。

【軽米】		打安点
②	佐々木	300
⑧	鶴飼和	300
⑥	小林	200
④14	皆川	300
③	田代	300
①919	井戸渕拓	320
⑦	井戸渕颯	100
1	柳	100
⑨1947	中野	100
⑤	高橋	200

振球犠盗失併残
5210204222 0

【岩手】		打安点
⑤	関沢	421
④	斉藤	210
⑨	井畑	310
③	樋口	411
②	高橋悠	312
2	小野	110
⑧	藤村	300
⑦	松村	222
⑥	田山	300
①	西村	100
H	高橋唯	111
R	渡	000
1	村上	000

振球犠盗失併残………
15242172710 7

▽二塁打　井戸渕拓（軽）松村（岩）
▽審判　球審＝木村　塁審＝岩崎、里見、中村
▽試合時間　1時間57分

花巻農と一関一が2回戦に駒を進めた。花巻農は延長十一回、藤原怜がサヨナラ打。水沢工は2番手山本が力尽きた。一関一は小刻みに加点。先発岩渕が盛岡中央をソロ本塁打の1点に抑えた。

花巻農 5—4 水沢工

	1	2	3	4	5	6	7	8	9	10	11	計
水沢工	0	0	1	0	0	0	0	2	0	0	1	4
花巻農	1	2	0	0	0	0	0	0	0	0	2X	5

（延長十一回）

（水）高橋知、山本—及川勇　（花）遠藤、菊池、藤原奏—瀬川

水沢工—花巻農　11回裏花巻農1死二塁、直井の中前打で二走瀬川（中央）が生還。4—4の同点とする。投手山本（10）

【水沢工】		打安点
⑨	天　久	6 2 1
⑧	千　田	6 2 0
③	伊　藤	5 1 0
⑦	及川　海	2 1 1
⑥	村　上	4 1 1
⑤	稲　葉	5 0 0
②	及川　勇	5 2 1
①	高橋　知	2 0 0
H	阿部　佳	1 1 0
1	山　本	2 0 0
④	北　條	3 0 0

振球犠盗失併残………

11 6 1 2 2 2 11 41 10 4

【花巻農】		打安点
④	藤原　怜	5 3 2
⑧	梅　野	4 0 0
⑥	高橋　悠	5 1 0
③	三　浦	5 1 1
②	瀬　川	4 1 0
⑨	直　井	3 2 1
⑦	高橋　空	5 1 0
⑤	佐　藤	5 2 0
①	遠　藤	2 1 1
1	菊　池	1 0 0
1	藤原　奏	2 1 0

振球犠盗失併残

12 2 3 1 0 1 9 41 13 5

▽二塁打　千田、及川海（水）▽審判　球審＝沢田　塁審＝鈴木、三浦、高橋▽試合時間　2時間41分

花巻農が逆転サヨナラ

花巻農が劇的な逆転サヨナラ勝ちを収めた。1点を追う延長十一回、1死二塁から6番直井拓生《たくみ》(3年)が同点打。「盛り上がっていたベンチのおかげ。みんなが打たせてくれた」と感謝した。さらに2死満塁のサヨナラ機。2年生ながら1番を任されている藤原怜偉《れい》(2年)が熱戦にけりをつけた。フルカウントから相手左腕のスライダーを強振、打球は右翼手の頭を越えた。「落ちた瞬間、安心した。後ろの3年生につなぐ意識だった」。

水沢工・天久《てんきゅう》爽汰主将(3年)「悔しいです。3年間、この仲間とできてよかった」(延長十一回に一時勝ち越しの適時打)

一関一 6—1 盛岡中央

	1	2	3	4	5	6	7	8	9	計
一関一	0	1	1	0	2	0	0	2	0	6
盛岡中央	0	0	0	1	0	0	0	0	0	1

（一）岩渕和—高橋啓　（盛）高橋健、佐々木、藤本凱、斎藤大—藤島

【一関一】		打安点
⑨	朝　倉	5 1 1
④	樋　口	1 0 0
⑦	小野寺蒼	4 0 0
③	高橋　紬	4 3 1
⑧	岩渕　匠	3 1 2
⑥	松　嶋	4 0 0
⑤	軍　司	4 2 0
H	後　藤	1 0 0
5	村　上	0 0 0
②	高橋　啓	4 3 2
①	岩渕　和	4 0 0

振球犠盗失併残………

13 10 1 1 1 0 12 34 10 6

【盛岡中央】		打安点
⑥	吉田　航	5 3 0
⑨	菅　野	4 0 0
③	白　畑	3 0 0
⑤	吉田　恵	3 1 0
⑧18	佐々木	4 0 0
②	藤　島	4 1 0
⑦	古　舘	4 1 0
④	吉田　直	3 2 1
①	高橋　健	1 0 0
8	高　林	2 0 0
1	藤本　凱	0 0 0
1	斎藤　大	0 0 0
H	佐　藤	1 0 0

振球犠盗失併残………

8 3 2 0 0 0 11 34 8 1

▽本塁打　吉田直（盛）＝四回▽三塁打　岩渕匠（一）▽二塁打　高橋紬、軍司（一）▽審判　球審＝湊　塁審＝菅原、福士、藤原▽試合時間　2時間55分

一関一—盛岡中央　粘り強い投球で1失点完投した一関一の岩渕和

一関一、背番号6が完投

一関一の岩渕和希(3年)が盛岡中央を1点に封じて公式戦初完投。144球の力投を「バックを信頼して投げた。後半はスタミナがきつかったけれど押し切った」と充実の表情で振り返った。

盛岡中央とは6月の練習試合で対戦し、力強いスイングが印象的だったという。この日はコーナーを丁寧に突き、序盤の再三のピンチは鋭いスライダーで切り抜けた。継投で試合をつくってきた伊藤崇監督は「今日は和希の日」と続投を決断。期待に応えた背番号6は七、八回を三者凡退で抑え、九回は空振り三振で締めくくった。飛球のアウトは14個。最後まで強力打線に的を絞らせなかった。

水沢商が逆転勝ちで2回戦へ。0－1の八回、後藤のチーム初安打で追いつくと、千葉の犠飛で勝ち越した。久慈は先発播磨が七回まで無安打に抑えたが、守備の乱れから決勝点を奪われた。

七回まで無安打 水沢商はね返す

水沢商の勢いが止まらない。七回まで無安打に抑えられながら、ワンチャンスを逃さず逆転。この夏３勝目をたぐり寄せた。

八回、守備で負傷した阿部健太朗（２年）に代わって打席に立った三田愛斗（３年）がしぶとく四球を選び、小沢優斗主将（同）が手堅く送って１死二塁。「集中して球が見えていた」という後藤悠太（同）の打球は快音とともに左前へ。チーム初安打で追い付くと、自身は相手守備の乱れを突いて一気に三進。続く千葉拓人（２年）の左犠飛で勝ち越し。わずか１安打で試合をひっくり返した。

地区予選から３試合連続でマウンドに立った千田大輔（３年）は、ぬかるむ足元ながら被安打５、１失点で投げ抜いた。小沢主将は「３年生は（過去２年）夏１勝もできていない。ここまで勝てたのも仲間の存在が大きい」。

久慈・中村琉暉主将（３年）「やってきたことに悔いはない。たくさんの人に動いていただき、できた試合」

久慈―水沢商　8回裏水沢商1死三塁、千葉の左犠飛で三走後藤が生還、2―1と勝ち越す

水沢商 2―1 久慈

久　慈	0	0	1	0	0	0	0	0	0	1
水沢商	0	0	0	0	0	0	0	2	×	2

（久）播磨、間峠―柴田　（水）千田大―千田慎、荒井

7回まで被安打ゼロと力投した久慈の播磨

【久　慈】		打	安	点
⑨	貫　牛	3	0	0
⑥	小野慎	4	1	0
⑤	中　村	3	2	0
③	小屋畑	3	1	0
④	野　崎	3	1	1
⑦	丹　治	2	0	0
⑧	高橋琉	3	0	0
②	柴　田	2	0	0
①	播　磨	3	0	0
1	間　峠	0	0	0

振球犠盗失併残………
4 7 2 2 2 0 7 26 5 1

【水沢商】		打	安	点
④	小　沢	3	0	0
⑦	後　藤	2	1	1
⑥	千　葉	2	0	1
①	千田大	4	1	0
②5	千田慎	4	0	0
③	原　田	3	0	0
⑨	千田竜	3	0	0
⑧	大　芦	3	0	0
⑤	阿　部	1	0	0
H	三　田	0	0	0
R	菊　地	0	0	0
2	荒　井	0	0	0

振球犠盗失併残………
5 5 2 1 0 1 6 25 2 2

▽審判　球審＝伊藤　塁審＝川口、宇都宮、泉田
▽試合時間　3時間20分（中断1時間24分）

宮古と一関学院が2回戦進出。宮古は阿部、川中の継投で逃げ切った。不来方は4度の満塁機を生かせなかった。一関学院は三回、打者15人の猛攻で10点を奪など宮古商工を圧倒した。

宮古 3—1 不来方

	1	2	3	4	5	6	7	8	9	計
宮　　古	0	0	1	0	1	0	0	0	1	3
不 来 方	0	0	0	0	0	0	0	0	1	1

（宮）阿部、川中―黒田　（不）阿部―北舘

宮古、劣勢振り払う一発

宮古が我慢強い試合運びで昨秋と同じ16強に進んだ。

1点を先制したものの、打線は早いカウントから手を出して飛球ばかり。投手陣も計14四球を与え、満塁のピンチは4度を数えた。負けてもおかしくない展開だったが、好守で劣勢をしのいだ。捕手黒田慎斗《よしと》(3年)は2度盗塁を阻止。先制適時打の左翼手佐々木翔平(同)は「大きな球場での試合は久々で緊張した。投手を助けられて良かった」と広い守備範囲でもり立てた。そして五回、2番上木楓馬(3年)が高校初本塁打となる右越えソロ。「甘い球を振り抜いた」という一打で勝利を呼び込んだ。

安定した投球で9回を投げ抜いた不来方の阿部

宮古―不来方　5回表宮古1死無走者、上木が右越え本塁打を放ち2―0とする

【宮　古】		打安点
⑧	山根　尚	510
⑥	上　木	421
⑦	佐々木	211
②	黒　田	400
①3	阿　部	420
③9	舘　洞	310
④	畠　山	300
⑨	小　林	200
H	下　山	100
1	川　中	111
⑤	吉　浜	400

振球犠盗失併残………
0220127 33 8 3

【不来方】		打安点
④	塚　本	310
③	羽　沢	310
⑥	加　藤	310
⑤	波　岡	420
②	北　舘	400
⑨	伊　藤	100
①	阿　部	200
H	佐々木	001
⑦	川　村	200
H7	神　山	300
⑧	田　中	300

振球犠盗失併残………
614230016 28 5 1

▽本塁打　上木（宮）＝五回
▽三塁打　塚本（不）
▽審判　球審＝瀬川　塁審＝葛西、下天广、谷地
▽試合時間　2時間7分

一関学院 16—3 宮古商工

	1	2	3	4	5	計
一 関 学 院	3	2	10	0	1	16
宮 古 商 工	0	0	0	3	0	3

（五回コールド）

（一）佐藤弘、鈴木凌、及川―佐々木春、黄海、浦島
（宮）穂高、遠洞―藤村

宮古商工、一丸の3点

宮古商工は五回コールドを喫したが、四回に鮮やかな連打で意地を見せた。穂高広海(2年)の右前打で1点を返すと、2番手で登板した遠洞龍希(3年)が中前打でつないで2死一、三塁。代打の休《やすみ》場《ば》歩夢(同)は「走者をかえしたい一心だった」と直球に食らいつき、右中間へ2点二塁打。大会前に足首を負傷し、大会初打席ながら貴重な安打を放った。

山崎明仁監督は「宮古工の監督だった畠山善史副部長ら最高のスタッフに支えられた。一体感のあるチームになった」と感謝した。

4回裏宮古商工2死一、三塁、代打休場が右中間二塁打を放ち2点を返す

【一関学院】		打安点
⑥	佐藤　颯	331
H6	菅　野	211
⑨	佐々木大	422
⑧	近　江	435
⑤	坂　本	310
③	菅　原	210
⑦	成ケ　沢	101
H	吉　田	101
7	二本　松	100
②	佐々木春	211
2	黄　海	000
2	浦　島	000
①	佐藤　弘	201
H	鈴木　祥	101
1	鈴木　凌	100
1	及　川	000
④	鈴木　来	211
H4	梅　沢	100

振球犠盗失併残………
2625007 30 13 15

【宮古商工】		打安点
⑨8	鈴　木	210
H	伊　東	100
④	荒　川	200
H	若　狭	100
⑥	星　川	310
③	川戸　元	200
②	藤　村	210
①5	穂　高	211
⑦	長谷　川	210
⑤	畠　山	100
1	遠　洞	110
⑧	箱　石	100
H	休　場	112
9	佐々　木	000

振球犠盗失併残………
6000503 21 7 3

▽三塁打　佐々木大（一）藤村（宮）
▽二塁打　近江2、佐々木大（一）星川、休場（宮）
▽審判　球審＝吹切　塁審＝小野、井上、中村
▽試合時間　1時間44分

一関工と高田が快勝で1回戦を突破した。一関工は左腕小野寺が花巻南を3安打に封じた。高田は初回に5安打を集めて5点。七回にも5点を奪い、花北青雲をコールドで下した。

一関工 3—0 花巻南

一関工	1	1	0	0	0	0	0	0	1	3
花巻南	0	0	0	0	0	0	0	0	0	0

(一)小野寺—阿部悠　(花)小原、千葉、佐々木利、伊藤—鈴木

一関工左腕、3安打完封

一関工の左腕小野寺悠斗(3年)が公式戦初完封。被安打3、9奪三振。146球の熱投で勝利を呼び込んだ。

右打者の内角に食い込む直球は威力十分。三振が欲しい場面では130㌔中盤に乗せ、スライダーやカーブ、チェンジアップを織り交ぜて的を絞らせなかった。二回は右翼手細川知靖(3年)の頭脳プレーで窮地をしのぎ、勢いに乗った。

昨夏4強の先輩投手陣から「ピンチの場面で真っすぐを放りきる」ことを学んだ。「三振を取りたいところで取れたのが一番の収穫」と胸を張った。

一関工—花巻南　被安打3で完封した一関工の小野寺

【一関工】　打安点
③ 佐藤樹 5 1 1
⑥ 藤野 4 1 1
⑧ 千田 4 2 0
⑦ 佐々木空 2 1 1
④ 小山 4 1 0
⑨ 細川 4 0 0
② 阿部悠 4 2 0
⑤ 佐藤蓮 2 0 0
① 小野寺 3 0 0
振球犠盗失併残………
8 5 2 4 2 0 9 32 8 3

【花巻南】　打安点
⑥ 藤川 4 1 0
④ 藤原 2 1 0
② 鈴木 4 0 0
③ 小笠原 3 0 0
⑧ 久保田 3 0 0
①5 小原 3 1 0
⑦ 鎌田 2 0 0
1 佐々木利 0 0 0
1 伊藤 0 0 0
H 及川 1 0 0
⑨ 石津 4 0 0
⑤ 小田島 2 0 0
1 千葉 0 0 0
H7 小森林 1 0 0
R 佐々木瑠 0 0 0
振球犠盗失併残………
9 4 4 0 2 1 10 29 3 0

▽二塁打　藤原(花)
▽審判　球審＝下川原　塁審＝及川正、千田、及川勝
▽試合時間　2時間44分

高田 12—2 花北青雲

高田	5	0	1	0	0	1	5	12
花北青雲	0	0	1	0	1	0	0	2

(七回コールド)

(高)伊藤賢、平山、佐藤—平野　(花)高橋広、東、菅原、高橋文—高橋翔

先制パンチ、高田が快勝

高田が痛烈な先制攻撃を見舞った。雨で試合開始が遅れ、足元がぬかるむコンディション。先攻の高田は初回から集中力を高め、鋭い打球を次々と飛ばした。一死満塁で大和田琉汰(2年)が左翼へ適時打を放つと、佐藤真尋(3年)が中前打。犠飛を挟んで平沢雄大郎(同)の左越え2点二塁打でこの回5点。7−2の七回は4長短打に3四死球を絡めて5得点。一気に試合を決めた。

昨秋の県大会は1回戦で花巻東に大敗。ウエートトレーニングなど、打力強化に励んできた成果を存分に発揮した。

花北青雲・高橋広大(3年)「(4人の)3年生の仲間はかけがえのない存在になった。後輩は人数もうまい選手も多い。上を目指してほしい」

高田—花北青雲　7回表高田2死二、三塁、大和田琉が左越え二塁打を放ち11—2とする

【高田】　打安点
⑤ 大和田稚 4 1 0
⑦ 佐々木 4 2 1
⑥ 熊谷大 3 1 0
⑨8 千葉 2 1 0
③ 大和田琉 3 2 3
⑧1 佐藤 4 2 4
② 平野 2 1 1
④ 平沢 2 1 2
① 伊藤賢 1 0 0
H 吉田 1 0 0
1 平山 2 0 0
9 大久保 0 0 0
振球犠盗失併残………
3 12 4 0 1 0 11 28 11 11

【花北青雲】　打安点
⑧ 小原 3 0 0
H 長坂 1 0 0
⑦ 福山 4 2 0
④ 新渕 2 0 0
⑨ 中島 3 2 1
⑤ 鎌田有 2 0 0
② 高橋翔 3 1 1
①3 高橋広 3 0 0
③ 伊藤 0 0 0
1 東 1 1 0
1 菅原 0 0 0
1 高橋文 1 0 0
⑥ 佐藤 1 0 0
振球犠盗失併残………
4 3 2 2 0 0 6 24 6 2

▽二塁打　平沢、千葉、佐々木、大和田琉(高)中島、東(花)
▽審判　球審＝千葉　塁審＝長坂、小野寺、細川
▽試合時間　2時間36分

県大会 試合結果

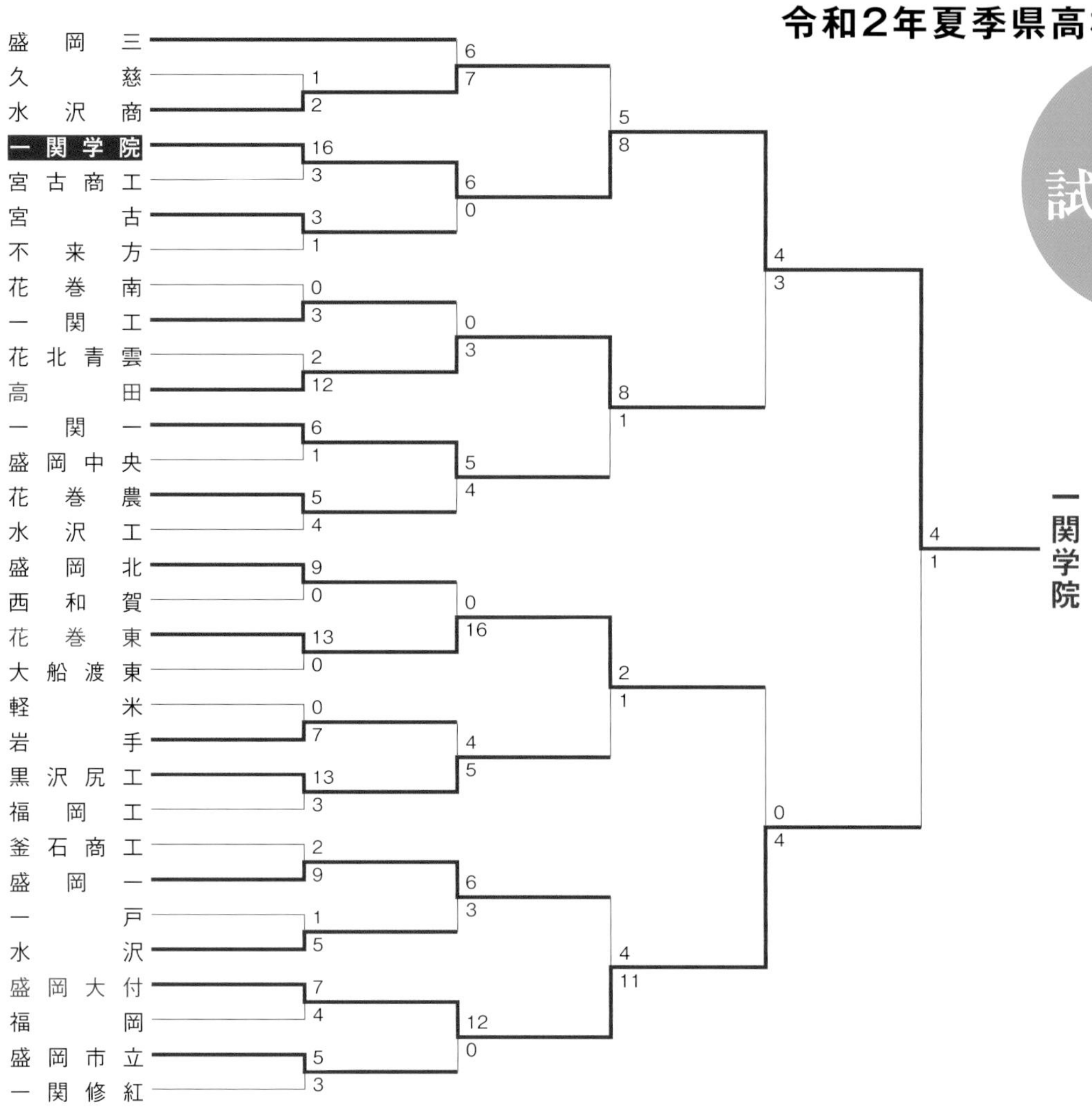
盛岡三
久慈
水沢商
一関学院
宮古商工
宮古
不来方
花巻南
一関工
花北青雲
高田
一関一
盛岡中央
花巻農
水沢工
盛岡北
西和賀
花巻東
大船渡東
軽米
岩手
黒沢尻工
福岡工
釜石商工
盛岡一
一戸
水沢
盛岡大付
福岡
盛岡市立
一関修紅
1 2
16 3
3 1
0 3
2 12
6 1
5 4
9 0
13 0
0 7
13 3
2 9
1 5
7 4
5 3
6 7
6 0
0 3
5 4
0 16
4 5
6 3
12 0
5 8
8 1
2 1
4 11
4 3
0 4
4 1
一関学院

盛岡北、不来方、盛岡市立が県大会に駒を進めた。盛岡北の主戦千葉は鋭い変化球で10奪三振。不来方は好機を確実に生かし、平舘に競り勝った。盛岡市立は11安打に7犠打を絡め、盛岡四に快勝した。

■代表決定戦

不来方 3―1 平舘

平　　舘	0	0	0	1	0	0	0	0	0	1
不 来 方	1	0	1	0	1	0	0	0	×	3

(平)田村、佐々木奏―阿部　(不)阿部―北舘

平舘、10安打実らず

平舘は相手を上回る10安打。六回を除いて塁上をにぎわせたが、四回の1点にとどまった。一回途中で救援したエース佐々木奏汰(3年)は「高めに浮いてコースをつけなかった」と反省。130キロ台の速球を軸に3失点に抑えただけに、悔しい敗戦となった。

近年になく多い9人の3年生で目指した県大会。佐々木瑠我《りゅうが》主将(3年)は「10人の下級生には少人数だからこそ良いチームをつくってほしい」とエールを送った。

【平舘】		打安点
④	佐々木大	430
⑦8	藤原	400
⑤	工藤	420
⑧1	佐々木奏	300
③	遠藤聖	410
⑥	佐々木瑠	310
⑨	吉川	320
H	遠藤怜	100
②	阿部	310
①8	田村	200
H7	青木	200
振球犠盗失併残………	3123118	33100

【不来方】		打安点
④	塚本	420
③	羽沢	221
⑥	加藤	211
⑤	波岡	411
②	北舘	410
⑨	伊藤	100
①	阿部	210
⑦	川村	300
⑧	田中	300
振球犠盗失併残………	7443226	2583

平舘―不来方　5回裏不来方1死二塁、羽沢の右前適時打で二走塚本が生還。3―1とする。捕手阿部

▽三塁打　工藤（平）
▽二塁打　佐々木大（平）塚本（不）
▽審判　球審＝谷地　塁審＝藤沢、岩崎、渡
▽試合時間　1時間58分

■代表決定戦

盛岡北 6―1 盛岡南

盛 岡 北	1	0	1	0	2	2	0	0	0	6
盛 岡 南	0	0	0	0	0	1	0	0	0	1

(北)千葉―川村　(南)高見、吉田李―浅沼

盛岡南、連続長打で一矢

10三振を喫した盛岡南が六回、連続長打で見せ場をつくった。長打力が持ち味の吉田悠剛(3年)が左中間二塁打で出塁すると、続く弟の李音《りおん》(1年)が豪快なスイングで左翼線二塁打を放ち、1点を返した。

新チーム結成後、最上級生の3人がチームを引っ張り続けてきた。浅沼晃希主将(3年)は「(3年の)悠剛、(高見)佑人にありがとうと言いたい。幸せだった」と感謝した。

【盛岡北】		打安点
⑥	杣沢	510
⑤	大道	430
③	高橋	524
⑨	兼平	520
⑧	岩崎	532
8	渡辺	000
②	川村	300
⑦	谷藤	400
①	千葉	400
④	小野	300
振球犠盗失併残………	9311109	38116

【盛岡南】		打安点
③5	熊谷	520
⑨	石川	510
②	浅沼	310
⑥	吉田悠	310
⑤1	吉田李	311
①3	高見	400
⑦	田山	400
⑧	一戸	410
④	佐々木	400
振球犠盗失併残………	10300101	03571

盛岡北―盛岡南　10奪三振と好投した盛岡北の主戦千葉

▽二塁打　大道2、岩崎、高橋（北）浅沼、吉田悠、吉田李（南）
▽審判　球審＝菩提野　塁審＝三浦、岩渕、倉橋
▽試合時間　2時間12分

■代表決定戦

盛岡市立 8―3 盛岡四

盛岡市立	0	2	2	0	2	2	0	0	0	8
盛 岡 四	2	0	0	0	0	0	0	0	1	3

(市)佐々木飛、本堂、村田―稲葉　(四)山崎、中村―十良沢

盛岡市立、小技で好投手攻略

盛岡市立が小技を絡めて盛岡四の好左腕・山崎諒(3年)を攻略した。2点リードの五回、本堂諒及《まさと》(3年)のスクイズ(記録は内野安打)で1点追加。続く川上大智(同)のセーフティーバントは暴投を誘い、6－2と突き放した。

昨秋から投手に転向した佐々木飛馬《ひゅうま》主将(3年)は7回2失点。130キロ台の直球とスライダーで強打の盛岡四を封じた。「仲間が打って助けてくれた。コースを突いて打たせて取った。100点です」。

【盛岡市立】		打安点
③	日山	510
⑧	杉下	400
④9	三浦	520
①7	佐々木飛	220
⑨1	村田	421
⑤15	本堂	311
⑦	川上	210
H	鎌田尚	100
5	佐々木泰	000
4	古舘	000
②	稲葉	500
⑥	米田	422
振球犠盗失併残………	1357220	123511 4

【盛岡四】		打安点
⑧	高橋篤	510
⑨	一盃森	300
⑤	橋本	400
④	黒渕	400
②	十良沢	300
⑦	森	420
③	酒井	311
H	佐藤	000
⑥	上山	310
H	中塚	000
①	山崎	200
1	中村	100
H	煙山	001
振球犠盗失併残………	6412407	3252

盛岡市立―盛岡四　5回表盛岡市立1死一、三塁、本堂がスクイズを決め、5―2とする。捕手十良沢

▽二塁打　佐々木飛2、村田（市）
▽審判　球審＝高橋　塁審＝渡、坂本、葛西
▽試合時間　2時間35分

2年連続で夏16強の岩手が盛岡農に快勝。左腕村上が12奪三振、被安打2の好投を見せた。盛岡中央は九回無死満塁から佐々木の左中間三塁打で勝ち越した。盛岡大付は持ち前の強打で江南義塾盛岡にコールド勝ち。

■代表決定戦

盛岡大付 7−0 江南義塾盛岡

	1	2	3	4	5	6	7	計
江南義塾盛岡	0	0	0	0	0	0	0	0
盛岡大付	5	0	0	2	0	0	×	7

（七回コールド）

（江）三浦、佐藤蒼、太田、三浦、太田、田沢―出村
（盛）井上、柳楽、伊藤、山口―楠木、赤坂

江南義塾盛岡―盛岡大付　1回表、先頭打者の田沢が中前打を放つ

【江南義塾盛岡】		打安点
⑥1	田沢	310
⑧	小泉	200
②	出村	300
③	滝沢	300
④	鈴木	300
⑨1919	太田	300
⑦	竹島	100
⑤156	佐藤蒼	210
①59195	三浦	200

振球犠盗失併残………
8110403222 0

【盛岡大付】		打安点
②	楠木	220
2	赤坂	000
⑥4	渡部	300
4	佐藤	000
⑤	阿部	411
⑦	吉川	321
1	山口	000
③	吉田	211
3	菅原	100
⑧	星野	311
8	中屋敷	000
⑨	秋山	210
17	伊藤	212
④	原田	110
6	大場	100
①	井上	100
1	柳楽	000
H9	奥野	100

振球犠盗失併残………
36261092610 6

▽三塁打　吉川（盛）
▽二塁打　阿部、吉田、吉川、伊藤（盛）
▽審判　球審＝菩提野　塁審＝松橋、谷地、三浦
▽試合時間　1時間36分

江南義塾盛岡、攻守に果敢

江南義塾盛岡は田沢環太主将（3年）がチームをけん引した。先頭打者の初回、いきなり快音を響かせてセンター返し。5点を先制された初回の守りでは、2死満塁でセンターに抜けそうな打球に飛びつき、ピンチを救った。敗れはしたが「アグレッシブにプレーできた」とすがすがしい表情を見せた。「1年生の頃から田沢と朝早くから2人で練習した」という村上宣樹監督。攻守にわたる活躍ぶりに「泣きそうになった」と目を細めた。

■代表決定戦

盛岡中央 7−4 盛岡誠桜

	1	2	3	4	5	6	7	8	9	計
盛岡中央	0	0	0	0	1	1	0	2	3	7
盛岡誠桜	0	0	0	0	0	0	0	4	0	4

（中）高橋健、佐々木―藤島　（誠）林、木戸場、金森―野元

盛岡中央―盛岡誠桜　8回裏盛岡誠桜1死三塁、スクイズを外されて三本間に挟まれた三走金森（右）が送球の乱れを突いて生還、4―4の同点とする

【盛岡中央】		打安点
⑥	吉田航	310
⑨	菅野	410
③	白畑	510
⑤	吉田恵	410
⑦1	佐々木	544
②	藤島	540
④	佐藤	200
H4	岩動	000
⑧	伊東	410
H8	高林	100
①	高橋健	000
H7	古舘	512

振球犠盗失併残………
35202111381 4 6

【盛岡誠桜】		打安点
⑦	藤村	420
⑥	大坪	410
②	野元	411
④	後藤	320
⑤1	金森	411
⑨	八重樫	410
⑧	高橋歩	400
③	高橋南	400
①	林	100
15	木戸場	200

振球犠盗失併残………
7310227348 2

▽三塁打　佐々木（中）
▽二塁打　吉田恵、佐々木（中）後藤、野元（誠）
▽審判　球審＝岩崎　塁審＝伊藤、坂本、工藤
▽試合時間　2時間15分

盛岡誠桜、成長の4連打

盛岡誠桜が0－4の八回、素晴らしい粘りを見せた。1死後、2番大坪駿斗（3年）が安打で出塁。続く野元亮太朗主将（同）は左中間二塁打。後続も快音を放ち、4連打と相手ミスで試合を振り出しに戻した。

創部から4回目の夏。130キロ台の速球をはじき返すチームに成長した。野元主将は「最後まで声を出し、楽しんでプレーすることができた。後輩には歴史をつくってほしい」とエールを送った。

■代表決定戦

岩手 4−0 盛岡農

	1	2	3	4	5	6	7	8	9	計
盛岡農	0	0	0	0	0	0	0	0	0	0
岩手	0	1	1	0	0	0	0	2	×	4

（盛）工藤、武田―大志田　（岩）村上―高橋悠

盛岡農―岩手　12奪三振、被安打2で完封した岩手の主戦村上

【盛岡農】		打安点
⑥	遠藤	300
⑨	坂本	410
⑤	小野寺	400
③1	武田	400
②	大志田	200
①3	工藤	200
⑦	高橋	310
④	熊谷	200
⑧	伊藤	300

振球犠盗失併残………
1232002527 2 0

【岩　手】		打安点
④	斉藤	510
⑤	関沢	410
⑨	井畑	420
③	樋口	421
②	高橋悠	420
①	村上	421
⑥	田山	410
⑦	松村	322
⑧	藤村	310

振球犠盗失併残………
31102193514 4

▽二塁打　井畑、松村、関沢、高橋悠（岩）
▽審判　球審＝小野　塁審＝高橋、小谷地、谷地
▽試合時間　1時間55分

盛岡農、相手左腕に屈す

昨秋44年ぶりの県大会出場という歴史をつくった盛岡農。冬場は竹バットを振り込み、長打力に自信をつけて臨んだ夏だったが、相手左腕に12三振。伊藤竜《りょう》愛《ま》（3年）は「外角の切れが良く、思うような打撃をさせてもらえなかった」と悔しがった。

3人の3年生がチームを引っ張った。工藤奏太（2年）は「3年生のおかげで仲が良いチーム。最後まで諦めない姿勢を学んだ。先輩の目標だった県16強を目指す」と誓った。

盛岡三と盛岡一が県大会切符を獲得。盛岡三は7—7の八回、三盗を仕掛けた二走高橋が暴投で生還。昨秋4強の盛岡商に競り勝った。盛岡一は先発菅が4安打完封。七回途中まで無安打の好投で盛岡工を下した。

■代表決定戦

盛岡三 9—7 盛岡商

盛岡商	3	0	1	2	0	1	0	0	0	7
盛岡三	3	0	3	1	0	0	0	2	×	9

(商)桜庭—川野　(三)利府—菅原

【盛岡商】		打安点
④	飛内	4 1 0
⑨	荘野	2 0 0
⑥	広田	5 2 1
②	川野	4 3 3
⑤	田山頼	5 1 0
⑧	遠山	5 1 1
③	阿部航	3 0 0
①	桜庭	3 0 1
⑦	小野寺	4 0 0

振球犠盗失併残………
3 6 1 1 2 0 8 35 8 6

【盛岡三】		打安点
⑨	小谷地	4 1 0
⑦	高橋	4 3 2
①	利府	4 2 1
②	菅原	3 1 0
⑥	佐々木	1 1 2
⑧	後藤	5 1 3
⑤	志和	2 0 0
④	吉川	2 0 0
③	糠森	4 2 0

振球犠盗失併残………
3 5 8 0 2 0 9 29 11 8

3回表盛岡商無死、川野が左越えソロを放ち、4—3と勝ち越す。捕手菅原

▽本塁打　川野（商）▽二塁打　小谷地、高橋2、利府、後藤、糠森2、佐々木（三）▽審判　球審＝小谷地　塁審＝菩提野、高橋、岩崎
▽試合時間　2時間13分

秋4強・盛岡商散る

昨秋の県大会4強の盛岡商は、川野知樹主将(3年)が本塁打を含む3安打を放つなど攻守に奮闘したが、盛岡三に惜敗した。

3－3の三回、左越えに自身初の本塁打。調子が上がらない主戦の桜庭悠空《ゆうく》を援護した。捕手としては何度も声を掛けて2年生エースを励まし続けた。川野は「試合は楽しかった。悔いが残る場面はあるが、自分たちの力を出し切れた。後輩には一球にこだわる練習をしてほしい」とエールを送った。

■代表決定戦

盛岡一 2—0 盛岡工

盛岡工	0	0	0	0	0	0	0	0	0	0
盛岡一	0	0	0	0	1	1	0	0	×	2

(工)昆野—下屋敷　(一)菅—金沢

【盛岡工】		打安点
⑨	高橋	3 0 0
H	小野寺	1 0 0
⑧	星野	4 1 0
③	荒川	4 0 0
⑦	播磨	3 2 0
④	細川	3 0 0
①	昆野	3 0 0
②	下屋敷	3 1 0
⑥	笹山	2 0 0
⑤	川村	1 0 0
H	三浦	1 0 0
5	近藤	0 0 0

振球犠盗失併残………
1 2 2 0 1 0 5 28 4 0

【盛岡一】		打安点
⑧	福田	4 0 0
⑦	浅沼	2 1 1
7	高橋滉	1 0 0
⑥	川村咲	4 0 0
③	高橋怜	4 2 0
⑤	川村尚	2 1 0
④	森	4 0 0
⑨	木村	4 1 0
②	金沢	1 0 0
①	菅	1 1 0

振球犠盗失併残………
8 5 2 0 0 0 8 27 6 1

最速147キロを計測し、9回2失点と力投した盛岡工の昆野

▽三塁打　浅沼（一）▽審判　球審＝坂本　塁審＝葛西、渡、田村
▽試合時間　1時間53分

盛岡工・昆野 納得の147キロ

盛岡工の右腕昆野漱太郎(3年)と盛岡一の4番高橋怜大《れお》(3年)が対決。昆野が全力投球で挑めば、高橋はフルスイングで応戦した。2安打2三振の高橋は「芯で捉えられなかった。試合に勝ったが、勝負は負けた」と悔しさをにじませた。

3連続を含む8三振を奪った昆野は「自己最速の147キロを記録でき、成長した姿を出せてよかった」と高校最後の試合を笑顔で振り返った。

花巻農と花巻東が県大会進出。花巻農は3投手が11安打を浴びながらも2失点で切り抜けた。花巻北は8年ぶりに夏の初戦敗退。夏3連覇を狙う花巻東は投打に遠野緑峰を圧倒した。

■代表決定戦

花巻農 3—2 花巻北

花巻北	0	0	1	0	0	0	0	0	1	2
花巻農	1	0	1	1	0	0	0	0	×	3

(北)武田、菊池—宇津宮　(農)菊池、遠藤、藤原奏—瀬川

	【花巻北】	打安点
③	八重畑	530
⑥	袴田	430
⑧	伊藤	410
⑤	佐藤大	422
②	宇津宮	510
①	武田	100
1	菊池	100
⑦	佐藤優	400
④	藤本	400
⑨	蟹沢	410

振球犠盗失併残………
8 3 2 0 1 0 1236112

	【花巻農】	打安点
④	藤原怜	310
⑧	梅野	411
⑥	高橋悠	421
③	三浦	300
②	瀬川	200
⑨	直井	311
⑦	高橋空	210
⑤	佐藤	300
①	菊池	100
1	遠藤	200
1	藤原奏	000

振球犠盗失併残………
7 2 2 2 2 1 4 2763

花巻北—花巻農　1回裏花巻農1死、梅野が左越えに先制本塁打を放つ

▽本塁打　梅野（農）
▽二塁打　八重畑、佐藤大（北）高橋悠、直井（農）
▽審判　球審＝菊池　塁審＝佐藤、伊藤、田口
▽試合時間　2時間6分

初回アーチ、花巻農に勢い

花巻農が3年ぶりに夏の初戦を突破。3投手が11安打を浴びながら2失点でしのいだ。三回無死満塁のピンチでは、先発の菊池遥歩《あゆむ》主将(3年)が最少失点で切り抜けると、2番手の遠藤悠音《はると》、3番手の藤原奏良《そら》の2年生も粘り強く投げ、最後まで逆転を許さなかった。

打線は初回、梅野万寛《まひろ》(3年)が左越えに先制ソロ。「入ると思っていなかった」という本人も驚く一発で、チームを勢いづけた。

■代表決定戦

花巻東 17—0 遠野緑峰

花巻東	5	2	1	8	1	17
遠野緑峰	0	0	0	0	0	0

（五回コールド）

(花)清水、熊谷—関根、稲川　(遠)菊池浩—佐々木真

	【花巻東】	打安点
④	清川	300
⑨	竹内	210
9	菊池雅	100
9	菊池遼	001
③	田村	422
⑧	水谷	211
H8	五嶋	112
⑦	大和田	200
⑤	渡辺	100
5	小松山	110
5	小山	110
5	木村	110
⑥	酒井	322
H6	平山	110
②	関根	323
2	稲川	111
①	清水	201
H	嵯峨	000
1	熊谷	100

振球犠盗失併残………
2 7 0 2 0 1 5 301413

花巻東—遠野緑峰　1回表花巻東2死満塁、関根が右翼線に適時三塁打を放ち、5—0とする

	【遠野緑峰】	打安点
⑤	菊池魁	100
5	佐々木康	000
⑥	菊池優	210
②	佐々木真	210
①	菊池浩	200
⑧	菅沼	200
⑦	菊池静	200
③	小笠原	200
⑨	川原	200
④	石橋	100

振球犠盗失併残………
8 1 0 0 2 0 2 1620

▽三塁打　関根、水谷、五嶋（花）
▽二塁打　竹内、関根、木村、稲川（花）
▽審判　球審＝伊藤　塁審＝菅原、八重樫、藤原
▽試合時間　1時間31分

遠野緑峰「やり切った」

最後までひるまずに戦った遠野緑峰の選手たちの目に涙はなかった。四回は菊池魁《いさむ》(2年)の死球を足掛かりに菊池優雅(同)、佐々木真留《ちかる》(3年)の連打で無死満塁。得点には至らなかったが、全力で立ち向かった。

3年生7人のうち、野球経験者は2人。138球を投げ抜いた菊池浩希主将(3年)は「みんなで声を出し、最後までやり切れたことがうれしい。後輩には勝利をつかんでほしい」と表情は晴れやかだった。

花巻南と花北青雲が県大会進出。花巻南は五回の満塁機に藤川が右中間二塁打。健闘する紫波総合・雫石を突き放した。花北青雲は延長十一回に新渕がサヨナラ打。遠野は七回、佐々木柊の適時打で追いつく粘りを見せた。

■代表決定戦

花巻南 7―0 紫波総合・雫石

	1	2	3	4	5	6	7	計
紫波総合・雫石	0	0	0	0	0	0	0	0
花巻南	0	0	2	2	3	0	×	7

（七回コールド）

（紫）鈴木―菊池　（花）小原、千葉、高橋―鈴木、平野

【花巻南】		打安点
⑥	藤川	323
④	藤原	410
②	鈴木	002
2	平野	000
③	小笠原	201
H3	及川	100
⑧	久保田	200
8	佐々木瑠	200
①5	小原	410
⑦	小森林	000
⑨	石津	211
⑤	小田島	320
1	千葉	000
1	高橋	000

振球犠盗失併残………
2731008 23 7 7

【紫波総合・雫石】		打安点
④	石川	100
⑥	伊藤	300
②	菊池	300
⑧	高橋航	300
①	鈴木	300
⑨	高橋翔	200
③	佐藤	320
⑤	木村	100
⑦	佐々木	200

振球犠盗失併残………
10 3 1 0 1 0 4 21 2 0

花巻南打線を相手に粘投した紫波総合・雫石の主戦鈴木

▽二塁打　藤川（花）▽審判　球審＝菅原　塁審＝河野、藤原、川村
▽試合時間　2時間3分

連合チーム、9人はつらつ

9人で挑んだ紫波総合・雫石の連合チームが集大成の舞台を存分に楽しんだ。先発鈴木秋則（紫波総合3年）は、実力に勝る花巻南を初回と二回、無安打に抑えた。2カ月ほど前から捕手を務める菊池瑛斗主将（同）のリードに応え、内外角を丹念に突いた。

コールド負けを喫したが、菊池主将は「雫石のメンバーのおかげで大会に出られた。好きな野球を最後にみんなとできて良かった」と晴れやかな表情を浮かべた

雫石・高橋兄弟、感謝の舞台

雫石の双子の兄弟選手が集大成の舞台に立った。2人だけの部員で、ともに3年の高橋航輝《こうき》と翔大《しょうた》は紫波総合と連合チームを組んで出場。公式戦初勝利はならなかったが、全力プレーで仲間や家族に感謝の気持ちを示した。

兄の航輝は凡打でも全力疾走でナインを鼓舞した。弟の翔大は最終回となった七回2死から四球で出塁。「本当は打ちたかったが、次につなぐことを心掛けた」。共に外野から声を出し続け、チームをもり立てた。

1、2年生の部員がいないため、来年度以降は休部の可能性がある。「雫石という校名で大会に出場することで、野球部が頑張っていることを地域に伝えたかった」（航輝）と、母校の誇りも胸に挑んだ。

連合チームを組んだ紫波総合の選手と試合を振り返る雫石の高橋翔大（左）と高橋航輝

■代表決定戦

花北青雲 6―5 遠野

	1	2	3	4	5	6	7	8	9	10	11	計
遠野	0	0	1	0	2	0	2	0	0	0	0	5
花北青雲	1	1	0	1	2	0	0	0	0	0	1X	6

（延長十一回）

（遠）鈴木、菊池楽、菊池紘―石田
（花）高橋広、東、菅原、高橋文―高橋翔

【遠野】		打安点
②	石田	430
⑨	畑山	300
④	佐々木勁	512
⑥	佐々木陽	610
⑦	佐々木柊	531
③	川久保颯	320
⑧	神原	410
⑤	菊池暉	410
①	鈴木	100
1	菊池楽	100
1	菊池紘	200

振球犠盗失併残………
7 9 2 2 1 1 11 38 12 3

【花北青雲】		打安点
⑧	小原	510
⑦	福山	500
④	新渕	421
⑨	中島	322
⑤	鎌田有	411
②	高橋翔	410
①3	高橋広	200
③	伊藤	111
R	斎藤	000
1	東	100
1	菅原	000
H	冨手	100
1	高橋文	200
⑥	佐藤	311

遠野―花北青雲　11回裏花北青雲2死一、二塁、新渕が中前へサヨナラ安打を放つ

振球犠盗失併残………
7 9 4 0 2 2 10 35 9 6

▽三塁打　中島（花）
▽二塁打　石田（遠）

鎌田有（花）▽審判　球審＝伊藤永　塁審＝白旗、八重樫、伊藤道
▽試合時間　3時間18分

花北青雲、延長サヨナラ

主将の一振りが3時間18分の熱戦に終止符を打った。延長十一回、花北青雲の新渕隼尊《としたか》（3年）が中前にサヨナラ打を放ち、昨秋の地区予選で最後の打者となって敗れた遠野に雪辱した。「大事な場面で自分に回ると覚悟していた」。

遠野は2度追い付く粘りを見せた。佐々木陽翔《はると》主将（3年）は「やれることはやってきた。大会に出場できて『当たり前の大切さ』に気づけた」と声を振り絞った。

水沢商が代表決定戦に進出。二回無死満塁から小沢の中前適時打、千葉の中越え二塁打などで一挙5点。五回には7点差に広げ、専大北上の猛反撃を振り切った。水沢は6安打ながら効率よく加点、コールド勝ちした。

■1回戦

水沢商　8—7　専大北上

専大北上	1	0	0	0	0	0	2	1	3	7
水沢商	1	5	0	0	2	0	0	0	×	8

（専）長島、佐藤、真野—和多田　（水）千田大、小沢、千田大—千田慎

専大北上—水沢商　2回裏水沢商1死二、三塁、千葉が中越え二塁打を放ち、5—1と突き放す。捕手和多田

【専大北上】		打安点
⑦	菅原	530
⑤	粟野	311
①9	長島	422
③	鈴木	400
⑧	高橋海	522
⑨	坂本	100
1	佐藤	100
H	早坂	100
1	真野	100
H	工藤	112
④	小田島	510
⑥	小原	530
②	和多田	310
H	高橋伶	100

振球犠盗失併残………
5230211140147

【水沢商】		打安点
④14	小沢	432
⑦	後藤	300
⑥	千葉	512
①41	千田大	411
②	千田慎	301
③	原田	410
⑨	千田竜	420
⑤	阿部	210
⑧	菊地	420

振球犠盗失併残………
953020933116

▽本塁打　工藤（専）
▽二塁打　長島、粟野、高橋海（専）千葉、千田竜、小沢（水）
▽審判　球審＝阿部　塁審＝千葉、千田、及川
▽試合時間　2時間40分

水沢商、専大北上を撃破

最後の打者を打ち取った水沢商ナインが歓喜の輪をつくった。専大北上との打撃戦を制し、3年ぶりの夏勝利を飾った。

序盤から打線に火が付いた。1—1で迎えた二回無死満塁。リードオフマンの小沢優斗主将（3年）が中前にしぶとくはじき返して2点を勝ち越した。千葉拓人（2年）の2点適時二塁打も飛び出し、この回一挙5点。ビッグイニングで流れを引き寄せた。

主戦千田大輔（3年）は九回、一度はマウンドを譲ったものの、1点差に迫られて再登板。計149球の熱投で勝利を呼び込んだ。

■代表決定戦

水沢　12—2　前沢・水沢農・北上翔南

前沢・水沢農・北上翔南	1	0	0	0	1	2
水沢	2	6	0	1	3X	12

（五回コールド）

（前）須藤、永畠—坂本　（水）神田、佐藤—竹田

1回表3校連合1死二塁、須藤が左越え二塁打を放ち、1点を先制する。捕手竹田

【前沢・水沢農・北上翔南】		打安点
⑥4	杉田	210
④1	永畠	100
①6	須藤	211
②	坂本	200
⑦	葛西	200
⑧	佐藤	210
⑨	坂内	200
⑤	伊藤	200
③	小林	211

振球犠盗失併残………
80102011742

【水　沢】		打安点
⑧	吉田	200
⑥	及川元	322
⑨	千葉	300
⑦	後藤	100
③	安倍	223
④	秋山	300
⑤	菊地	310
②	竹田	200
①	神田	000
H	菊池晴	100
1	佐藤	000
H	畠山	110
R	菊池悠	000

振球犠盗失併残………
080200042165

▽三塁打　安倍、菊地（水）
▽二塁打　須藤、小林（前）及川元（水）
▽審判　球審＝菊池　塁審＝小野寺、井上、門脇
▽試合時間　1時間14分

3校連合、気迫の2点

前沢・水沢農・北上翔南の連合チームが健闘した。初回、先頭の杉田希尋《みひろ》（水沢農3年）が安打で出塁し、永畠義輝主将（前沢3年）が送りバント。須藤玲（前沢3年）の左越え適時二塁打で先制。五回には1年生の小林海都（北上翔南）が右中間へ適時二塁打を放ち食らいついた。

異なるユニホームでも野球への情熱は同じ。永畠主将は「一人一人が明るく元気のあるチーム。13人で最後までプレーできて良かった」と思いを込めた。

水沢工が黒沢尻北に快勝。三回に天久の本盗などで4点を奪い、主導権を渡さなかった。黒沢尻工は3投手をつないで水沢一を零封。八回には小野寺の右越え2ランで突き放した。

■代表決定戦

黒沢尻工 6―0 水沢一

水沢一	0	0	0	0	0	0	0	0	0	0
黒沢尻工	1	0	2	0	0	0	1	2	×	6

（水）高橋陽、小竹―大山　（黒）松原、根本、藤沢―佐藤慎

【水沢一】		打安点
⑧	千田	310
⑨1	小竹	400
④	浅沼	410
⑤9	三瓶	400
③	本間	420
R	佐藤	000
②	大山	300
①5	高橋陽	310
⑦	高橋亜	300
⑥	小野寺	200

振球犠盗失併残……
9322108 3050

【黒沢尻工】		打安点
⑤	畠山	320
⑧	及川	100
⑥4	加藤	311
⑦	小野寺	423
②	佐藤慎	400
④1	根本	300
1	藤沢	100
⑨	宮本	310
③	角舘	200
①6	松原	201

振球犠盗失併残………
0251113 2665

▽本塁打　小野寺(黒)
▽二塁打　浅沼（水）加藤、宮本（黒）
▽審判　球審＝千田　塁審＝菊池、及川、平賀
▽試合時間　2時間0分

水沢一―黒沢尻工　1回表水沢一2死、浅沼が左越え二塁打を放つ。捕手佐藤

水沢一、遠かった本塁

水沢一は昨秋の地区予選に続いて黒沢尻工に零敗を喫した。0－3で迎えた四回、2番手で登板した左腕小竹塁《る》愛《あ》(3年)が、六回までの3イニングを無安打に封じた。背番号1の力投で流れを戻したが、最後まで本塁が遠かった。

小野寺諒主将(3年)は「大会を開いてもらえて感謝のひと言」、小竹は「例年とは違う形だったが、最後の夏に気持ちをつくってこられた」と充実感を漂わせた。

■代表決定戦

水沢工 6―0 黒沢尻北

黒沢尻北	0	0	0	0	0	0	0	0	0	0
水沢工	0	0	4	0	1	0	0	1	×	6

（黒）渡辺、星―佐藤　（水）高橋知、山本―及川勇

黒沢尻北―水沢工　8回裏、コールド負けのピンチをしのいで喜び合う黒沢尻北の選手

【黒沢尻北】		打安点
⑥	山田	400
⑧	鎌田	300
②	佐藤	300
③	高橋寛	200
H3	小原悠	200
⑦	佐々木岳	400
⑨	宮内	300
H	高橋颯	100
④	杉浦	310
①	渡辺	210
1	星	100
⑤	滝津	100

振球犠盗失併残………
5311116 2920

【水沢工】		打安点
⑧	千田	321
⑨	天久	410
③	伊藤	221
⑦	及川海	321
⑤	遠藤	200
H4	阿部佳	100
4	阿部静	000
⑥	村上	312
①	高橋知	310
H	稲葉	100
1	山本	000
②	及川勇	400
④5	北條	200

振球犠盗失併残………
6121310 11 2895

▽三塁打　千田（水）
▽審判　球審＝下川原　塁審＝井上、菅原、千葉
▽試合時間　2時間25分

黒沢尻北、執念の満塁策

黒沢尻北は八回に満塁策を選択。コールド負けの窮地をしのいで見せ場をつくった。

0―6の1死三塁、佐藤牧人監督は連続で申告敬遠を指示。マウンドの星知輝(2年)は「自分の一球で試合が決まる。3年生と少しでも長くプレーしたい」。強気に挑んで相手4番を右直、5番を内野ゴロに打ち取った。3人だけの3年生。励まし合いながら最後の公式戦を戦い抜いた。杉浦一汰《いった》主将(3年)は「同級生がいたからここまで野球ができた。他のメンバーには感謝しかない」。

西和賀と水沢商が県大会出場を決めた。西和賀は12安打13点。岩谷堂の主戦佐藤は191球の力投も実らなかった。水沢商は7盗塁を絡め、そつなく加点。金ケ崎を七回コールドで下した。

岩谷堂―西和賀　5回裏西和賀1死二、三塁、広沼が中前に2点適時打を放ち、13―11と勝ち越す

■代表決定戦
西和賀 13―12 岩谷堂

岩谷堂	3	5	0	1	2	0	0	1	0	12
西和賀	7	0	4	0	2	0	0	0	×	13

（岩）佐藤―及川大　（西）新田、広沼―加藤

【岩谷堂】	打安点
④　菊池　育	5 1 0
③　鎌　田	5 3 1
⑧　太田　颯	6 1 1
①　佐　藤	6 3 3
②　及川　大	4 2 2
⑤　浅　倉	5 3 2
⑥　及川　遥	4 0 0
⑨　太田　葵	5 2 0
⑦　菊池　大	4 0 0
振球犠盗失併残………	
5 6 1 3 4 2 12 44 15 9	

【西和賀】	打安点
⑧　菊　池	4 2 2
③　東	3 0 1
①4新　田	3 2 3
⑤　高橋　聖	4 2 1
②　加　藤	3 0 0
⑥1広　沼	5 1 2
⑨　村　上	5 2 1
⑦　菅　原	2 0 0
7　小　向	2 1 0
④6白　鳥	4 2 0
振球犠盗失併残………	
11 9 2 7 5 0 9 35 12 10	

▽二塁打　佐藤2（岩）新田（西）
▽審判　球審＝千葉　塁審＝平賀、阿部、小野寺
▽試合時間　2時間54分

西和賀が12安打13点

部員12人の西和賀が3時間近い打撃戦を制した。3年生2人の若いチーム。1年生が投打で活躍した。序盤から激しい点の取り合いとなった三回、2番手の広沼大河が、落ち着いたマウンドさばきで流れを引き寄せた。「思ったより早い出番で少し緊張したが、バックが助けてくれた」。8失点で降板した新田輝は中軸打者として発奮。三回1死満塁、「打撃で挽回したかった」と走者一掃の右中間二塁打。広沼も11－11の五回、2点適時打で勝利を呼び込んだ。

【水沢商】	打安点
④　小　沢	4 0 0
⑦　後　藤	3 2 1
⑥　千　葉	3 1 1
①31千田　大	4 3 1
②　千田　慎	3 1 1
③　原　田	2 0 0
H　三　田	1 0 0
1 3遠　藤	0 0 0
⑨　千田　竜	3 1 0
⑤　阿　部	2 0 0
⑧　菊　地	3 0 0
8　大　芦	0 0 0
振球犠盗失併残………	
2 1 4 7 0 0 5 28 8 4	

【金ケ崎】	打安点
⑥　小野寺	2 0 0
⑤　岩　崎	3 2 0
⑧　久保田	2 0 0
②　渥　美	3 1 0
③　堀　江	3 0 0
①　中　田	3 1 0
⑦　菊　地	2 0 0
⑨　秋　山	2 0 0
④　梶　原	3 0 0
振球犠盗失併残………	
6 4 0 1 3 0 6 23 4 0	

水沢商―金ケ崎　5回表水沢商1死二塁、千田大が左前適時打を放ち、5―0とする

▽二塁打　後藤、千田大（水）
▽審判　球審＝高橋　塁審＝下川原、及川勝、及川正
▽試合時間　1時間42分

■代表決定戦
水沢商 7―0 金ケ崎

水沢商	3	1	0	0	3	0	0	7
金ケ崎	0	0	0	0	0	0	0	0

（七回コールド）

（水）千田大、遠藤、千田大―千田慎　（金）中田―渥美

金ケ崎、無念コールド

金ケ崎は専大北上を破った水沢商の勢いにのまれた。初戦の硬さから守備が乱れ、主戦中田紘（3年）を援護できなかった。捕手の渥美佑太主将（同）は「いつもよりいい球が来ていた。2戦目の相手に押されてエラーが多く出てしまった」と悔やんだ。

選手たちは「野球ができることを楽しむ」というチームテーマを貫いた。芦口大監督は「普段の力を出せない部分もあったが、精神的な成長を感じられた」とねぎらった。

一関工が大東との競り合いを制し、県大会に進出。2−2の八回、一走の挟殺プレーの間に三走佐藤蓮が本塁を陥れた。千厩は遠藤が2失点完投、花泉を振り切った。

■代表決定戦

一関工 3−2 大東

	1	2	3	4	5	6	7	8	9	計
大東	0	0	0	2	0	0	0	0	0	2
一関工	0	0	0	0	0	2	0	1	×	3

(大)滝沢―菊池央　(一)小野寺、伊東―阿部

【大東】		打	安	点
⑥	佐藤塁	4	0	0
⑨	熊谷	5	1	0
②	菊池央	3	1	0
③	佐山	4	1	0
⑦	小野寺	4	0	0
④	高橋	3	2	1
⑤	菊池永	4	1	0
①	滝沢	4	2	1
⑧	佐藤彗	3	2	0

振球犠盗失併残………
8 3 1 0 7 1 9 34 10 2

【一関工】		打	安	点
③	佐藤樹	4	0	0
⑥	藤野	5	1	0
⑧	千田	3	2	0
⑦	佐々木空	3	0	0
④	小山	1	1	0
②	阿部	4	0	0
⑤	佐藤蓮	2	0	0
⑨	佐々木優	2	0	0
1	伊東	2	1	1
①9	小野寺	2	0	0
R9	細川	0	0	0

振球犠盗失併残………
4 6 4 1 0 0 11 28 5 1

4回表大東1死一、二塁、高橋が右前打を放ち1点を先制する。捕手阿部

▽二塁打　千田（一）
▽審判　球審＝千葉聖　塁審＝須藤、千葉健、千葉広
▽試合時間　2時間22分

先制大東、あと一歩

1、2年生主体の大東が、昨夏4強の一関工を苦しめた。二回1死一塁の守りでは左中間を抜けそうな当たりを中堅手佐藤彗斗《けいと》(2年)がダイビングキャッチ。併殺で切り抜け、流れを呼び込んだ。

左腕の滝沢優生(同)は変化球を有効に使い被安打5。最後は経験に勝る相手に屈したが、唯一の3年生小野寺緋彩《ひいろ》主将は「秋は手も足もでなかった相手に競った試合ができた。(1、2年生は)悔しい思いを秋に生かしてほしい」と後輩に託した。

■1回戦

千厩 4−2 花泉

	1	2	3	4	5	6	7	8	9	計
千厩	2	0	1	0	1	0	0	0	0	4
花泉	0	0	0	0	1	0	0	1	0	2

(千)遠藤―古舘　(花)千葉―佐藤信

【千厩】		打	安	点
⑧	菅原怜	5	2	0
⑨	糸数	5	1	0
④	千葉悠	5	0	0
③	金今	4	2	0
⑥	及川瑠	4	1	1
⑤	藤野	4	2	2
①	遠藤	3	1	1
⑦	佐藤龍	4	0	0
②	古舘	4	1	0

振球犠盗失併残………
8 0 1 3 3 2 8 38 10 4

【花泉】		打	安	点
⑤	小松	4	1	0
⑧	小野寺	4	2	1
①	千葉	3	0	0
⑥	皆川	4	1	1
③	横山	3	0	0
②	佐藤信	4	1	0
⑦	高浜	4	0	0
⑨	真柄	4	2	0
④	石田	3	0	0

振球犠盗失併残………
5 2 1 0 3 0 7 33 7 2

粘り強い投球で9回を投げ抜いた花泉の千葉

▽三塁打　金今、藤野、遠藤（千）
▽審判　球審＝熊谷　塁審＝金野、山崎、高橋
▽試合時間　2時間10分

花泉主戦、完全燃焼の140球

140球を投げ抜いた花泉の主戦千葉唯斗(3年)は「自分が練習してきたことは全て出せた」と胸を張った。五回までに4失点したが、後半はカットボールを増やし無安打に抑えた。守備にも助けられ「何げなく始めた野球だったが徐々に上達して楽しくなった」と熱投を振り返った。

小松優也主将(3年)は「秋は勝ったが挑戦者の気持ちで臨んだ。応援してくれた方々に感謝の気持ちでいっぱい」と話した。

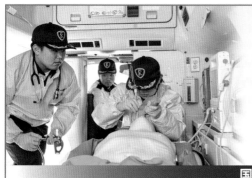

一関一、一関修紅、一関学院が県大会進出。一関一は六回から救援した小野寺蒼が8奪三振。粘る一関二を振り切った。一関修紅は15安打でコールド勝ち。一関学院は佐藤颯が八回に3ランを放ち、試合を決めた。

■代表決定戦

一関学院 9―2 千厩

	1	2	3	4	5	6	7	8	計
千　厩	0	0	1	0	1	0	0	0	2
一関学院	2	0	0	2	1	0	1	3X	9

（八回コールド）

（千）遠藤―古舘　（一）小綿、伊藤―佐々木春

千厩、真っ向勝負の夏

千厩が昨秋の東北大会８強に食らいついた。チーム７安打のうち、４安打と打線を引っ張った菅原怜央《れお》(３年)は「全打席出塁し、チームにいい流れをつくれた」。ただ、あと一本が出ず、主導権を奪えなかった。

連投の主戦遠藤真希《まさき》(同)が八回、３ランを浴びて力尽きた。捕手の古舘和駿《かずま》(同)は「最後まで真っ向勝負を貫いてくれた。もっと球を受けたかった」と早すぎる夏の終わりを悔やんだ。

千厩―一関学院　3回表千厩1死、菅原怜が中前打を放つ。捕手佐々木春

【千厩】		打安点
⑧	菅原　怜	440
⑨	糸　数	200
④	千　葉	310
③	金　今	421
⑥	及川　瑠	300
⑤	藤　野	200
①	遠　藤	300
⑦	佐藤　龍	200
②	古　舘	300

振球犠盗失併残………
3 2 3 1 2 1 5 26 7 1

【一関学院】		打安点
⑥	佐藤　颯	544
⑨	佐々木大	321
⑧	近　江	201
⑤	坂　本	211
⑦	瀬　川	301
H7	成ケ　沢	100
③	千　田	310
②	佐々木春	410
①	小　綿	201
1	伊　藤	100
H	青　山	110
R	菱　沼	000
④	鈴　木	410

振球犠盗失併残………
1 5 1 1 1 1 6 31 11 9

▽本塁打　佐藤颯（一）▽三塁打　佐々木大（一）▽二塁打　金今（千）佐藤颯、佐々木大、坂本（一）
▽審判　球審＝高橋　塁審＝長坂、菊池、那須野
▽試合時間　1時間59分

■代表決定戦

一関一 8―5 一関二

	1	2	3	4	5	6	7	8	9	計
一　関　一	1	3	0	0	1	0	2	1	0	8
一　関　二	0	0	0	3	2	0	0	0	0	5

（一）岩渕和、岩渕匠、小野寺蒼―高橋啓　（二）小野寺陸、佐藤―三浦

一関二、粘りを見せた

４点を先行された一関二が粘り強く戦った。四回２死二、三塁から９番三浦壮敬《そうけい》(３年)、１番菅原翔(同)の連打で一挙３点。五回は高橋大翔《ひろと》主将(同)、小林陸人(同)の適時打で５－５に追い付いた。

チームはダブル主将制を導入。遊撃手の山田悠人(同)がプレーで引っ張り、声でチームを盛り上げてきた高橋は「全力で戦ってやり切った」と満足感を口にした。

ベンチで喜び合う一関二の選手たち。一関一と粘り強く戦った

【一関一】		打安点
⑨	朝　倉	541
④	樋　口	100
⑦1	小野寺蒼	511
③	高橋　紬	522
⑧18	岩渕　匠	300
⑥	松　嶋	411
⑤	軍　司	310
②	高橋　啓	310
①87	岩渕　和	410

振球犠盗失併残………
7 3 4 1 1 1 5 33 11 5

【一関二】		打安点
⑧	菅　原	512
④	小野寺琉	400
⑥	山　田	420
①5	小野寺陸	410
⑨	高橋　大	521
⑤3	高　木	100
⑦	小　林	421
③1	佐　藤	300
②	三　浦	311

振球犠盗失併残………
12 5 2 0 2 0 9 33 9 5

▽三塁打　高橋大（二）▽二塁打　高橋大、菅原（二）▽審判　球審＝鈴木　塁審＝三浦、小野寺、菅原
▽試合時間　2時間29分

■代表決定戦

一関修紅 15―6 一関高専

	1	2	3	4	5	6	7	8	計
一関修紅	4	2	2	0	1	2	0	4	15
一関高専	1	0	0	3	0	2	0	0	6

（八回コールド）

（修）伊藤、小原、佐藤翔、渡辺―千葉圭、山崎　（高）内海、吉田―八巻

一関高専、努力の9安打

「大会に参加させていただきありがたい。今できる力は発揮できた」。一関高専の塚田朋主将(３年)は感謝の言葉を絞り出した。

同校は７月に入っても遠隔授業で、部活動は行われていない。野球部が全体練習を再開したのは６月13日。既に他校は練習試合に励んでいた。それでも野手陣は素振りで磨いた打撃の成果を発揮した。７点差の四回に千葉拓海(２年)の右越え三塁打などで３点。六回は千葉拓の中越え三塁打、八巻陽人《はると》(同)のバント安打で２点を返した。努力を証明する９安打６得点だった。

一関修紅―一関高専　8回表のピンチでマウンドに集まる一関高専の選手

【一関修紅】		打安点
①3	伊　藤	532
⑦	佐藤　優	411
⑧	檀　上	412
⑥1	渡　辺	411
⑤	田　村	312
③9	高　橋	311
1	佐藤　翔	321
6	佐藤　柊	000
⑨19	小　原	432
④	那　須	300
②	千葉　圭	422
2	山　崎	000

振球犠盗失併残………
3 9 5 3 0 0 12 37 15 14

【一関高専】		打安点
⑨	千葉　拓	423
②	八　巻	431
⑦	橋　階	410
H	佐　藤	100
⑤	佐々木	301
③	熊　谷	210
⑧	千葉　奏	310
①	内　海	100
1	吉　田	300
④	塚　田	200
⑥	須　藤	411

振球犠盗失併残………
9 6 2 0 6 1 9 31 9 6

▽三塁打　千葉拓2（高）▽二塁打　檀上、田村、伊藤（修）熊谷、八巻（高）▽審判　球審＝千葉　塁審＝那須野、細川、加藤
▽試合時間　2時間32分

釜石商工は初回、堀内、小笠原の連打で先制。その後も小刻みに加点し、粘る釜石を突き放した。大船渡は左腕前川が無四球で1失点完投。打線も大槌の3投手から14安打を放った。

大船渡—大槌　8回表大船渡無死一、三塁、右翼手白銀の好返球で捕手小林が三走及川太の本塁生還を防ぐ

■1回戦

大船渡 10—1 大槌

大船渡	1	0	0	2	0	0	2	0	5	10
大槌	0	1	0	0	0	0	0	0	0	1

（船）前川—及川太　（槌）植田基、神田、武田—小林

【大船渡】		打安点
⑤	田村笙	520
①	前川	533
④	金野	300
⑥	吉田	211
②	及川太	532
③	佐々木翔	422
⑨	及川遥	510
⑧	細谷	511
⑦	千田	510
振球犠盗失併残………		
0510108	39149	

【大槌】		打安点
④61	武田	400
①4	植田基	410
⑥16	神田	300
③	古川	410
⑤	植田詩	410
⑧	柏崎	430
⑨	白銀	310
②	小林	400
⑦	塚本	410
振球犠盗失併残………		
5020218	3480	

▽三塁打　柏崎（槌）
▽二塁打　吉田、及川太、前川（船）
▽審判　球審＝水野　塁審＝高橋吉、佐久間、高橋幸
▽試合時間　2時間20分

大槌、攻守に奮闘

メンバーの大半が昨夏を経験した大槌が、中盤まで大船渡と互角の戦いを演じた。

先発のマウンドは植田基希《もとき》(3年)。「大船渡は打力がある。芯を外すように丁寧に投げた」とコーナーに投げ分けて試合をつくった。野手も奮闘した。八回の守りでは、右翼手の白銀光稀《こうき》(同)が見事な返球。本塁を狙った三走の生還を防いだ。

神田祥宜《しょうき》主将(同)は「チーム一丸となって全力で戦えた」と充実感を漂わせてグラウンドを後にした。

【釜石】		打安点
⑧7	難波	510
⑨8	前川達	521
⑤	関根	400
②	川向	420
⑦1	中館	321
④	吉田	400
①	長谷川	110
9	岩間	310
⑥	八幡	200
H	片倉	110
R	木下	000
③	菊池	421
振球犠盗失併残………		
6020107	36123	

【釜石商工】		打安点
①	山崎	431
⑤	佐々木聖	400
⑥	堀内	532
②	小笠原	521
④	佐々木稜	321
⑧	木村	411
③	川崎	300
⑦	早坂	331
⑨	中村	400
振球犠盗失併残………		
3430121	135147	

釜石—釜石商工　5回表釜石1死三塁、菊池が適時二塁打を放ち、2—4と2点差に詰め寄る。投手山崎

▽本塁打　中館（釜）
▽三塁打　山崎（商）
▽二塁打　岩間、菊池、難波（釜）堀内2、小笠原（商）
▽審判　球審＝菅原　塁審＝東谷、高橋、長洞
▽試合時間　2時間32分

■代表決定戦

釜石商工 7—4 釜石

釜石	0	1	0	0	2	0	0	0	1	4
釜石商工	2	2	0	0	1	0	1	1	×	7

（釜）長谷川、中館—川向　（商）山崎—小笠原

釜石打線、成長の12安打

釜石は12安打も実らず、釜石商工に打ち負け。昨秋の県大会1回戦でサヨナラ負けした雪辱を果たせなかった。

3点を追う五回1死三塁、菊池広海(3年)の左中間二塁打と前川達郎(同)の適時打で1点差。六回以降は毎回安打を放った。吉田凪《なぎ》主将(同)は「秋のままならコールドだった。粘り強く試合ができた」。三回から救援した中館大気(2年)は「先輩の思いを引き継いで秋は県優勝を目指す」と誓った。

大船渡東と高田がともに17安打で県大会進出を決めた。大船渡東は3番今川が先制の2点本塁打を含む3安打4打点。高田は四回、打者一巡の猛攻で7点を奪った。

【大船渡】		打安点
⑤	田村　笙	4 2 1
①8	前　川	4 1 0
④6	金　野	4 1 1
⑥1	吉　田	3 1 0
②	及川　太	4 1 0
③	佐々木翔	2 0 1
⑨	及川　遥	2 0 0
H	大和田	1 1 1
R7	千葉　豪	0 0 0
⑧	細　谷	2 0 0
8	中　村	0 0 0
H	佐々木康	1 0 0
4	田村　宗	0 0 0
⑦	千　田	2 0 0
H	今　野	1 0 0
9	千葉　一	0 0 0

振球犠盗失併残………
3 2 0 1 2 0 7 30 7 4

【大船渡東】		打安点
⑨	佐々木玲	5 4 0
④	木　下	1 1 0
⑥	今　川	4 3 4
①	仁木　崇	4 2 2
②	近江　優	3 2 1
③	平　野	2 0 1
⑧	仁木　竜	4 2 1
⑦	後　藤	4 0 0
7	磯　谷	0 0 0
⑤	千　葉	4 3 0

振球犠盗失併残………
1 1 6 0 2 0 9 31 17 9

▽本塁打　今川（東）
▽三塁打　今川（東）
▽二塁打　田村笙2（大）
▽審判　球審＝泉田　塁審＝水野、三浦、大和田
▽試合時間　2時間2分

大船渡―大船渡東　1回裏大船渡東1死二塁、今川が左越えに先制の2点本塁打を放つ。捕手及川太

■代表決定戦

大船渡東 11―4 大船渡

大船渡	0	0	1	0	0	2	1	4
大船渡東	2	0	0	1	3	4	1X	11

（七回コールド）

（大）前川、吉田―及川太　（東）仁木崇―近江優

大船渡、投手陣崩れる

昨夏準優勝の大船渡が地区予選で散った。エース前川真斗（3年）が初回、大船渡東の3番今川大輝（3年）に左越え2ランを浴びるなど5回6失点。中盤以降も相手打線の勢いを止められず、コールド負けを喫した。

前川は「昨年と比較されることが多くてつらい時期もあったが、3年間頑張ってきて良かった」。吉田昂生主将（3年）は「このメンバーで戦えたことは忘れられないものになった。今までありがとうと伝えたい」と語った。

【高　田】		打安点
⑤	大和田稚	5 2 2
⑦	佐々木	4 3 2
⑥	熊谷　大	3 2 1
⑨8	千　葉	4 2 2
③	大和田琉	2 0 0
H3	加　藤	2 0 0
⑧1	佐　藤	3 3 1
②	平　野	2 2 2
④	平　沢	3 2 2
①	伊藤　賢	1 0 0
H	吉　田	1 1 2
1	村　上	0 0 0
9	大久保	0 0 0

振球犠盗失併残………
2 7 3 2 1 0 10 30 17 14

【住　田】		打安点
⑧	水　野	3 0 0
⑥	村上　龍	2 0 0
⑤1	瀬　川	1 0 0
②	大　谷	2 0 0
①35	村上　颯	2 0 0
③13	川　下	1 0 0
⑦	崎　山	2 1 0
⑨	小　松	2 0 0
④	戸　羽	2 0 0

振球犠盗失併残………
6 2 0 0 3 0 4 17 1 0

高田―住田　1回表高田1死一、三塁、千葉が中前に適時打を放ち、1点を先制する。捕手大谷

▽三塁打　佐々木（高）
▽二塁打　佐藤、熊谷大2、平野、吉田、佐々木2、平沢（高）
▽審判　球審＝佐久間　塁審＝木村、栗和田、菊池
▽試合時間　1時間27分

■代表決定戦

高田 15―0 住田

高田	2	0	2	7	4	15
住田	0	0	0	0	0	0

（五回コールド）

（高）伊藤賢、村上、佐藤―平野　（住）村上颯、川下、瀬川―大谷

住田、後輩に託す1勝

昨秋は宮古水産、山田と連合チームを組んだ住田が奮闘した。5イニングの短い夏だったが、大谷海雅主将（3年）は「全員が諦めず全力で試合ができた。最後に単独で出場できて良かった」と笑みを浮かべた。

捕手として投手陣をもり立てた。初回と二回の2死満塁は最少失点で切り抜け、四回は川下楓（同）とバッテリーを組んだ。5年ぶりの夏1勝は達成できず、川下は「悔しい。後輩の成長に期待したい」とエールを送った。

今春統合で誕生した宮古商工が公式戦初勝利。3―1の七回、4連打で岩泉を押し切った。
宮古は12安打で山田を圧倒。二回は打者一巡、四回は山根からの6連打で突き放した。

7回表宮古商工2死二、三塁、川戸が中越え三塁打を放ち、5―1とする。捕手沢

【岩　泉】	打安点
⑤　前　川	420
④　三田地叶	320
⑥1畠山　裕	300
②　沢	311
①36山　岸	400
⑨　穂　高	400
⑦　内　村	400
⑧　阿　部	300
③13菊　地	300

振球犠盗失併残………
8210206315 1

【宮古商工】	打安点
⑨8鈴　木	520
④　荒　川	520
⑥　星　川	430
③　川戸　元	424
②　藤　村	311
①5穂　高	400
⑦　長谷川	300
H　伊　東	100
7　瀬　川	000
⑤　畠　山	400
1　遠　洞	000
⑧　箱　石	300
H　若　狭	100
9　佐々木	000

振球犠盗失併残………
902011637105

▽三塁打　川戸元（宮）
▽二塁打　星川2、藤村（宮）前川（岩）
▽審判　球審＝福士　塁審＝宇都宮、昆、田村
▽試合時間　1時間54分

■代表決定戦

宮古商工 6―1 岩泉

宮古商工	1	0	0	0	0	2	3	0	0	6
岩　泉	1	0	0	0	0	0	0	0	0	1

（宮）穂高、遠洞―藤村　（岩）山岸、菊地、畠山裕―沢

宮古商工、「船出」飾る

今春、統合で誕生した宮古商工が快勝。打線の中軸を担う２人の「主将」がバットで勝利に導いた。六回に４番川戸元《はじめ》主将（3年）が勝ち越し打。七回は川戸主将と藤村玄《く》龍《りゅう》（同）の連続長打で突き放した。

川戸は統合前の旧宮古商、藤村は旧宮古工で主将を務めた。統合してからはチームカラーや練習内容などの違いを共有することに苦労したという。スローガンは「同心協力」。「つなぐ打撃の宮古商とパンチ力の宮古工。二つの持ち味が出せた」と川戸主将。初陣で最高の船出を飾った。

岩泉の山岸竜也（3年）は８回９奪三振。好勝負に持ち込んだ。

【宮　古】	打安点
⑧　山根　尚	432
⑥　上　木	310
⑦　佐々木	324
7　堀　合	000
②　黒　田	211
①3阿　部	322
⑨　舘　洞	200
H9小　林	111
④　畠　山	300
4　尾　形	000
⑤　吉　浜	210
H5中　家	110
③1川　中	200

振球犠盗失併残………
2301004261210

【山　田】	打安点
①8鳥　居	200
⑤1芳　賀	200
②　鈴　木	210
⑧4渋梨子	200
③　上　沢	100
⑦　菊　地	200
⑥　山　崎	200
④5沼　崎	200
⑨　小　野	100

振球犠盗失併残………
7100302161 0

4回表山田1死、鈴木がチーム唯一の安打となる二塁打を放つ

▽三塁打　佐々木、阿部（宮）
▽二塁打　鈴木（山）阿部、山根尚、黒田（宮）
▽審判　球審＝宇都宮　塁審＝崎尾、川口、佐々木
▽試合時間　59分

■代表決定戦

宮古 13―0 山田

山　田	0	0	0	0	0	0
宮　古	0	7	0	6	×	13

（五回コールド）

（山）鳥居、芳賀―鈴木　（宮）阿部、川中―黒田

9人山田、全力プレー

３年ぶりに単独出場を果たした山田。点差が開いても９人が一丸となって目指す野球を貫いた。初回に助っ人部員の右翼手小野堅斗（３年）が飛球を連続好捕。二回に守備が乱れて大量点を奪われても声を掛け合い、三回以降は無失策で投手をもり立てた。

チーム唯一の安打を放った鈴木陸《りく》翔《と》主将（３年）は「少人数のチームだからこそうまくなれた。（二塁打は）親に恩返ししたかったのでうれしかった」と少しだけ笑顔を見せた。

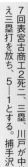

福岡工が3年ぶりの夏1勝。2―3の五回1死満塁から宮沢の2点二塁打などで葛巻を逆転した。久慈は7盗塁で久慈東を揺さぶった。五回は2盗塁で1死二、三塁とし、4番小屋畑の左前打で勝ち越した。

葛巻―福岡工　7回裏福岡工2死二塁、笠寺の遊撃内野安打の間に二走佐々木が一気に生還。7―5とリードを広げる

■代表決定戦

福岡工 8―5 葛巻

葛巻	3	0	0	0	0	1	1	0	0	5
福岡工	2	0	0	0	4	0	1	1	×	8

（葛）大上捷、滝浪、関―大道　（福）奥、宮沢―田口

「球友」対決、福岡工が制す

２年前に連合チームを組んだ福岡工と葛巻。仲間からライバルに変わった両校が好試合を演じた。福岡工は七回、内野安打で二走佐々木廉主将（3年）が好走塁で生還。葛巻は相手を上回る 10 安打。九回も１死満塁と最後まで攻め抜いた。

福岡工の佐々木主将は「一緒に野球ができたこと、好ゲームができたこと、全てが忘れられない財産になった」。葛巻の大道航《わたる》主将（3年）は「悔しいけれど、県大会でも力を出し切ってほしい」とエールを送った。

【葛巻】	打安点
②　大　道	3 0 0
④　辰　柳	4 1 0
①75大上　捷	5 2 0
⑨　四　垂	3 1 0
⑥　服　部	3 1 1
③　伊　藤	5 2 1
⑦1滝　浪	4 3 1
R7大上　北	1 0 0
⑧1　関	4 0 0
⑤78大川原	3 0 0

振球犠盗失併残………
5 5 4 4 2 1 1235103

【福岡工】	打安点
⑥　高　田	3 0 0
④5佐々木	3 1 0
⑧　高　森	2 2 1
②　田　口	4 2 2
⑨　笠　寺	3 1 2
⑤1宮　沢	3 1 2
③　高　村	3 0 0
⑦4高　橋	3 0 0
①　奥	0 0 0
H7鷹　場	3 1 0

振球犠盗失併残………
1 7 4 0 3 0 62787

▽二塁打　滝浪（葛）高森、宮沢（福）
▽審判　球審＝堀米　塁審＝高橋、釜石、細畑
▽試合時間　2時間20分

■代表決定戦

久慈 6―3 久慈東

久慈	0	0	1	0	2	0	1	2	0	6
久慈東	0	0	1	0	0	0	0	0	2	3

（久）播磨、間峠、滝谷―柴田　（東）佐々木、長倉、佐々木―吹切

久慈東、最後まで振り抜く

5点を追う九回、打ち勝つ野球を志した久慈東が粘った。途中出場の山王晃（3年）が中越え二塁打。2死後、佐々木武輝《いぶき》（同）が左前打、吉田大晟（2年）は右越え三塁打と力強い打球を飛ばし、2点を返した。一度降板した佐々木は九回再びマウンドへ。「最後だと思いながら全力を出した」。三振で締めくくりマウンドでほえた。

羽柴竜哉主将（3年）は「試合経験が少ない3年生6人で苦しいことが多かったが、必死に鍛えてきた」と目を真っ赤にした。

【久慈】	打安点
⑤　中　村	4 2 1
⑥　小野　慎	4 2 0
⑨　貫　牛	4 1 1
③　小屋　畑	3 1 1
⑦　小野　聖	2 0 0
1　間　峠	1 0 1
1　滝　谷	1 0 0
⑧　高橋　琉	4 1 0
④　野　崎	3 1 0
4　高橋　楓	1 0 0
②　柴　田	2 0 0
①　播　磨	0 0 0
H7丹　治	3 1 2

振球犠盗失併残………
6 6 5 7 0 0 103296

【久慈東】	打安点
⑥　羽　柴	2 1 0
①81佐々木	4 2 2
⑦　吉田　大	5 2 1
⑨8清水　綾	5 0 0
③9清水　泰	2 0 0
⑤　北沢　総	3 0 0
②　吹　切	3 1 0
④　中　田	3 0 0
⑧　北沢　蓮	0 0 0
H　吉田　海	1 0 0
1　長　倉	1 0 0
3　山　王	1 1 0
R　久　保	0 0 0

振球犠盗失併残………
9 8 2 0 3 1 103073

久慈―久慈東　9回裏久慈東2死二塁、佐々木の左前適時打で2―6とする。捕手柴田

▽三塁打　吉田大（東）
▽二塁打　中村（久）吉田大、山王（東）
▽審判　球審＝馬渕　塁審＝里見、下天广、苅谷
▽試合時間　2時間50分

一戸、軽米、福岡が県大会進出。一戸は主戦小田島が七回2死まで無安打無得点。終盤の久慈工の反撃を3点に抑えた。軽米は4投手の継投で洋野連合に競り勝ち。福岡は9盗塁を決め、伊保内に八回コールド勝ちした。

■代表決定戦

軽米 3―1 洋野連合

	1	2	3	4	5	6	7	8	9	計
軽　米	0	2	0	0	0	1	0	0	0	3
洋野連合	0	0	0	0	1	0	0	0	0	1

（軽）井戸渕拓、中野、皆川、柳―佐々木　（洋）上畑―大久保

洋野連合、笑顔の好勝負

昨夏、連合チームを組んだ軽米と洋野連合（大野、種市）。県大会を懸けた一戦ながら「楽しかった」と笑顔で試合を終えた。

軽米の小林柊《しゅう》陽《や》主将（3年）が八回、この日3本目の三塁打を放つと、洋野連合の大久保毅《き》康《こう》主将（種市3年）は思わず「ナイスバッティング」。大久保も直後の八回裏に左前打。川戸道諒真（同）は五回、本塁好返球で得点を防いだ。お互いが攻守に好プレーを見せ、1年間の成長を出し切った。

【軽　米】		打安点
②	佐々木	410
③	田代	410
⑥	小林	440
①9	井戸渕拓	400
⑧	鶴飼和	300
④14	皆川	410
⑦	井戸渕颯	211
1	柳	100
⑨147	中野	411
⑤	高橋	311
振球犠盗失併残………		
9 1 1 0 2 1 5		33 10 3

【洋野連合】		打安点
④	下苧坪	500
⑥	高際	400
⑤	小子内	400
②	大久保	420
③	木村	320
⑧	川戸道	310
⑦	馬場	300
⑨	福島	410
①	上畑	320
振球犠盗失併残………		
7 2 2 0 1 0 9		33 8 0

5回表軽米2死二塁、小林の中前打で二走田代（下）が本塁を突くも、中堅手・川戸道からの好返球でタッチアウト。捕手大久保

▽三塁打　小林3（軽）
▽二塁打　中野、田代、井戸渕颯（軽）
▽審判　球審＝湊　塁審＝吉田、福田、立崎
▽試合時間　2時間10分

■代表決定戦

福岡 10―3 伊保内

	1	2	3	4	5	6	7	8	計
伊保内	1	0	2	0	0	0	0	0	3
福　岡	2	0	1	1	0	3	2	1X	10

（八回コールド）

（伊）小松、福田、森、桐川、浅水―山下真
（福）前田、平泰―和田

伊保内、終盤力尽きる

昨春の地区予選では2年生主体の伊保内が勝利。そのときのメンバーが多く残った伊保内と、甲子園10度出場を誇る伝統校の福岡。お互いに「厳しい相手」と意識して臨んだ一戦は、9盗塁で揺さぶった福岡が制した。

伊保内は三回、山下真央（3年）の2点二塁打で3―2と一度は逆転した。小松大希主将（同）は「福岡を破り、勢いに乗って県大会に臨むはずだった。勝ち進める戦力はあった」と悔しがった。

【伊保内】		打安点
⑥185	森	420
⑦	石川	300
①36	小松	210
⑧18	桐川	320
②	山下真	313
③	岩崎	200
1	福田	000
3	古舘	100
④51	浅水	400
⑤	日向	200
H4	田岡	100
⑨	山本	300
振球犠盗失併残………		
6 7 1 1 2 1 9		28 6 3

【福　岡】		打安点
⑥	和山	322
⑦	北田	221
②	和田	300
⑧	樋口	422
③	菅野	400
①	前田	311
H	上山	111
R	大平	000
1	平泰	100
⑨	古舘	300
H9	漆田	100
④	平秀	211
⑤	村田	310
振球犠盗失併残………		
4 11 3 9 0 0 11		30 10 8

3回表伊保内1死二、三塁、山下真が中越え二塁打を放ち、3―2と逆転する。投手前田、捕手和田

▽三塁打　森（伊）
▽二塁打　山下真、桐川（伊）北田、平秀（福）
▽審判　球審＝吹切　塁審＝百鳥、里見、鎌田
▽試合時間　2時間20分

■代表決定戦

一戸 5―3 久慈工

	1	2	3	4	5	6	7	8	9	計
久慈工	0	0	0	0	0	0	1	0	2	3
一　戸	0	0	1	0	0	2	0	2	×	5

（久）三浦蒼―三浦悠　（一）小田島―大森

一戸主戦、雪辱の力投

一戸のエース小田島翔（3年）が、昨秋13失点を喫した相手に七回2死まで無安打無得点。直球は伸びが増し、スライダーも自在に操った。米田剛主将（同）は「小田島の熱気に野手も乗せられた。ミスはあったがみんな必死に守っていた」と振り返った。

部員10人の久慈工は最終回、先頭の赤坂誉基（3年）が中前打を放ち、機動力も絡めて2点を返した。三浦蒼一朗主将（同）は「多くの経験ができて高校野球をやりきった」と涙は見せなかった。

【久慈工】		打安点
①	三浦蒼	400
②	三浦悠	400
⑧	赤坂	410
⑤	大道	310
⑥	長根	200
④	坂本	401
③	北田	312
⑨	小谷地	400
⑦	玉川	200
振球犠盗失併残………		
7 4 1 7 3 1 5		30 3 3

【一　戸】		打安点
⑧	中村	421
④	苗代幅	400
⑥	奥沢	312
①	小田島	310
⑦	土屋	200
②	大森	300
③	柴田	201
⑨	米田	420
⑤	泉久保	200
振球犠盗失併残………		
7 12 2 2 2 1 12		27 6 4

久慈工―一戸　3安打に抑える好投を見せた一戸の小田島

▽二塁打　中村（一）
▽審判　球審＝佐藤　塁審＝畑川、古舘、野中
▽試合時間　2時間1分

「少人数だからここまで成長できた」

〔福岡工〕1回裏1死一、三塁、笠寺が右前打を放ち、5−2と追い上げる＝県大会1回戦

〔盛岡中央〕3回から救援、チーム3年ぶりの夏1勝に導いた佐々木＝盛岡地区予選

〔久慈工〕一戸を相手に粘り強く投げ抜いた三浦颯＝県北地区予選

〔岩谷堂〕西和賀戦で191球を投げ抜いた佐藤＝北奥地区予選

〔岩泉〕9奪三振の力投を見せた主戦山岸＝沿岸北地区予選

〔釜石商工〕5回裏無死一、三塁、木村が左前適時打を放ち5−3とリードを広げる＝沿岸南地区予選

「来年も夏がある。厳しく練習してほしい」

〔遠野緑峰〕4回裏無死一、二塁、佐々木真が左前打を放つ＝花巻地区予選

〔盛岡四〕5回表1死一、二塁のピンチでマウンドに集まる選手たち＝盛岡地区予選

〔平舘〕4回表2死二塁、吉川の内野安打が敵失を誘い、二走遠藤聖（左）が生還。1―2と追い上げる＝盛岡地区予選

〔金ケ崎〕水沢商相手に最後まで全力プレーを見せた＝北奥地区予選

「このメンバーで戦えたこと、忘れない」

〔一関修紅〕3回表2死一、二塁、渡辺が中越えに2点二塁打を放ち2―4とする＝県大会1回戦

〔盛岡農〕1回裏無死一塁、遊ゴロをさばいて併殺を成立させる遊撃手遠藤（右）と二塁手熊谷立＝盛岡地区予選

〔住田〕ピンチでマウンドに集まる選手たち＝沿岸南地区予選

〔花巻北〕9回表2死一、二塁、佐藤大が左翼線に適時二塁打を放ち、2―3と追い上げる＝花巻地区予選

〔盛岡南〕盛岡北を相手に力投する主戦・高見＝盛岡地区予選

〔福岡〕6回裏1死二、三塁、樋口の右前適時打で5―3と突き放す＝県北地区予選

「出場できて当たり前の大切さに気づけた」

〔専大北上〕9回表、代打工藤（左から2人目）が右越え2ランを放ち、ベンチに迎えられる＝北奥地区予選

〔大船渡〕大槌戦で無四球完投した主戦前川＝沿岸南地区予選

〔遠野〕7回表2死三塁、佐々木柊が同点となる中前適時打を放ち、ガッツポーズで一塁へ向かう＝花巻地区予選

〔水沢工〕5回裏無死二塁、及川海が左前適時打を放ち、5―0と突き放す＝北奥地区予選

★2者連続

●1988年　菊地、小田島（黒沢尻北）対盛岡三
●1993年　高橋、小野寺（花巻北）対久慈農林
●2011年　千葉裕、千葉祐平（前沢）対不来方

（ほか多数）

【安打】

★1試合

●28本　盛岡南（対岩泉・田野畑）＝1995年
●25本　一関一（対福岡工）＝2019年
●24本　千厩（対釜石商）＝1993年
●23本　大船渡（対岩谷堂農林）＝1990年
　盛岡大付（対水沢農）＝2014年
●22本　宮古商（対一関農）＝1986年
　専大北上（対大迫）＝2001年
　釜石商（対胆沢）＝2003年
　盛岡中央（対一関二）＝2010年
●21本　盛岡三（対久慈商）＝1985年
　水沢一（対水沢農）＝1955年
　福岡（対大船渡工）＝1999年
　前沢（対種市）＝2001年
　一関学院（対大船渡農）＝2006年
　久慈工（対宮古商）＝2016年

★1イニング

●16本　専大北上（対大迫）＝2001年
●15本　大船渡東（対西和賀）＝2012年
●13本　北上翔南（対久慈・山形）＝2008年
●12本　大船渡（対久慈・山形）＝1994年
　釜石商（対胆沢）＝2003年
●11本　花巻（対釜石商）＝1949年
　大原商（対久慈水産）＝1993年
●10本　大船渡（対遠野緑峰）＝1998年
　一関商工（対水沢工）＝1998年

★全員

●1991年　福岡工（対岩手橘）
●1992年　宮古（対黒沢尻工）藤沢（対紫波）
●1995年　盛岡南（対岩泉・田野畑）
●1998年　花巻東（対山田）盛岡中央（対浄法寺）
　大船渡（対遠野緑峰）一関一（対岩泉）
●2000年　盛岡南（対水沢商）雫石（対宮古商）前沢（対雫石）
　盛岡商（対花巻東）
●2001年　大船渡（対遠野緑峰）前沢（対種市）大東（対一関一）
●2002年　沼宮内（対水沢商）盛岡農（対浄法寺）
●2003年　釜石商（対花巻南）
●2005年　盛岡四（対前沢）花巻東（対大船渡）宮古工（対花巻北）
　大野（対黒沢尻北）
●2010年　千厩（対水沢農）一関一（対盛岡四）
●2012年　水沢（対高田）一関学院（対花泉）久慈（対花北青雲）
　大船渡東（対西和賀）
●2013年　釜石（対花巻農）
●2014年　盛岡中央（対水沢工）一関工（対福岡）
　一関修紅（対遠野緑峰）大船渡（対岩泉）久慈工（対花泉）
●2015年　岩手（対水沢農）一関工（対盛岡三）
　黒沢尻工（対大迫・前沢・沼宮内連合）
●2016年　平舘（対西和賀）久慈工（対宮古商）
●2017年　岩手（対北上翔南）

（ほか1990年以前に34校）

【得点】

★1試合

●盛岡南37—4岩泉・田野畑＝1995年
●金ケ崎33—0久慈・山形＝2004年
●一関32—0杜陵＝1949年
●大船渡32—0岩谷堂農林＝1991年
●北上翔南31—0久慈・山形＝2008年
●盛岡大付30—0水沢農＝2014年
●一関一28—0福岡工＝2019年
●大船渡28—1遠野緑峰＝1998年
●遠野28—3久慈＝1955年
●福岡26—0藤沢＝1999年
●専大北上25—0大迫＝2001年
●盛岡中央24—0浄法寺＝1998年
●一関中23—14黒沢尻工＝1946年
●釜石商24—0胆沢＝2003年
●軽米23—0岩手＝2004年

【得四死球】

★1試合

●21個　盛岡農（対金ケ崎）＝1997年
●20個　金ケ崎（対久慈・山形）＝2004年
●19個　遠野中（対黒沢尻中）＝1932年
　盛岡工（対水沢工）＝1983年
●17個　釜石商（対北上農）＝1961年
　大船渡農（対大原商）＝1991年

試合部門

【延長再試合】

●18回
1990年　麻生一関2—2一関商工
　〈再試合〉麻生一関6—3一関商工（延長12回）
●15回
1967年　盛岡三2—2岩泉（時間切れ）〈再試合〉盛岡三9—0岩泉
2012年　花北青雲4—4久慈　〈再試合〉花北青雲6—3久慈
2013年　水沢2—2盛岡大付　〈再試合〉盛岡大付8—3水沢
2016年　高田2—2金ケ崎　〈再試合〉高田8—1金ケ崎（七回コールド）

【延長（15回以上）】

●17回　花巻商5—4一関修紅（1972年）
●15回　盛岡北5—4大船渡農（1989年）
　高田7—6花巻東（1995年）
　盛岡四7—6一関一（2010年）
　大船渡東3—2花巻北（2010年）
　北上翔南8—7釜石商（2008年）
　大槌6—5盛岡農（2012年）

ほか5試合

【長時間（延長戦）】

●5時間12分　福岡—専大北上（1987年、延長12回、降雨中断あり）
●4時間25分　高田—花巻東（1995年、延長15回）
●4時間12分　花巻商—一関修紅（1972年、延長17回）
●4時間3分　水沢—盛岡北（1985年、延長14回）
●4時間2分　盛岡北—大船渡農（1989年、延長15回）
●3時間56分　紫波総合—一戸（2014年、延長12回）
●3時間54分　軽米—黒沢尻北（2004年、延長11回、降雨中断あり）
●3時間53分　金ケ崎—大原商（2001年、延長13回）、
　大槌—盛岡農（2012年、延長15回）
●3時間44分　盛岡中央—盛岡市立（2019年、延長14回タイブレーク）
●3時間42分　盛岡中央—一関学院（2006年、延長14回）、
　盛岡四—一関一（2010年、延長15回）
●3時間36分　一関学院—花巻東（2015年、延長13回）

【長時間（9イニング）】

●4時間46分　一関学院—専大北上（2004年、降雨中断あり）
●4時間22分　大船渡工—盛岡中央（2001年、降雨中断あり）
●4時間8分　盛岡北—前沢（1988年、降雨中断あり）
●4時間7分　盛岡商—前沢（2010年、降雨中断あり）
●3時間52分　盛岡一—花泉（1966年、降雨中断あり）
●3時間49分　盛岡一—久慈（1983年）
●3時間41分　大船渡工—岩谷堂（2005年、降雨中断あり）、
　一関学院—高田（2007年、降雨中断あり）

岩手大会の記録

県高野連など調べ

投手・守備部門

【完全試合】

- 1962年7月17日　滝浦豊富（紫波）2―0一戸
（投球数92＝奪三振8、内野ゴロ9、内野飛球5、外野飛球5）

【無安打無得点試合】

- 1962年　及川（黒沢尻北）10―0千厩
- 1966年　根子（山田）4―0東和
村上（大船渡）4―0福岡工▽千田（花巻北）1―0山田
- 1971年　簗場（盛岡三）4―0岩泉
- 1972年　畠山（専大北上）6―0種市
- 1974年　高橋（一関工）1―0住田
- 1980年　坂本（一関商工）1―0山田
- 1981年　高橋（水沢工）1―0宮古
- 1984年　柳畑（福岡）1―0大迫
- 1988年　谷地（遠野）3―0千厩東
- 2008年　田村（不来方）6―0宮古水産▽鈴木（福岡）3―0軽米

【奪三振】

★大会通算

- 66個　阿部（花巻商）5試合＝久慈農水13、水沢農15、大東15、福岡12、黒沢尻工11＝1964年
- 61個　黒沢（大槌）5試合＝葛巻17、花泉16、岩谷堂8、大船渡工16、盛岡三4＝1973年

第98回大会4回戦　千厩―久慈　延長13回を投げきり、1試合23奪三振の大会記録をマークした千厩の千葉英太＝花巻球場

- 60個　千葉（千厩）4試合＝一関高専13、宮古工11、久慈23（延長13回）、一関工13＝2016年
- 53個　1981年＝佐々木昌（広田水産）4試合＝紫波14、伊保内20、谷村学院10、一関商工9

★1試合

- 23個　千葉（千厩）4―1久慈（延長13回）＝2016年
- 21個　佐々木（大船渡）4―2盛岡四（延長12回）＝2019年
- 20個　佐々木昌（広田水産）4―0伊保内＝1981年
- 19個　藤原拓（花巻東）4―1盛岡四＝2003年
- 18個　藤村（黒沢尻北）1―0釜石北（延長11回）＝1995年
宮田（一関修紅）1―0岩手（延長12回）＝1978年

打撃部門

【本塁打】

★大会総数

- 36本（1993年、2014年）
- 33本（2000年、2006年）
- 32本（1986年、1994年、1999年）
- 31本（1997年、2004年、2017年）
- 30本（1991年、1995年）

★1試合

- 5本　遠野28―3久慈（遠野4本、久慈1本）＝1955年
専大北上9―1大原商（専大北上4本、大原商1本）＝1986年

★個人通算

- 6本　畠山和洋（専大北上）＝1998年2本、1999年3本、2000年1本
- 4本　佐々木和（久慈）＝1965年1本、1966年3本
伊藤泰尚（専大北上）＝1986年2本、1987年2本
小田島修（黒沢尻北）＝1988年2本、1989年1本、1990年1本
工藤大吉（盛岡工）＝2000年4本
佐藤廉（盛岡大付）＝2011年1本、2012年3本
松本裕樹（盛岡大付）＝2013年2本、2014年2本
熊谷真人（専大北上）＝2015年2本、16年2本
植田拓（盛岡大付）＝2017年4本

★満塁

- 1985年　星（黒沢尻工）対竜沢▽佐々木力（水沢工）対盛岡四
- 1986年　田口吉（浄法寺）対盛岡農
- 1988年　堀田（大迫）対久慈・山形

第80回大会4回戦　専大北上―大船渡工1回表　1年生の専大北上・畠山和洋が公式戦第1号となる3点本塁打を放つ＝1998年7月22日、花巻球場

- 1990年　新沼（住田）対金ケ崎
- 1991年　畑中（一戸）対麻生一関▽平山（住田）対盛岡四
- 1993年　皆川（千厩）対釜石商、金野（一関一）対花巻南
- 1994年　金田一（盛岡大付）対専大北上
下留（宮古北）対花北商、田代（遠野）対大槌
- 1995年　原（盛岡大付）対一関一
横山（高田）対前沢
原田（前沢）対釜石南
関口（盛岡大付）対花巻北
- 1999年　川代（久慈工）対専大北上
- 2000年　工藤（一関一）対一関農
箱崎（盛岡三）対北上農
工藤（盛岡工）対一関商工
佐藤伸（一関商工）対盛岡工
- 2002年　菅静（遠野）対藤沢
尻石（雫石）対釜石商
- 2004年　千葉裕（一関一）対金ケ崎
高橋鉄（専大北上）対盛岡商▽熊谷雄（花巻東）対千厩
- 2006年　阿部寿（一関一）対胆沢
- 2007年　山蔭（花巻東）対盛岡大付
- 2011年　玉沢（久慈）対江南義塾盛岡
- 2014年　遠藤（盛岡大付）対一関一
小井田（盛岡三）対久慈工▽正木（盛岡三）対一関工

（1984年以前に11人）

★サヨナラ

- 1992年　佐々木（一関一）対宮古工
- 1993年　遠藤（盛岡南）対遠野・情報▽泉久保（福岡工）対黒沢尻北
- 1999年　高橋秀（花北商）対麻生一関
- 2000年　横田（盛岡工）対岩手▽箱崎（盛岡三）対北上農
- 2001年　岩間（大槌）対花巻東
- 2003年　土橋（雫石）対花泉
- 2004年　豊間根（宮古工）対宮古商
- 2005年　中村（花巻東）対盛岡四
- 2007年　中井（専大北上）対水沢工
- 2009年　金丸（宮古商）対水沢工
- 2015年　山口（宮古）対一関修紅、熊谷（専大北上）対大東
- 2016年　照井（盛岡四）対久慈工

（1991年以前に6人）

令和2年夏季県高校野球大会

出場69校

全部員名簿

◎＝主将　☆＝マネジャー

盛岡一

●部員／39人　●部長／中野俊一　●監督／川又範明

氏　名	学年	出身中
水賀美喜一	3	沼宮内
高橋　健吾	3	西根一
森　　崇人	3	上田
◎ 川村　尚紀	3	下小路
淺沼　秀平	3	江刺一
福田　拳心	3	北松園
高橋　怜大	3	上野
大坂　拓夢	3	乙部
角谷　　遼	3	下小路
近藤吹実弥	3	奥中山
金澤　朋也	2	紫波三
川村　咲郎	2	仙北
菅　龍太朗	2	浄法寺
齋藤諒太郎	2	岩大附属
佐々木航太郎	2	矢巾
佐々木裕平	2	上田
高橋　　滉	2	奥中山
千葉　悠斗	2	平泉
戸嶋慎之介	2	紫波一
沼山　晃太	2	上田
日影　拓真	2	城西
平井　太耀	2	岩大附属
福井　悠樹	2	滝沢南
井上　信司	1	仙北
遠藤　蒼生	1	紫波一
遠藤　　拳	1	上田

氏　名	学年	出身中
及川　大輝	1	岩大附属
大柏　一生	1	下小路
大川　仁和	1	下小路
木村　快道	1	土淵
工藤　廉汰	1	夏井
酒井　勇輝	1	岩大附属
笹木　集吹	1	黒石野
柴田　樹輝	1	一戸
髙橋　祐成	1	上野
千葉　大翔	1	大宮
藤平　聖生	1	大宮
藤原朔太郎	1	雫石
洞内　莉輝	1	見前南

盛岡三

●部員／49人　●部長／小谷地太郎　●監督／千葉勝英

氏　名	学年	出身中
利府　寛太	3	黒石野
菅原　叶登	3	城東
糠森　泰成	3	乙部
◎ 吉川　久登	3	北陵
髙橋　一輝	3	南城
後藤　謙介	3	下橋
小谷地海生	3	紫波一
菊池　健吾	3	江刺一
熊谷　優斗	3	城東
瀬川　正義	3	石鳥谷
山崎　颯涼	3	滝沢
山下　琉斗	3	盛岡・土淵
志和　孝祐	2	見前南
佐々木聖太	2	盛岡・土淵
遠藤　豊明	2	西根一
及川　陽貴	2	滝沢南
小野　滉也	2	見前
小林優太郎	2	見前
小柳　晴哉	2	人宮
齋藤真一郎	2	矢巾
齊藤　千尋	2	仙北
佐々木　諒	2	厨川
佐藤　武尊	2	有住
下谷地璃樹	2	軽米
鷹觜　大陽	2	北陵
多田　　魁	2	城西

氏　名	学年	出身中
三浦　悠作	2	藤沢
村上　　響	2	下小路
山本　健太	2	見前
渡邉　勇介	2	仙北
岩崎　泰誓	1	大槌
内田　塁斗	1	厨川
遠藤　隼人	1	城東
小笠原悠太	1	飯岡
加藤　　海	1	下小路
門屋佳一郎	1	西根
北舘　琉雅	1	滝沢南
金　　颯太	1	滝沢南
小林　奏大	1	見前
佐々　廉武	1	見前
菅原　英之	1	久慈
武田　陽大	1	下橋
千葉　篤生	1	下小路
千葉　暖斗	1	盛岡・河南
吉田　颯良	1	飯岡
☆ 古〓　　芳	3	西根
☆ 家子　美月	2	江刺東
☆ 高橋　夏実	2	城西
☆ 佐々木雪弥	1	黒石野

盛岡四

●部員／36人　●部長／伊藤健太　●監督／山本敬一

	氏　名	学年	出身中
	山﨑　　諒	3	乙部
	十良澤優至	3	城西
◎	黒渕　　怜	3	大宮
	橋本　剛士	3	安代
	森子　　竜	3	矢巾北
	髙橋　篤史	3	上田
	一盃森大智	3	乙部
	中村　涼真	3	雫石
	千葉　俊明	3	御辺地
	佐藤　勇介	3	飯岡
	木藤　敦也	3	下小路
	酒井　想太	2	厨川
	上山　七海	2	城東
	岩渕　良祐	2	厨川
	煙山　　伯	2	雫石
	坂井　覇葵	2	下ノ橋
	大山　泰我	2	渋民
	三上　弘陽	2	岩泉
	菅原　千希	2	一戸
	尾崎　　睦	2	奥中山
	中塚　晴基	2	大宮
	千田　快人	2	岩大附属
	髙橋　勇慎	1	西根
	上関　勇駕	1	滝沢二
	瀬川　雄介	1	仙北
	須藤　大地	1	下小路
	角　　柊哉	1	見前
	大志田大翔	1	仙北
	田沼　祐樹	1	滝沢南
	谷地　貴之	1	紫波三
	工藤　颯太	1	滝沢南
	杉田　陽都	1	厨川
	藏谷新之助	1	北松園
☆	原　　光梨	2	見前
☆	三浦向日葵	2	岩泉
☆	大森　望生	1	岩大附属

盛岡北

●部員／17人　●部長／佐々木邦子　●監督／軽石智幸

	氏　名	学年	出身中
	千葉　拓慈	3	下小路
	川村　優生	3	黒石野
	髙橋　慶太	3	滝沢二
	大道　柊輝	3	滝沢南
◎	杣澤　友介	3	松尾
	谷藤　遼拓	3	城西
	兼平　旺青	3	北陵
	渡邊　亮太	3	北松園
	小野　悠平	2	上田
	岩崎　雄大	2	滝沢二
	伊藤　　蓮	2	滝沢南
	佐々木楓太	2	厨川
	小村　勇人	2	厨川
	田頭　一樹	2	厨川
	佐々木永遠	2	厨川
	山本　唯人	2	安代
	佐藤　航平	1	城東
☆	佐久間　怜	3	見前
☆	藤田　音央	1	北陵

盛岡南

●部員／17人　●部長／中村仁　●監督／小笠原友幸

	氏　名	学年	出身中
	高見　佑人	3	乙部
◎	浅沼　晃希	3	矢巾
	吉田　悠剛	3	岩大附属
	工藤舞琉主	2	下橋
	鈴木　桜佑	2	滝沢南
	熊谷　　颯	2	黒石野
	田山　輝汰	2	乙部
	一戸　　崇	2	渋民
	藤澤　耕太	2	飯岡
	吉田　李音	1	盛岡・河南
	佐々木恒陽	1	乙部
	石川　　樹	1	盛岡・河南
	因幡　　凌	1	見前南
	太田　雄斗	1	乙部
	田川　　潤	1	乙部
☆	川村なるみ	2	矢巾
☆	佐々木彩夏	2	乙部

盛岡農

●部員／17人 ●部長／鈴木裕生 ●監督／今野信喜

	氏名	学年	出身中
◎	武田　健介	3	奥中山
	伊藤　竜愛	3	滝沢二
	畠山　亮太	3	滝沢二
	大志田広大	2	奥中山
	遠藤　汰一	2	西根一
	小野寺慶太	2	西根一
	工藤　奏太	2	西根
	熊谷　拓斗	2	滝沢
	髙橋　諒太	2	西根
	藤原　羅冴	2	西根
	坂本　壮汰	2	奥中山
	瀧本　雅也	2	川口
	岩崎　　陸	1	川口
	佐々木雄太	1	滝沢二
	井戸　星空	1	滝沢二
	三浦　快斗	1	田野畑
☆	佐藤　陽菜	3	川口

盛岡商

●部員／44人 ●部長／正木孝宗 ●監督／兼田智

	氏名	学年	出身中
◎	川野　知樹	3	乙部
	阿部　航大	3	滝沢南
	飛内　航也	3	北陵
	田山　頼翔	3	乙部
	小野寺周生	3	渋民
	遠山　翔矢	3	巻堀
	荘野　　樹	3	仙北
	熊谷　　遼	3	下小路
	髙橋　孝輔	3	巻堀
	宮古　雄平	3	巻堀
	岸　　大輝	3	盛岡・河南
	田山　大雅	3	盛岡・河南
	照井未来翔	3	仙北
	櫻庭　悠空	2	巻堀
	廣田　健真	2	大宮
	佐々木悠翔	2	巻堀
	吉田　悠人	2	見前南
	阿部　恭介	2	紫波一
	高橋　航大	2	紫波一
	吉田　勝瑛	2	矢巾北
	小山田唯翔	2	松尾
	黄川田璃羽	1	見前南
	浦田春太郎	1	紫波三
	佐々木空良	1	東水沢
	佐々木一真	1	矢巾
	長谷川藍斗	1	巻堀
	渡辺　孝介	1	滝沢二
	藤田　遥人	1	北陵
	小柳　直輝	1	大宮
	田中　大翔	1	城東
	石橋　聖悟	1	矢巾
	田山　　詠	1	乙部
	門間　蒼生	1	厨川
	篠山　誠司	1	花巻
	須川　旺亮	1	盛岡・河南
	高橋　一旗	1	仙北
	田端　征治	1	盛岡・河南
	藤村　瑞綺	1	下橋
	盛内　柊吾	1	松尾
	高橋　慧祐	1	巻堀
☆	佐藤　優菜	3	盛岡・河南
☆	梅津　比奈	2	仙北
☆	橋本日香里	2	大宮
☆	坂本里璃菜	1	北上

盛岡市立

●部員／51人 ●部長／小原敬 ●監督／米田和靖

	氏名	学年	出身中
◎	佐々木飛馬	3	北陵
	日山　航大	3	仙北
	及川　侑咲	3	黒石野
	川上　大智	3	奥中山
	村田　憲翔	3	雫石
	鎌田　尚宏	3	北陵
	鎌田　航也	3	雫石
	府金　快音	3	土淵
	古舘　幹太	3	滝沢南
	本堂　諒及	3	西根一
	渡邉　　凌	3	城東
	稲葉　康平	2	城西
	三浦　裕生	2	大宮
	工藤　奏人	2	黒石野
	杉下　生眞	2	雫石
	小田嶋　嵩	2	北陵
	上和野大翔	2	土淵
	斉藤　唱太	2	厨川
	佐々木泰雅	2	大宮
	佐藤　　樹	2	上田
	佐藤　佑樹	2	河南
	佐藤　凜空	2	北陵
	澤村　大平	2	奥中山
	髙橋　颯太	2	沢内
	竹内　凌大	2	土淵
	田村　拓夢	2	仙北
	寺田比呂輝	2	黒石野
	中川　　祥	2	滝沢南
	前川　孝冴	2	北松園
	三上　翔夢	2	飯岡
	宮野　健太	2	大宮
	山本　心海	2	滝沢南
	吉田　旭陽	2	雫石
	伊藤　奨悟	1	北陵
	大久保志優	1	仙北
	川又　拓磨	1	安代
	工藤　　航	1	紫波三
	工藤　遥斗	1	厨川
	佐々木啓太	1	土淵
	佐藤慎之佑	1	土淵
	下平　紘星	1	沼宮内
	鈴木　太陽	1	滝沢二
	千葉　大輝	1	厨川
	中川　洸太	1	飯岡
	太布　兵吾	1	滝沢二
	古舘　　晴	1	滝沢南
	米田　藍斗	1	雫石
	三上　来翔	1	厨川
☆	渡邉　天毎	3	西根
☆	関愛　裕里	2	下小路
☆	浦田　侑奈	1	岩大附属

盛岡工

●部員／56人　●部長／初貝明広　●監督／細川幸希

	氏　名	学年	出身中
	播磨実希人	3	下小路
◎	下屋敷優也	3	滝沢二
	荒川　晟	3	北松園
	昆野漱太郎	3	矢巾北
	細川　星哉	3	矢巾
	星野　翔也	3	川口
	川村　駿平	3	仙北
	小野寺　惇	3	見前
	笹山　迅	3	滝沢二
	竹田　康平	3	巻堀
	千葉　柊海	3	一方井
	米田　幸哉	3	巻堀
	佐々木　陸	3	矢巾
	山本　匠真	3	矢巾北
	熊谷　大輝	3	仙北
	中津山大陸	3	滝沢二

	氏　名	学年	出身中
	上山　映虹	3	米内
	松岡　英門	3	紫波一
	田山　大翔	3	乙部
	阿部虎太朗	3	土淵
	三浦　健伸	3	仙北
	加藤　弘大	2	厨川
	菊池　豪太	2	滝沢南
	熊谷　涼太	2	滝沢二
	藤原　昂輔	2	滝沢二
	五日市健永	2	矢巾北
	髙橋　皇世	2	矢巾北
	山崎　颯太	2	大宮
	工藤　響	2	滝沢南
	熊谷　春樹	2	渋民
	熊谷　大翔	2	飯岡
	近藤　慶悟	2	仙北

	氏　名	学年	出身中
	髙橋　建成	2	紫波一
	福澤　真白	2	厨川
	高山　弘心	2	北陵
	仁佐瀬諒雅	2	北陵
	新田　優翔	2	見前南
	中村　孔明	2	小川
	阿部　充希	1	滝沢南
	川崎　翔大	1	黒石野
	髙野優理輝	1	紫波三
	山崎　柊陽	1	滝沢
	熊谷　大飛	1	飯岡
	堤悠　翔	1	川口
	小笠原　弦	1	河南
	越戸　凱生	1	飯岡
	昆　伯	1	矢巾北
	斎藤進太郎	1	西南

	氏　名	学年	出身中
	庭　駿介	1	滝沢南
	吉田　賢汰	1	河南
	藤原　大将	1	盛岡・土淵
	工藤　獅優	1	滝沢二
	滝本　大稀	1	川口
	松岡　治門	1	紫波一
☆	阿久津花音	1	飯岡
☆	冨榮　彩乃	1	大宮

江南義塾盛岡

●部員／17人　●部長／内藤修　●監督／村上宣樹

	氏　名	学年	出身中
◎	田澤　環太	3	黒石野
	瀧澤　文冴	3	奥中山
	小泉健太朗	2	紫波一
	太田　稜	2	見前
	佐藤　蒼斗	2	厨川
	鈴木慎一郎	2	城東
	出村　海羽	2	下小路
	竹島　開成	2	福岡
	佐々木　翔	1	大宮
	佐藤　優斗	1	松園

	氏　名	学年	出身中
	高屋敷　翼	1	滝沢二
	三浦　礼夢	1	乙部
	松下　昌永	1	城東
	戸館　真寛	1	城西
☆	北川　雪乃	3	滝沢
☆	村田　颯姫	1	一本木
☆	氏家　心愛	1	滝沢二

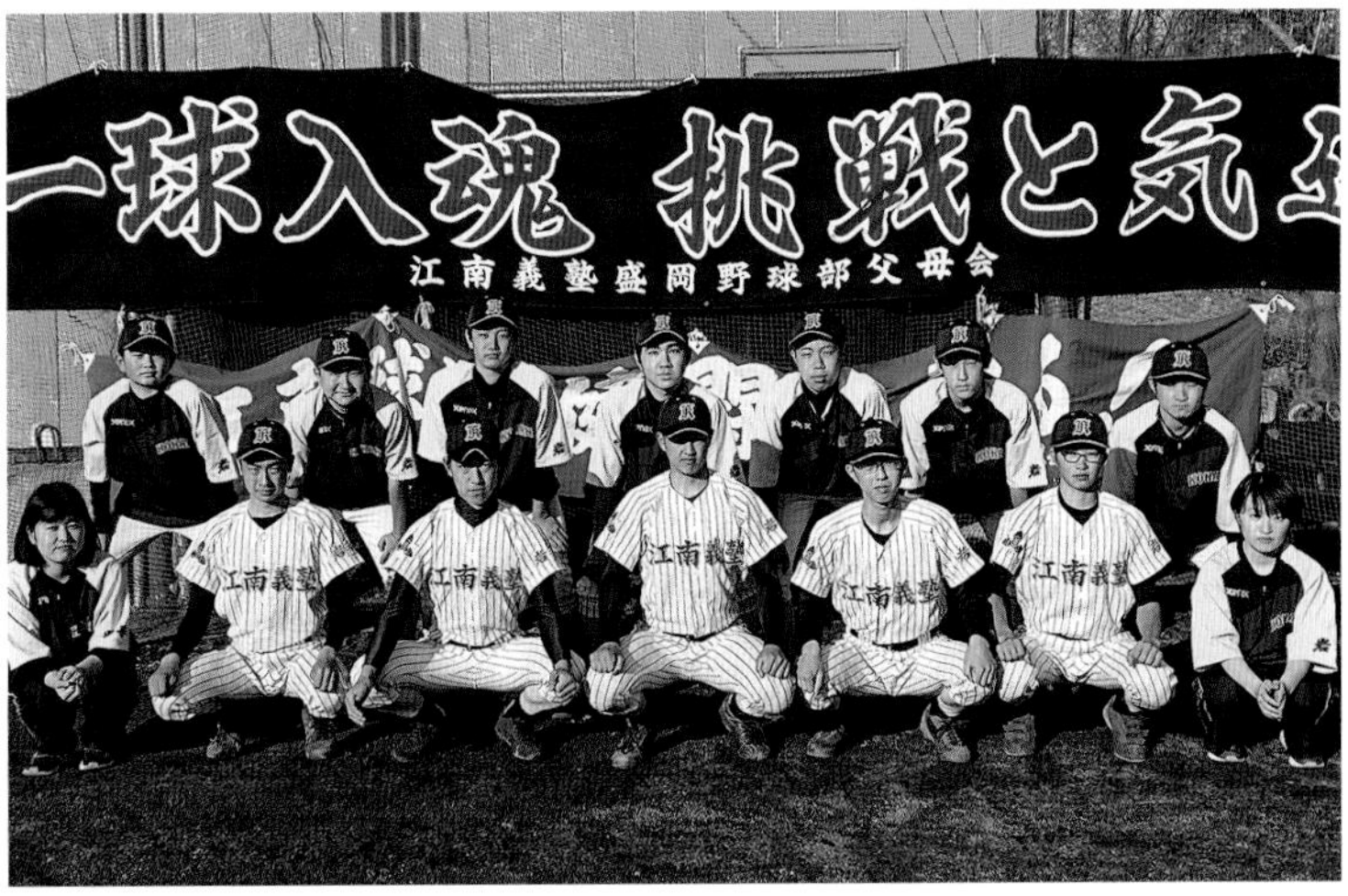

盛岡大付

●部員／117人　●部長／松崎克哉　●監督／関口清治

	氏　名	学年	出身中
	大久保　瞬	3	神奈川・南加瀬
	塚本　悠樹	3	神奈川・横浜橘
	山口　青音	3	大阪・唐津東
	篠山　想司	3	花巻
	四日市　翔	3	川口
◎	小林　武都	3	栃木・岩舟
	板橋健太郎	3	東京・瑞穂二
	赤坂　亮輔	3	矢沢
	石井駿大朗	3	神奈川・綾北
	伊藤　楓汰	3	栃木・大田原
	井上　尊人	3	神奈川・田奈
	狐﨑　紘円	3	下橋
	渋　歩	3	宮城・塩釜一
	田崎　雄剛	3	湯口
	柳樂　元樹	3	栃木・日新
	藤井　輝	3	静岡・伊東南
	菅原　拓夢	3	宮城・栗駒
	吉川　颯太	3	東京・瑞穂
	秋山優太朗	3	神奈川・今泉
	阿部　乃暉	3	愛知・味美
	天笠　元太	3	神奈川・南林間
	遠藤桃次郎	3	神奈川・大和
	大場悠風斗	3	宮城・古川南
	奥野　虎徹	3	大阪・加美
	川瀬広士朗	3	神奈川・都岡
	木嶋　駿	3	神奈川・大和
	德田　翔也	3	神奈川・座間東
	中屋敷　凱	3	雫石
	原田　楓海	3	熊本・西山
	星野　大貴	3	群馬・伊勢崎三
	山本蓮太朗	3	兵庫・塩瀬
	吉田浩太朗	3	東京・国立二
	渡部　航太	3	長野・更北
	楠木　瑛太	3	奈良・三笠
	佐藤　駿斗	3	秋田・秋田西
	山口　翼	3	神奈川・田島
	松本　龍哉	2	福島・大東
	渡邊　翔真	2	埼玉・狭山台
	小針　遼梧	2	福島・矢吹
	田屋　瑛人	2	見前
	青木　愛大	2	宮城・栗原西
	赤堀　凪	2	岐阜・岐阜中央
	阿部遼大朗	2	松尾
	阿部　凜叶	2	宮城・歌津
	新井　流星	2	埼玉・大東西
	新舟　浩騎	2	埼玉・妻沼東
	井口　敦	2	神奈川・瀬谷
	石海　和紀	2	栃木・栃木市立西
	蝦名　叶多	2	青森・車力
	遠藤　凪	2	磐井
	及川　愛斗	2	江刺南
	大貫　鉄生	2	宮城・秋保
	大平　一真	2	福島・勿来一
	小野　橘平	2	北海道・相内
	金濱　洸大	2	大宮
	金子　京介	2	東京・和田
	金田　塁	2	埼玉・本庄市西
	久保田龍七	2	長野・広徳
	駒田　隼大	2	兵庫・大社
	近藤　愛翼	2	北海道・留辺菜
	佐々木一晃	2	滝沢二
	柴山　颯汰	2	見前
	下舘　冬弥	2	大野
	庄司　光汰	2	宮城・住吉台
	杉原　大師	2	栃木・大田原
	関口　爽汰	2	大宮
	髙野隆之介	2	神奈川・南加瀬
	髙橋　柊弥	2	松尾
	田代　颯	2	宮古一
	田村　聡成	2	松尾
	丹治　完太	2	群馬・太田市立東
	千葉　大輝	2	北海道・北見市立南
	千葉　雄介	2	御返地
	中尾　幸人	2	大阪・市岡
	中村　鴻太	2	上田
	中村　優太	2	埼玉・富岡
	鳴海　康成	2	見前
	平内　純兵	2	青森・三沢二
	三浦　宗大	2	宮城・佐沼
	南　早羽己	2	大阪・大正西
	山口　恒矢	2	滝沢二
	吉岡　世凪	2	大阪・本庄
	柏木　春翔	1	久慈
	中下　誇天	1	夏井
	藤井　大稀	1	川口
	大里　侑平	1	滝沢
	菅原春優斗	1	滝沢南
	中屋敷奏太	1	雫石
	立花　慎	1	飯岡
	高橋　亜健	1	西南
	川中　翔斗	1	宮古・花輪
	瀬戸　大空	1	釜石東
	小野寺琉希也	1	花泉
	三森　藍斗	1	一関
	齋藤慎之助	1	秋田・城東
	武石　圭哉	1	秋田・森吉
	森田　翔	1	秋田・横手南
	髙橋　佳大	1	宮城・古川南
	鈴木　統太	1	宮城・金成
	菅野　善友	1	福島・白沢
	佐藤　洋輔	1	福島・湯本三
	杉山誉志郎	1	茨城・かわち学園
	新井　勇起	1	栃木・大谷
	柴田　由庵	1	埼玉・上山口
	中沢　舟汰	1	埼玉・美里
	佐藤　操	1	山梨・上野原
	酒井　宗紀	1	長野・裾花
	今野　悟	1	神奈川・希望ヶ丘
	吉田　耀	1	神奈川・玉川
	藤原　勇斗	1	神奈川・大津
	今村　澪朋	1	兵庫・成良
	高木　朝陽	1	兵庫・原田
	船生　裕斗	1	大阪・今宮
☆	千葉　瑞起	3	湯口
☆	後藤　真澄	2	東京・秋多
☆	下河原千愛	2	北陵
☆	四日市　雅	1	川口

岩手

●部員／24人　●部長／髙橋拓也　●監督／吉田司

	氏　名	学年	出身中
	村上　真羽	3	雫石
	髙橋　悠人	3	下橋
	樋口　俊文	3	岩大付属
	齊藤　開	3	乙部
	関沢　奏汰	3	滝沢南
	松村　颯杜	3	西根
	藤村　歓思	3	盛岡・河南
◎	井畑　元気	3	雫石
	高橋　唯人	3	雫石
	田山　大智	2	乙部
	井上　硫翔	2	下橋
	小野　晃	2	土淵
	櫻田　勇人	2	滝沢二
	西村　智貴	2	仙北
	渡　尚大	2	沼宮内
	阿部真乃介	1	仙北
	伊藤　蒼礼	1	下橋
	奥貫　日和	1	滝沢南
	小野　蒼依	1	盛岡・河南
	上森合真聖	1	滝沢二
	工藤　一翔	1	盛岡・河南
	小林　総	1	上田
	谷村　一宇	1	見前
	野田　和輝	1	上田

盛岡中央

●部員／57人　●部長／本間崇朗　●監督／奥玉真大

氏名	学年	出身中
高橋　健太	3	滝沢南
藤島　涼雅	3	土淵
◎ 白畑　凱光	3	城東
佐藤　輝	3	下小路
吉田　恵大	3	下小路
吉田　航希	3	仙北
佐々木広太	3	北陵
伊東　翔嗣	3	宮古西
菅野虎太朗	3	盛岡・河南
藤本　凱哉	3	滝沢南
齋藤　大貴	3	安代
吉田　直大	3	福島・猪苗代東
古舘　快柊	3	北陵
千葉　大貴	3	滝沢南
大鐘　雄斗	2	北陵
菊地　浩希	2	見前
小林　悠剛	2	仙北
岩動　諒	2	岩大附属
髙林　賢汰	2	滝沢南
橋本　雄心	2	野田
小澤　雄帆	2	仙北
大沼　夕士	2	下小路
星野　直生	2	久慈
茅橋　歩夢	2	雫石
熊谷　侑真	2	城東
佐々木祥太	2	北陵
澤口　涼大	2	土淵
中川　青空	2	紫波一
藤本　陸翔	2	滝沢南
二又　広興	2	滝沢南
菊池　快	1	遠野西
熊谷　大琉	1	宮城・大谷
佐藤　悠希	1	宮城・大谷
佐々木優吾	1	土淵
萩生田煌大	1	仙北
小笠原颯汰	1	滝沢南
齋藤　響介	1	滝沢
塚本　航	1	北陵
小笠原　彩	1	雫石
高橋　頼矢	1	上野
佐々木大和	1	上田
野崎　玄武	1	東京・高井戸
西井　晃太	1	神奈川・鶴見
野崎　陸仁	1	東京・高井戸
髙橋　優児	1	西南
千葉　有	1	仙北
三上　拓夢	1	滝沢
北田　裕哉	1	紫波二
佐々木亮輔	1	盛岡・河南
十二林右京	1	雫石
髙橋　俐玖	1	川口
藤田　寛大	1	西根
髙橋　海成	1	北松園
福田　翼	1	松園
中橋　健生	1	厨川
☆ 佐藤　美緒	3	山田
☆ 高橋　莉子	1	下小路

不来方

●部員／20人　●部長／須貝翔　●監督／菊池康弘

氏名	学年	出身中
◎ 羽澤　琢人	3	安代
加藤　和宏	3	紫波一
川村　洋夢	3	矢巾北
佐々木玲緒	2	見前
北舘　夢大	2	乙部
塚本　璃空	2	河南
波岡　優杜	2	河南
田中　朝陽	2	見前南
伊藤　颯汰	2	見前南
神山　薫平	2	花巻
遠藤　伶夢	2	西根一
阿部　颯太	2	紫波一
千葉　朝陽	1	雫石
澤田　和哉	1	見前南
岩浅　康也	1	見前
横手　龍太	1	滝沢南
菊地　和紀	1	矢巾北
☆ 河原田倖芽	3	下小路
☆ 畠山　一葉	2	安代
☆ 鷹嘴　羽希	1	紫波三

平舘

●部員／23人　●部長／金子学　●監督／小林哲雄

	氏 名	学年	出身中
	佐々木奏汰	3	西根一
	遠藤　聖大	3	西根一
	佐々木大雅	3	松尾
	工藤　蒼汰	3	西根
◎	佐々木瑠我	3	松尾
	青木　　琳	3	西根
	遠藤　　怜	3	西根一
	吉川　賢太	3	松尾
	髙橋　　仁	3	松尾
	阿部龍之介	2	西根
	遠藤　悠波	2	西根一
	田村　　廉	2	西根一
	髙橋　優月	2	松尾
	佐々木英朗	2	松尾
	武藤　快成	2	西根
	齋藤　大河	1	西根一
	瀬川　流星	1	川口
	畠山　　朔	1	西根
	藤原　　蓮	1	西根一
☆	佐々木百峰	3	松尾
☆	遠藤　一花	1	西根一
☆	佐々木美葉音	1	西根一
☆	佐々木莉良	1	松尾

盛岡誠桜

●部員／21人　●部長／井上隆志　●監督／赤坂晴之介

	氏 名	学年	出身中
	林　　颯馬	3	滝沢
◎	野元亮太朗	3	宮城・南中山
	後藤　大志	3	黒石野
	大坪　駿斗	3	矢巾
	佐々木　龍	3	黒石野
	岩舘　　凜	2	渋民
	木戸場洸貴	2	紫波一
	髙橋　　南	2	松尾
	成ケ澤維吹	2	見前
	金森　壮大	1	北陵
	小林　優人	1	城東
	村上　蒼天	1	下小路
	菅原　将麻	1	米内
	髙橋　歩起	1	松尾
	髙橋　宏太	1	松尾
	藤村　大鷲	1	滝沢南
	菊地　正廣	1	東水沢
	八重樫陽人	1	北陵
	小田島大晴	1	下橋
	昆　　広成	1	飯岡
☆	小川明日佳	2	盛岡・河南

花巻北

●部員／29人　●部長／笠原雅史　●監督／藤枝覚

	氏 名	学年	出身中
	武田　斗和	3	飯豊
◎	八重畑　陸	3	大迫
	藤本　透生	3	南城
	佐藤　優太	3	花巻
	伊藤　凜大	3	西南
	蟹澤　　柊	3	東和
	藤原　大鼓	3	花巻
	菊池　琉空	3	遠野
	浦田　大喜	3	愛知・美里
	宇津宮正汰	2	花巻
	佐藤　大聖	2	花巻
	袴田　寛人	2	南城
	中辻壮一郎	2	花巻
	根澤　拓志	2	花巻
	阿部　優人	2	大迫
	高橋　幸聖	2	大迫
	宮内　裕都	2	東陵
	晴山　青空	2	石鳥谷
	白藤　登真	1	花巻
	遠藤　輝人	1	南城
	伊藤　勢我	1	南城
	菊池　風軌	1	矢沢
	畠山　海翔	1	花巻
	菅野　柊呂	1	花巻
	菊地　凌平	1	花巻
	宍戸　結哉	1	花巻
	佐藤　蒼汰	1	宮野目
☆	佐々木花厘	1	遠野西
☆	佐藤　心南	1	石鳥谷

花巻農

●部員／30人　●部長／田巻晃　●監督／佐々木貴大

	氏名	学年	出身中
	梅野　万寛	3	花巻北
	直井　拓生	3	矢沢
◎	菊池　遥歩	3	東和
	乙部　祐矢	3	花巻
	藤原　怜偉	2	大迫
	髙橋　悠仁	2	西南
	三浦　陽斗	2	東和
	瀬川　龍太	2	宮野目
	髙橋　　空	2	湯口
	佐藤　　厚	2	花巻北
	古川　雄大	2	花巻
	阿部　奏汰	2	矢沢
	遠藤　悠音	2	宮野目
	鎌田　吏貴	2	西南
	葛巻　雄大	2	宮野目
	葛巻　力空	2	宮野目
	菅原　新太	2	宮野目
	千葉　瑠貴	2	遠野西
	藤原　奏良	2	宮野目
	村田　大空	1	湯本
	阿部　　翔	1	花巻
	及川　健太	1	宮野目
	菊池　　湊	1	花巻北
	清水　太一	1	西南
	畠山　煌汰	1	宮野目
	阿部　　悠	1	宮野目
	牛﨑　佑斗	1	宮野目
☆	駿河　嘉音	3	矢沢
☆	小林　璃音	2	宮野目
☆	菊地　彩那	1	花巻

花北青雲

●部員／34人　●部長／旦野康之　●監督／松浦友輔

	氏名	学年	出身中
	髙橋　広大	3	花巻
◎	新渕　隼尊	3	西南
	長坂洸次郎	3	紫波三
	東　　飛和	3	矢沢
	鎌田　有仁	2	石鳥谷
	中島　大喜	2	南城
	小原　佑太	2	石鳥谷
	佐藤　　賢	2	花巻北
	福山　恭平	2	石鳥谷
	冨手　理希	2	花巻北
	齋藤　　遥	2	湯本
	夏井　結羽	2	石鳥谷
	藤原　克考	2	石鳥谷
	宮森　陸真	2	西南
	藤原　大晟	2	石鳥谷
	山口　朝陽	2	飯豊
	菅原　礼司	2	南城
	板橋　広大	1	矢沢
	鎌田　直人	1	石鳥谷
	小菅　崇峰	1	東和
	五内川莉玖	1	宮野目
	澤田　紫光	1	西南
	髙橋　翔瑛	1	石鳥谷
	髙橋　大智	1	南城
	高橋　文康	1	紫波三
	糠森　博斗	1	東和
	戸来　和生	1	西南
	三浦　武竜	1	矢沢
	伊藤　賢汰	1	大迫
☆	藤原　芽衣	1	宮野目
☆	大賀　三緒	1	花巻
☆	宍戸　るか	1	石鳥谷
☆	晴山　琉憂	1	花巻
☆	渡邉　華帆	1	湯本

花巻南

●部員／46人　●部長／細川栄孝　●監督／君ケ洞卓朗

	氏名	学年	出身中
	伊藤　壮汰	3	大迫
◎	鈴木蒼一朗	3	西南
	小笠原　輝	3	上野
	藤原　　亮	3	大迫
	小田島　錬	3	東和
	藤川　日嵩	3	東和
	鎌田　颯太	3	花巻
	久保田陽人	3	湯口
	石津　魁人	3	北上・南
	佐々木利晃	3	乙部
	佐々木瑠壱	3	乙部
	小森林斗空	3	大迫
	千葉　優俊	3	北上
	照井　大介	3	西南
	小原　大知	2	石鳥谷
	高橋　　陸	2	乙部
	及川虎雲介	2	江釣子
	下瀬川優雅	2	江釣子
	平野　　了	2	北上
	名須川亮太郎	2	江釣子
	堀　　　楓	2	北上・南
	安保　瑠粋	2	安代
	菊地　亮翔	2	北上北
	櫻田　太暉	2	北上・南
	小田島　翔	2	南城
	昆野　拓夢	2	江刺東
	佐藤　滉太	2	花巻北
	多田　　柊	2	花巻
	菊池　琉聖	1	和賀東
	千葉　　颯	1	花巻北
	三田　陽輝	1	上野
	梅木凜太郎	1	湯口
	八重樫星矢	1	東陵
	小澤　　晃	1	江刺南
	小原　大樹	1	北上
	柿澤　佑多	1	北上・南
	佐々木心悟	1	北上北
	佐々木亮汰	1	花巻
	澤田　航太	1	北上北
	高橋　遼宇	1	矢沢
	藤井　大翔	1	東和
	藤川　　学	1	遠野西
☆	山口　　陽	3	花巻
☆	柳原　美琴	3	石鳥谷
☆	鎌田　聖奈	2	南城
☆	新淵　泉美	1	西南

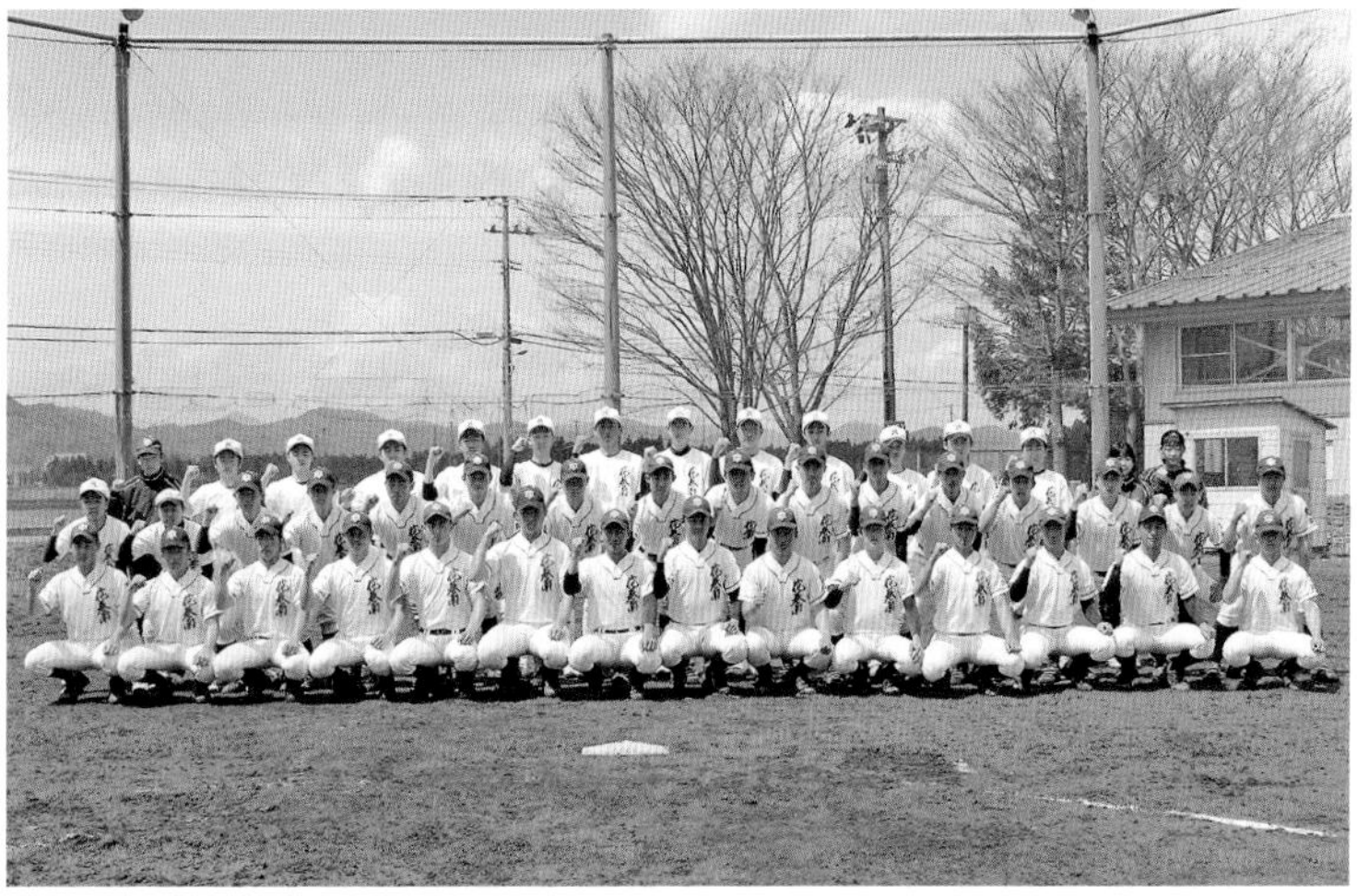

花巻東

●部員／101人　●部長／流石裕之　●監督／佐々木洋

氏名	学年	出身中
東谷 哉汰	3	吉里吉里
稲川 渓太	3	花輪
大和田 快	3	末崎
小野寺 輝	3	胆沢
小野寺 涼	3	東山
小山 響	3	一関
川鍋 優真	3	水沢
菊池 雅	3	上野
菊地 悠月	3	胆沢
菊池 遼	3	東陵
◎ 清川 大雅	3	一戸
木村 颯汰	3	北松園
久保 柊人	3	見前
熊谷 和真	3	田野畑
熊谷 颯馬	3	北松園
五嶋 優斗	3	胆沢
小船 瞳空	3	浄法寺
小松山大輔	3	北陵
酒井 直也	3	遠野東
嵯峨 康汰	3	侍浜
清水 一真	3	西南
下平 秀也	3	黒石野
菅源 斗	3	飯豊
関根 大彪	3	松園
竹内 駿太	3	紫波一
田村 陽大	3	一方井
千田 大翔	3	胆沢
東梅 龍輝	3	滝沢南
新田優太朗	3	紫波一
平山 隼人	3	大船渡一
船越 由飛	3	滝沢二
古川端晴輝	3	雫石
松本 遼大	3	滝沢二
水谷 公省	3	神奈川・東野
湊 雄大	3	釜石
村上 優真	3	紫波一
安ケ平琉希	3	北陵
渡辺 輔久	3	江刺一
相野 七音	2	種市
伊藤 幸大	2	重茂
岡田 大輝	2	金ケ崎
加倉 海成	2	田老一
菊池 開斗	2	遠野
黒澤 健太	2	見前南
坂本凌太郎	2	重茂
佐々 大河	2	釜石東
佐々木美貴	2	北陵
佐藤 史弥	2	矢沢
下斗米雄大	2	久慈
髙橋 泰生	2	北上北
千田 優希	2	胆沢
遠野 凜成	2	釜石東
中居 颯真	2	江刈
中野 凜	2	千厩
中山 剣	2	北上
菱川 一輝	2	花巻北
平井 柊	2	紫波一
本多 優祐	2	矢巾
南 慧太	2	九戸
村上 翼	2	高田東
猪尾 琉磨	1	上野
植野 叶泰	1	雫石
大川原光流	1	上田
小笠原大燿	1	渋民
小澤 修	1	前沢
小原 大和	1	滝沢二
金澤 彩斗	1	種市
金澤 秀弥	1	山田
金子 優斗	1	北上
菊池 興洋	1	遠野西
菊池 敏生	1	和賀西
金 拓門	1	城東
工藤 翔大	1	久慈
工藤 優我	1	土渕
熊谷宗二郎	1	田野畑
大道 星也	1	中野
髙倉 悠矢	1	九戸
田崎 快俊	1	城東
髙橋 佳	1	興田
髙橋 拓夢	1	城西
髙橋 秀羽	1	和賀西
高橋 優太	1	紫波一
田中 優力	1	松園
田代 旭	1	遠野東
千葉 奏音	1	飯豊
野口 義貴	1	大船渡一
畠山 星輝	1	北上・南
播摩 智也	1	津軽石
平澤 徹也	1	世田米
福地 祥	1	北上北
萬谷 大輝	1	下小路
宮澤 圭汰	1	遠野東
森下真凪人	1	綾里
八木駿太朗	1	盛岡・河南
吉田 幸永	1	矢巾
若松 聡大	1	遠野東
渡辺 陸	1	見前
吉田 昌春	1	湯本
☆ 佐々木めぐ	3	見前
☆ 齊藤みこと	2	有住
☆ 白根 彩圭	2	宮古西

遠野

●部員／25人　●部長／池田詠　●監督／佐藤紘大

氏名	学年	出身中
菊池紘士朗	3	遠野東
川久保颯眞	3	遠野東
佐々木勁吾	3	遠野東
菊池 暉	3	遠野
◎ 佐々木陽翔	3	遠野東
佐々木柊翔	3	遠野
畑山 凜人	3	遠野
鈴木 達哉	3	遠野
澤里 虹希	3	遠野
石田 将汰	2	遠野東
神原 大輝	2	遠野
菊池 楽空	2	遠野東
川久保粋人	2	遠野東
菊池 海星	2	遠野東
佐々木 仁	2	遠野西
伊藤 雅也	1	遠野西
菊池 瑛太	1	遠野
佐々木秀太	1	遠野東
菊池 宏之	1	遠野
阿部 和人	1	遠野
菊池 皐了	1	遠野東
佐藤 迅	1	遠野東
☆ 佐々木聖佳	3	遠野東
☆ 佐藤 凪	2	遠野東
☆ 石橋 美咲	1	遠野東

遠野緑峰

●部員／24人　●部長／小山健人　●監督／前原達也

	氏名	学年	出身中
◎	菊池　浩希	3	遠野
	佐々木眞留	3	遠野東
	小笠原莉希	3	遠野
	石橋　　涼	3	遠野
	菅沼　大靖	3	遠野
	川原　海大	3	遠野
	多田　凌磨	3	遠野
	菊池　静哉	3	遠野
	佐々木幹 太	2	遠野東
	佐々木康成	2	遠野
	菊池　優雅	2	遠野
	菊池　　魁	2	遠野
	菊池　圭祐	2	花巻北
	高砂子俊裕	2	遠野東
	菊池　匠翔	2	遠野
	菊池　健翔	1	遠野
	菊池　航希	1	遠野
	菊池　　潤	1	遠野東
	小水内彪雅	1	遠野東
	櫻井　颯哉	1	遠野東

	氏名	学年	出身中
	似田貝　翔	1	遠野東
	堀切　滉太	1	遠野東
	菊池　宏弥	1	遠野
	菊池　優希	1	遠野

紫波総合・雫石

〈連合チーム　部長／八重樫徹　監督／露木京〉

紫波総合　●部員／10人
●部長／小林佳子
●監督／露木　京

	氏名	学年	出身中
◎	菊池　瑛斗	3	乙部
	石川　輝翔	3	紫波一
	鈴木　秋則	3	紫波三
	伊藤　拓哉	2	花巻北
	佐藤　寧央	2	矢巾北
	木村　修耶	2	紫波一
	佐々木槙吾	1	紫波二
☆	今野　寧々	2	紫波一
☆	冨山　　蘭	2	紫波一
☆	古館　侑花	2	紫波一

雫石　●部員／2人
●部長／八重樫徹

	氏名	学年	出身中
◎	高橋　航輝	3	雫石
	高橋　翔大	3	雫石

紫波総合

雫石

黒沢尻北

●部員／35人　●部長／佐藤亙　●監督／佐藤牧人

	氏名	学年	出身中
◎	杉浦　一汰	3	江釣子
	佐々木　岳	3	飯豊
	小原　悠歩	3	飯豊
	星　　知輝	2	北上
	佐藤晃太郎	2	北上
	髙橋　寛大	2	北上
	菊地　彗流	2	上野
	山田　捷人	2	北上
	宮内　博吉	2	東陵
	髙橋　颯汰	2	江釣子
	渡邉　公平	2	江釣子
	藤原　市也	2	花巻
	飛澤　利旺	2	上野
	髙橋　　颯	2	和賀西
	瀧津　創太	2	宮城･みどり台
	髙橋　朝飛	2	江釣子
	小原　　想	2	西南
	齊藤　　禅	2	北上北
	鎌田　壮真	2	宮野目
	佐々木駿大	2	北上

	氏名	学年	出身中
	所　　晃輔	2	北上
	佐々木颯矢	1	北上
	佐藤　心星	1	北上･南
	菅野　翔夢	1	北上
	髙橋　大翔	1	飯豊
	小原　悠希	1	江釣子
	冨岡　大暉	1	北上
	藤島　凜太	1	湯田
	松本　壮哉	1	上野
☆	八重樫　空	3	上野
☆	髙橋　蒼空	2	和賀西
☆	森谷ひかり	2	北上
☆	久道麗々紗	2	北上･南
☆	佐藤　花帆	1	北上
☆	加藤　萌子	1	北上

専大北上

●部員／80人 ●部長／松戸裕和 ●監督／及川将史

	氏名	学年	出身中
	真野　航太	3	宮城・西山
	川上　隼人	3	上野
	鈴木　健太	3	矢巾
	川村　英治	3	上田
◎	粟野　元斗	3	宮城・山下
	小原　宏太	3	北上
	菅原　風晏	3	萩荘
	髙橋　　海	3	宮城・大和
	高橋伶太朗	3	和賀東
	坂本紘士朗	3	神奈川・春日野
	工藤　大陸	3	青森・木造
	二ツ神叶大	3	山形
	工藤　博世	3	田野畑
	鈴木　伶旺	3	東京・青梅泉
	小田島捷翔	3	秋田・横手北
	佐藤　　魁	3	大槌学園
	山本　将司	3	神奈川・中沢
	早坂　一流	3	北松園
	秋山　智哉	3	神奈川・六ツ川
	佐藤　竜賀	3	東水沢
	塚本　　翔	3	北陵
	杉﨑　翔空	3	埼玉・白岡
	井上　　陸	3	東京・羽村一
	岩田　　渉	3	神奈川・横内
	昆野　彪雅	3	水沢
	浦田　大樹	3	釜石
	菊池　永遠	3	和賀西
	長島　暖和	2	兵庫・西落合
	額田　剛聡	2	神奈川・笹下
	菊池　大雅	2	遠野
	佐藤悠寿希	2	一関
	髙橋　　歩	2	埼玉・飯能西
	奈良　瑛晃	2	青森・市浦
	福士　佑太	2	宮古西
	福島　陸仁	2	大野
	藤坂　怜央	2	北上
	櫻井　達也	2	東京・青梅三
	田崎　涼介	2	神奈川・浜岳
	中崎　太雅	2	矢巾北
	中嶋　　翔	2	宮城・矢本一
	藤原　悠吏	2	見前
	前川　　陸	2	釜石東
	和多田　凱	2	一戸
	泉山　心海	2	滝沢南
	大石　遥音	2	前沢
	木村　光汰	2	一本木
	熊谷　洋祐	2	高田一
	越場　弘稀	2	神奈川・春日野
	髙橋　麗温	2	神奈川・愛川中原
	瀧澤　智行	2	水沢
	高橋　和摩	2	水沢
	吉田　春翔	2	北上・南
	遠藤　魁人	2	宮城・七郷
	備前　匠生	2	宮城・八乙女
	湯淺　青空	2	宮城・仙台郡山
	内澤　航誠	2	和賀西
	桑原幸太郎	1	神奈川・北の台
	三浦　和希	1	前沢
	遠藤　海陸	1	宮城・石巻北上
	増田裕太朗	1	宮城・郡山
	梶川　　塁	1	宮城・高砂
	若生　哉依	1	宮城・六郷
	岩波龍之介	1	宮城・八木山
	奥山　翔也	1	宮城・高森
	男澤　凱生	1	宮城・河南東
	鎌田翔太郎	1	北上
	伊藤　　蓮	1	北上
	髙橋　　圭	1	北上
	舘本　優太	1	花巻北
	岩脇　彪志	1	田老一
	齋藤　琉摩	1	宮城・成田
	平野　翔太	1	北上北
	鈴木　　蓮	1	東京・青梅一
	菊池　優斗	1	和賀西
	荻野　成輝	1	遠野東
	中村　翔大	1	磐井
	菊池　路偉	1	飯豊
	向澤　伶惟	1	綾里
☆	菊地　綾乃	3	金ケ崎
☆	櫻井　心優	1	花巻

金ケ崎

●部員／13人 ●部長／杉田英一 ●監督／芦口大

	氏名	学年	出身中
	小野寺和斗	3	東水沢
	菊地　真輝	3	江刺一
◎	渥美　佑太	3	江刺一
	久保田大翔	3	東水沢
	中田　　紘	3	金ケ崎
	梶原　優斗	3	江刺一
	堀江　大智	2	水沢南
	岩崎　圭吾	2	水沢南
	秋山　太一	2	水沢南
	海鋒　青哉	2	江刺一
	今野　宏斗	2	前沢
	朝倉　　遼	2	金ケ崎
	伊藤　健太	1	東水沢
☆	佐藤　未唯	2	江刺一
☆	菅原　沙矢	1	水沢

黒沢尻工

●部員／62人　●部長／高橋透　●監督／石橋智

氏　名	学年	出身中
佐藤　拓	3	湯口
佐藤　慎吾	3	水沢
角舘　希海	3	水沢南
◎ 加藤　琉生	3	水沢
畠山　夢叶	3	安代
松原　大修	3	青森・大館
小野寺　前	3	前沢
及川　智也	3	北上・南
宮本　陽	3	東陵
佐々木　悠	3	大宮
佐藤　翼	3	山田
菊池　大樹	3	北上
遠藤安希登	3	黒石野
山内　荘大	3	北上
菅原　生斗	3	北上
高橋　凜	3	宮野目

氏　名	学年	出身中
小川　睦斗	3	花巻北
髙橋　和希	3	北上
佐々木修吾	3	花巻
貴俵　響	3	西南
猫塚夏愛希	3	西南
藤澤　主樹	2	金ケ崎
柏葉　大夢	2	北上・南
根本夏珠葵	2	青森・荒川
菊池　悠斗	2	和賀西
佐々木佳南	2	和賀西
佐藤琉々弥	2	前沢
福士　翔太	2	紫波二
佐藤日向太	2	矢沢
八重樫渉太	2	上野
照井　琉斗	2	和賀西
熊谷　航	2	和賀西

氏　名	学年	出身中
征矢　翔希	2	北上
千葉　蛍汰	2	金ケ崎
遠藤　蒼大	2	北上・南
鶴田　隼己	2	遠野
藤原　清人	2	大迫
石川　亮哉	2	南城
小原　太陽	2	東和
櫻田　瑛大	2	宮野目
佐々木海拓	2	紫波二
佐藤　柊斗	2	和賀西
舘洞　優駿	2	上野
土屋　大良	2	和賀西
近藤　大介	1	北上・南
瀬川　蓮斗	1	和賀東
髙橋　優斗	1	和賀東
三浦　樺月	1	前沢

氏　名	学年	出身中
小原　琉空	1	和賀東
柏山　琉聖	1	前沢
菊池　蓮	1	遠野
斉藤　皓祐	1	和賀東
高橋　瑠聖	1	和賀東
藤齊　天希	1	遠野
石川　花瑛	1	北上・南
小澤　永志	1	金ケ崎
佐藤　龍	1	北上・南
板倉　白真	1	上野
嘉藤　誠	1	北上・南
佐々木将太	1	北上
鶴田　尚己	1	遠野
八重樫　蓮	1	和賀東

岩谷堂

●部員／16人　●部長／小出隆介　●監督／田村宏光

氏　名	学年	出身中
及川　遥斗	3	江刺南
鎌田　永登	3	東水沢
浅倉　周也	3	江刺東
太田　颯	3	江刺東
菊池　育海	3	水沢南
◎ 佐藤　佑斗	3	江刺南
菊池　佑斗	2	水沢南
及川　大葵	2	水沢南
及川　塁輝	2	江刺南
太田　葵	1	江刺東

氏　名	学年	出身中
小澤　拓芽	1	江刺東
高橋　柊斗	1	江刺南
☆ 菅野　百永	2	江刺一
☆ 佐々木向日葵	2	東水沢
☆ 宮舘　花音	1	金ケ崎
☆ 宮舘　凛	1	金ケ崎

西和賀

●部員／13人 ●部長／川村竜馬 ●監督／伊藤貴樹

氏　名	学年	出身中
東　　哉太	3	沢内
◎ 髙橋　聖成	3	沢内
白鳥　智哉	2	東陵
菅原　永遠	2	北上・南
小向飛那太	2	和賀西
村上裕次郎	2	上野
小原　光顕	2	和賀西
新田　　輝	1	沢内
加藤　睦規	1	湯田
廣沼　大河	1	和賀西
高橋　泰都	1	湯田
菊池　　颯	1	北上・南
☆ 川上　梨花	2	北上北

水沢商

●部員／28人 ●部長／及川優樹 ●監督／小山智之

氏　名	学年	出身中
◎ 小澤　優斗	3	江刺一
三田　愛斗	3	前沢
千田　大輔	3	江刺一
青沼　寿起	3	胆沢
大芦　奏太	3	前沢
後藤　悠太	3	前沢
佐々木皓也	3	前沢
千田　慎悟	3	胆沢
千田　竜生	3	前沢
阿部健太朗	2	東水沢
荒井悠士朗	2	江刺一
遠藤　亮祐	2	江刺一
紺野　丈流	2	水沢
佐々木龍世	2	前沢
菊地　悠羅	2	前沢
千葉　拓人	2	前沢
羽藤　雅泰	2	胆沢
原田　　琉	2	前沢
稲田　龍平	1	江刺南
千田　光琉	1	前沢
三田　拓斗	1	前沢
油井　伸悟	1	江刺一
吉田　悠真	1	胆沢
和賀　啓太	1	江刺一
☆ 伊藤　優希	3	磐井
☆ 千葉　愛加	2	胆沢
☆ 小野寺柚子	1	水沢南
☆ 細川　美釉	1	前沢

水沢工

●部員／35人 ●部長／鈴木明宏 ●監督／千葉渉太

氏　名	学年	出身中
高橋　知聖	3	胆沢
及川　勇吏	3	江刺南
阿部　佳樹	3	胆沢
稲葉　遼多	3	水沢南
千田　琉斗	3	水沢南
◎ 天久　爽汰	3	江刺一
佐藤　慎吾	3	平泉
菊地　海斗	3	金ケ崎
桂田　優磨	3	水沢
佐藤　康介	3	金ケ崎
伊藤　諒比	2	江刺東
村上　天馬	2	水沢
及川　海大	2	水沢南
吉田　朋生	2	東水沢
北條　誠人	2	東水沢
高橋　　来	2	金ケ崎
山本　陸駆	2	水沢南
阿部　一心	2	東水沢
佐藤　温士	2	水沢南
菊池　航平	2	水沢
小野寺秋斗	2	前沢
及川　直人	2	東水沢
小原　幸大	2	水沢
千葉　一輝	2	水沢
遠藤　海翔	1	金ケ崎
阿部　静輝	1	江刺一
阿部晴瑠翔	1	江刺一
松戸　佑晟	1	胆沢
山形　直伊	1	東水沢
石川　潤晟	1	水沢
安倍　友基	1	水沢南
佐々木大地	1	東水沢
☆ 及川　綺菜	3	金ケ崎
☆ 齋藤　茉子	1	胆沢
☆ 田中愛結琉	1	水沢南

水沢

●部員／53人　●部長／遠藤利治　●監督／佐々木明志

	氏　名	学年	出身中
	佐藤　稜馬	3	江刺一
	安倍　快斗	3	胆沢
◎	及川　　元	3	江刺一
	熊谷　耕也	3	東水沢
	後藤　　陸	3	江刺東
	千葉　　葵	3	水沢南
	神田　燦汰	3	江刺一
	菊池　晴粋	3	江刺一
	菊池　悠斗	3	東水沢
	畠山　治大	3	水沢
	三浦　直己	3	水沢南
	竹田　光騎	2	江刺一
	小野寺陽紀	2	水沢
	吉田　未来	2	水沢
	伊藤　祐平	2	水沢
	千葉　英二	2	胆沢
	秋山　友希	2	江刺一
	及川　真優	2	水沢
	菊地　　樹	2	胆沢
	藤澤　　航	2	金ケ崎
	江川　　遙	2	江刺東
	浅利　篤人	2	水沢南
	藤澤　裕芽	2	水沢南
	宗形　　知	2	水沢
	及川　真人	2	江刺一
	小柳　颯斗	2	江刺一
	羽藤　義将	2	胆沢
	菊池　　悠	2	江刺東
	前田　翔平	2	前沢
	宇部　琉生	1	金ケ崎
	及川　太一	1	水沢
	加藤　凜久	1	胆沢
	金今　陽輝	1	川崎
	佐藤　和真	1	水沢南
	髙橋　征也	1	水沢
	小野寺健人	1	水沢
	鈴木　優人	1	水沢南
	高橋　彩人	1	東水沢
	門脇　恭介	1	前沢
	佐藤　陽斗	1	前沢
	佐藤　優成	1	前沢
	橋本　和瑛	1	金ケ崎
	柳久保　翔	1	水沢
	加藤　晴翔	1	前沢
	小野　雄大	1	水沢
	久保田晴翔	1	東水沢
	佐藤　直樹	1	東水沢
	千田　理生	1	水沢南
☆	千葉　颯太	2	衣川
☆	三浦　なつ	2	東水沢
☆	宇那田彩巳	2	東水沢
☆	千葉　瑞希	1	胆沢
☆	吉田　真彩	1	胆沢

水沢一

●部員／16人　●部長／上斗米宏昌　●監督／伊藤善親

	氏　名	学年	出身中
	小竹　塁愛	3	江刺南
	大山　龍輝	3	北上・南
	本間　大輝	3	水沢
	浅沼　裕斗	3	江刺南
	髙橋　陽誠	3	江刺南
◎	小野寺　諒	3	胆沢
	高橋　亜聡	3	胆沢
	千田　良浩	3	水沢
	三瓶　大翔	3	江刺南
	佐藤　大地	3	東水沢
	及川　瑞樹	2	江刺南
	新田　　滉	2	江刺一
	鈴木　誠人	2	金ケ崎
	高橋　颯雅	1	水沢
	菊池　聖成	1	江刺一
☆	菅原　結衣	2	磐井

前沢・水沢農・北上翔南

〈連合チーム　部長／菅原正幸　監督／髙橋康博〉

前沢　●部員／8人
●部長／佐藤薫並
●監督／藤井千春

	氏　名	学年	出身中
	須藤　　玲	3	平泉
◎	永畠　義輝	3	磐井
	伊藤　優志	3	水沢南
	高橋　優杏	3	胆沢
	菅原　昂太	3	前沢
	佐藤龍太朗	3	前沢
	坂内　海斗	2	前沢
	三浦　　球	2	平泉

水沢農　●部員／3人
●部長／菅原正幸
●監督／髙橋康博

	氏　名	学年	出身中
	坂本　雄大	3	飯豊
◎	杉田　希尋	3	江刺南
	葛西　頼輝	2	飯豊

北上翔南　●部員／4人
●部長／山田英之

	氏　名	学年	出身中
◎	小林　海都	1	北上
	柳村　瑛斗	1	北上
☆	山田　　倫	1	北上
☆	葛西　舞優	1	飯豊

前沢

水沢農

北上翔南

一関一

●部員／24人　●部長／新城正彦　●監督／伊藤崇

	氏　名	学年	出身中
	小野寺　蒼	3	磐井
	髙橋　　啓	3	一関一附
	樋口　裕太	3	水沢
	松嶋　義丈	3	一関
	岩渕　和希	3	桜町
◎	後藤　健太	3	千厩
	岩渕　匠翔	3	磐井
	朝倉　　颯	3	金ケ崎
	高橋　　紬	2	桜町
	須藤周太郎	2	一関一附
	熊谷　翔斗	2	一関
	千葉　　和	2	川崎
	橋野　義明	2	一関一附
	菊池　飛翔	2	桜町
	村上　直也	2	東山
	菅原　蒼史	2	一関一附
	小野寺夏唯	2	東山
	小原　　翼	2	桜町
	軍司　椎那	1	一関
	菅原　晴羅	1	前沢
	千葉　洸輔	1	藤沢
	武田　智也	1	興田
	三条　一都	1	一関一附
☆	菊池菜々子	1	東山

一関二

●部員／31人　●部長／渡部章朗　●監督／渡邉悠行

	氏　名	学年	出身中
	佐藤　宙祈	3	桜町
	三浦　壮敬	3	厳美
	髙木　瑛司	3	磐井
	小野寺琉人	2	磐井
	小野寺　陸	3	桜町
	山田　悠人	3	磐井
	吉田瑠貴矢	3	舞川
	菅原　　翔	3	花泉
◎	高橋　大翔	3	磐井
	伊東　勇騎	3	一関
	髙橋　翔湧	3	花泉
	菊地　怜士	3	前沢
	小林　陸人	3	磐井
	佐々木丞央	2	花泉
	渡邊　　進	2	花泉
	金野　漱太	2	大東
	北澤　将吾	2	一関
	岩渕　翔吾	2	磐井
	氏家　琉偉	1	舞川
	白澤　大成	1	東山
	及川　孔明	1	磐井
	鈴木　陽翔	1	桜町
	田原　孔大	1	桜町
	阿部　碩斗	1	厳美
	及川　裕大	1	磐井
	米倉　瑛二	1	川崎
	菅原　悠斗	1	花泉
☆	岩渕　萌恵	2	一関東
☆	小野寺みやび	2	花泉
☆	阿部　妃宝	1	磐井
☆	佐々木佑衣	1	大東

一関工

●部員／50人　●部長／畠山剛　●監督／山崎久登

	氏名	学年	出身中
	佐藤　　樹	3	東山
	藤野　真心	3	千厩
	千田　　響	3	磐井
	佐々木　空	3	衣川
	山平　羽佑	3	平泉
◎	阿部　　悠	3	花泉
	小山　大輝	3	川崎
	佐藤　　蓮	3	磐井
	千葉　陽斗	3	磐井
	伊東　和馬	3	一関東
	小野寺悠斗	3	舞川
	今野颯一郎	3	一関
	鈴木　太陽	3	一関東
	立石海夏人	3	厳美
	福島　太陽	3	花泉
	船山　裕真	3	萩荘
	阿部未来翔	3	磐井
	佐々木優作	3	萩荘
	千葉　蓮斗	3	磐井
	細川　知靖	3	桜町
	吉田　大樹	3	東山
	及川　義人	2	花泉
	熊谷　恒大	2	花泉
	安部　洸人	2	花泉
	佐々木日陽	2	桜町
	石川　愛癒	2	萩荘
	阿部　翔悟	1	一関
	石川　波輝	1	花泉
	小野寺柊太	1	平泉
	佐藤　　陽	1	一関東
	菅原　　空	1	平泉
	菅原　直大	1	萩荘
	髙橋　晴瑠	1	花泉
	髙橋　栄見	1	一関
	三浦　豪翔	1	平泉
	菅原　　駿	1	花泉
	吉田　龍成	1	舞川
	石川　翔葵	1	平泉
	小野寺和輝	1	東山
	小野寺陽矢	1	花泉
	熊谷　優雅	1	花泉
	武田　　輝	1	花泉
	千葉　星空	1	一関
	留目　　蒼	1	川崎
	橋本　龍神	1	萩荘
	山田　岳昂	1	桜町
	山中　優弥	1	一関東
☆	菅原さくら	3	磐井
☆	遠藤真奈美	2	花泉
☆	和賀真里亜	1	東山

花泉

●部員／17人　●部長／橋本恭宏　●監督／新岡秀一郎

	氏名	学年	出身中
	千葉　唯斗	3	花泉
	横山　　涼	3	花泉
◎	小松　優也	3	花泉
	皆川　将人	3	花泉
	小野寺　希	3	花泉
	佐藤　　信	2	花泉
	石田　　仁	2	花泉
	髙濱　翔真	2	花泉
	真柄　睦生	2	花泉
	加藤　優翔	2	花泉
	和久　智哉	1	宮城・若柳
	佐藤　　祐	1	花泉
	佐藤　海斗	1	花泉
	佐藤　夢拳	1	萩荘
	髙橋　桐也	1	花泉
☆	菅原　碧海	2	花泉
☆	阿部　　梓	1	花泉

千厩

●部員／30人　●部長／佐藤生矢　●監督／佐藤泰

	氏名	学年	出身中
	遠藤　真希	3	千厩
	佐藤龍之介	3	興田
	金今　誠也	3	川崎
	千葉　悠真	3	藤沢
◎	藤野　一成	3	千厩
	及川　瑠威	3	千厩
	古舘　和駿	3	一関東
	菅原　怜央	3	川崎
	糸数　春希	3	千厩
	藤原　琢磨	3	千厩
	千葉　福央	3	川崎
	菅原　万有	3	千厩
	近江　　駿	2	藤沢
	村上　亮汰	2	藤沢
	新井　友紀	2	東山
	松田　　凌	2	大東
	伊藤　陽琉	1	川崎
	及川亜輝斗	1	興田
	佐藤　　真	1	川崎
	星　　光輝	1	藤沢
	秋尾　貫太	1	千厩
	朝日　陽平	1	藤沢
	伊藤　　諒	1	藤沢
	及川　幹太	1	藤沢
	小野寺智力良	1	藤沢
	小山　翔也	1	興田
	佐藤　　翼	1	興田
	千葉　大飛	1	千厩
☆	佐藤　祐希	3	藤沢
☆	佐々木心海	2	室根

一関学院

●部員／81人　●部長／立花孝之　●監督／髙橋滋

	氏　名	学年	出身中
	及川　稜太	3	滝沢南
	近江　博人	3	北上・南
	黄海　大成	3	宮城・若柳
	菊池　悠	3	大槌学園
	坂本　章畝	3	宮城・山田
	櫻庭　啓永	3	宮城・遠刈田
	佐々木春磨	3	安代
	澁谷　涼馬	3	宮城・松山
	鈴木　祥	3	宮城・金成
	鈴木　来夢	3	埼玉・北本東
	成ケ澤　翔	3	豊間根
	伊藤　健太	3	宮城・鹿島台
	浦島　悠仁	3	釜石
	菅野　大吾	3	気仙
	菊池　高将	3	江刺南
	小綿　大斗	3	渋民
	佐藤　弘平	3	宮城・柳生
	鈴木　凌	3	宮城・金成
	千田　雄大	3	宮城・金成
	菱沼　海斗	3	宮城・中田
	吉田　涼真	3	上野
	青山　裕太	3	埼玉・行田西
	梅澤　航	3	宮古一
	佐々木大輔	3	高田東
◎	佐藤　颯弥	3	見前
	佐藤　竜大	3	高田一
	菅原　諒太	3	一関東
	瀬川　颯太	3	雫石
	二本松　蓮	3	釜石東
	伊藤　龍紀	2	新潟・早通
	岩渕　将馬	2	花巻
	氏田　遼汰	2	新潟・両川
	工藤　涼真	2	巻堀
	齊藤　玄吉	2	滝沢二
	佐々木聖海	2	北上
	鈴木　壮浩	2	一関
	丹野　心喜	2	赤崎
	船砥　大	2	高田一
	奥谷　奏翔	2	宮城・中田
	角田亜依夢	2	福岡
	佐藤　広陸	2	花泉
	佐藤　零士	2	磐井
	杉澤　龍星	2	浄法寺
	留場　洸成	2	遠野東
	新沼　琉良	2	大船渡一
	皆野川直央	2	宮古一
	山﨑　大歩	2	大槌学園
	岩鼻　祐人	2	宮古二
	佐々木巧実	2	城東
	佐藤　拓己	2	宮城・若柳
	鈴木　幹大	2	東山
	髙橋　研伍	2	北上・南
	千葉　華生	2	水沢南
	千葉　竜斗	2	大船渡
	八幡　優作	2	大槌学園
	山本　光優	2	崎山
	阿部　達也	1	宮城・門脇
	伊藤　駿介	1	湯口
	梅木　心栄	1	北上北
	及川　圭吾	1	滝沢南
	及川良偉人	1	水沢
	川崎　隼	1	藤沢
	菅野　獅那	1	江刺東
	菊池　直翔	1	花巻
	北浦　海璃	1	宮城・向陽台
	木下　瑠碧	1	吉里吉里
	工藤　緑	1	西根
	小杉　晟	1	秋田・本荘東
	後藤　叶翔	1	高田一
	小松　大樹	1	花泉
	齋藤　晴	1	宮城・七北田
	千田　白琥	1	和賀東
	千葉　周永	1	宮城・西山
	千葉　拓真	1	衣川
	坪野　慎吾	1	埼玉・吹上北
	信田　優誠	1	広島・瀬戸田
	本田　優翔	1	千厩
	松坂　岬樹	1	下小路
	森田　叶聖	1	普代
	山崎　大樹	1	宮古二
	吉田　将人	1	矢巾

一関修紅

●部員／19人　●部長／佐藤稔　●監督／松好祐二

	氏　名	学年	出身中
	伊藤　友寿	3	萩荘
◎	佐藤　優太	3	一関
	大泉　光広	2	磐井
	小原　成聖	2	磐井
	佐藤　柊也	2	東山
	佐藤　翔太	2	一関
	高橋　謙心	2	松尾
	檀上　慶太	2	一関
	千葉　一稀	2	一関
	千葉　圭悟	2	水沢
	千葉　蓮	2	厳美
	那須　叶夢	2	東山
	山崎　颯太	2	見前南
	小野寺優人	1	厳美
	首藤　陽翔	1	舞川
	田村　新夏	1	山田
	渡辺　大和	1	千葉・船橋
☆	土佐　伊織	2	一関
☆	永澤　晶	1	東山

大東

●部員／18人　●部長／森谷尚志　●監督／小山泰伸

	氏名	学年	出身中
◎	小野寺緋彩	3	東山
	瀧澤　優生	2	川崎
	菊池　央人	2	大原
	佐山　琉也	2	大東
	熊谷　　空	2	大東
	高橋　　涼	2	大東
	佐藤　塁斗	2	興田
	佐藤　颯哉	2	大東
	佐藤　彗斗	2	大東
	及川　柊翔	2	興田
	菅原　　蓮	2	大原
	伊東　光星	1	興田
	小山　和馬	1	興田
	飯髙　陽太	1	大原
	菊池　永真	1	興田
	皆川　元希	1	藤沢
☆	菊池　満帆	1	大東
☆	小山望乃花	1	大東

一関高専

●部員／15人　●部長／中嶋剛　●監督／滝渡幸治

	氏名	学年	出身中
◎	塚田　　朋	3	水沢
	佐藤　優樹	3	一関東
	千葉　奏大	3	見前
	内海　壮尊	3	桜町
	井内　健之	3	黒石野
	吉田　智貴	2	平泉
	八巻　陽人	2	湯口
	熊谷　　碧	2	宮城・面瀬
	佐々木寛太	2	水沢南
	須藤　頼星	2	大東
	千葉　拓海	2	前沢
	髙橋　亮太	2	東陵
	橋階　啓人	2	平泉
	眞籠　陸斗	2	衣川
	内海　諒成	2	宮城・面瀬

大船渡

●部員／53人　●部長／新沼悠太　●監督／國保陽平

	氏名	学年	出身中
	前川　眞斗	3	大船渡
	及川　太陽	3	大船渡
	佐々木翔汰	3	綾里
	金野　友晟	3	大船渡
	田村　笙太	3	高田東
◎	吉田　昂生	3	高田一
	千田　諒磨	3	綾里
	細谷　泰世	3	高田東
	及川　遥毅	3	大船渡
	田村　宗大	3	大船渡・一
	大和田琉人	3	末崎
	佐々木康佑	3	高田一
	千葉　豪善	3	大船渡・一
	近藤　龍成	3	大船渡
	千葉　一暉	3	大船渡・一
	中村　久遠	3	気仙
	千葉　陽斗	3	大船渡
	菊池　丈翔	3	大船渡・一
	今野　　響	3	大船渡・一
	梅澤慎之介	2	大船渡・一
	武田慎之介	2	末崎
	新沼　　充	2	大船渡
	村上　和宇	2	綾里
	大村　悠月	2	大船渡
	今野　一宏	2	大船渡・一
	葉内　誠矢	2	大船渡・一
	朴澤　一徹	2	大船渡・一
	髙　凌太朗	2	大船渡・一
	鈴木佳太郎	2	高田一
	村上　翔人	2	末崎
	岡澤　陸杜	2	大船渡・一
	小澤　　旭	2	大船渡・一
	佐々木颯真	2	世田米
	荒木　昌仁	1	高田一
	菊池　聡太	1	世田米
	久保田凱智	1	大船渡
	中澤　寛澄	1	大船渡
	岡澤　暁史	1	大船渡・一
	佐々木　玄	1	大船渡・一
	佐藤　　快	1	大船渡
	千葉凜之介	1	綾里
	長根　秀範	1	高田一
	山田　一輝	1	高田東
	小松　怜史	1	世田米
	紺野　優生	1	大船渡・一
	齊藤　祥平	1	赤崎
	佐々木啓介	1	綾里
	千葉　翔暉	1	大船渡・一
	三田地哉斗	1	大船渡
☆	栗村　翔笑	3	大船渡
☆	大坂　元太	1	高田一
☆	佐々木結衣	1	世田米
☆	石橋　彩花	1	赤崎

大船渡東

●部員／29人　●部長／久保田晋太郎　●監督／眞下徹

	氏　名	学年	出身中
	仁木　竜輝	3	末崎
◎	佐々木玲音	3	赤崎
	平野　誠悟	3	大船渡・一
	今川　大輝	3	大船渡・一
	村上　瞭人	3	末崎
	近江　優生	3	日頃市
	菅野真之輔	3	高田東
	磯谷　颯太	3	綾里
	木下　朝喜	2	大船渡・一
	仁木　崇斗	2	末崎
	見世　碩哉	2	大船渡・一
	近江　康生	2	日頃市
	熊谷　大和	2	大船渡
	後藤龍一郎	2	綾里
	新沼　拓斗	2	日頃市
	齊藤　愛貴	2	有住
	野々村　大	2	大船渡
	金野　涼介	1	赤崎
	千葉　湧弥	1	高田一
	熊谷　翔	1	末崎

	氏　名	学年	出身中
	熊谷　侑馬	1	赤崎
	川上　智也	1	綾里
	佐々木大輔	1	日頃市
	佐々木　鷹	1	大船渡・一
	佐々木　蓮	1	綾里
	平野　隼吾	1	大船渡・一
	山口　柚季	1	大船渡
☆	菅野　南実	1	末崎
☆	小松　愛里	1	大船渡・一

高田

●部員／31人　●部長／佐々木康寿　●監督／佐々木雄洋

	氏　名	学年	出身中
	佐藤　眞尋	3	高田東
	平野　眞道	3	末崎
	加藤　晴彦	3	吉浜
◎	平澤雄大郎	3	世田米
	大和田稚宙	3	末崎
	熊谷　大陽	3	高田東
	佐々木歩希	3	気仙
	千葉　大輝	3	気仙
	吉田　翔瑛	3	赤崎
	新沼　晟	3	大船渡・一
	伊藤　賢明	3	高田一
	村上　元太	3	高田一
	大和田琉汰	2	高田東
	大久保星音	2	遠野東
	鳥澤　天妙	2	大船渡
	伊藤　康介	2	高田一
	熊谷　春海	2	高田東
	平山　千尋	2	高田一
	金野　颯汰	2	赤崎
	鈴木　樹	1	高田東

	氏　名	学年	出身中
	太田　廉	1	高田一
	丹野　悠	1	高田一
	三川　燿	1	綾里
	千葉　爽汰	1	高田一
	阿部　創太	1	高田一
	村上　英翼	1	高田一
	吉田　一成	1	高田一
	松木　孝貴	1	唐丹
	村上　真梧	1	高田東
☆	千葉　愛花	1	世田米
☆	大和田小夏	1	高田一

住田

●部員／13人　●部長／菊地均　●監督／吉田一知

	氏　名	学年	出身中
	川下　楓	3	綾里
◎	大谷　海雅	3	気仙
	小松　勇聖	2	高田東
	村上　颯祐	2	高田東
	村上龍之介	2	高田東
	水野　翔耶	2	有住
	戸羽　爽	1	高田東
	瀬川　龍生	1	遠野東
	佐藤　太生	1	有住
	渡邉　元樹	1	吉浜

	氏　名	学年	出身中
	崎山　勝博	1	赤崎
☆	長谷川馨遥	3	高田一
☆	佐藤　愛華	1	有住

釜石

●部員／27人　●部長／平野建　●監督／佐々木偉彦

氏　名	学年	出身中
長谷川永志	3	釜石
川向　文也	3	大平
菊池　広海	3	釜石
片倉伊武季	3	遠野
関根　駿太	3	遠野
◎ 吉田　　凪	3	釜石東
難波　優斗	3	大平
前川　達郎	3	釜石東
岩間　雄大	3	大槌学園
鈴木　良平	3	釜石
五十嵐庄太郎	3	釜石
中館　大気	2	釜石
髙清水享妥	2	釜石東
武藤　有生	2	甲子
前川　快刀	2	釜石東
八幡　大夢	2	釜石東
木下　　蓮	2	吉里吉里
臼澤　伶旺	2	大槌学園
髙清水洸征	2	大槌学園
織笠　康生	1	甲子

氏　名	学年	出身中
奥寺　創太	1	遠野東
藤原　　拓	1	釜石
菊池　　翼	1	遠野東
佐々木天聖	1	甲子
佐々木大地	1	釜石東
☆ 山口あづき	3	甲子
☆ 土手　愛菜	2	吉里吉里

釜石商工

●部員／29人　●部長／伊藤久起　●監督／山崎善輝

氏　名	学年	出身中
山崎　　蓮	3	大平
小笠原瑠大	3	大平
佐々木聖響	3	大平
◎ 堀内　海希	3	大平
早坂　涼太	3	甲子
木村　翔大	3	唐丹
鳥居　　健	3	大平
佐々木浩樹	3	釜石
上林　龍我	3	釜石
小野　温人	2	大平
佐々木稜太	2	大平
平野　裕太	2	大平
古川　舜也	2	釜石東
長洞　和馬	2	大平
中村　匠汰	2	甲子
近藤　秀哉	2	吉里吉里
板澤　恒汰	2	大平
阿部　真優	2	釜石
川崎　　秦	1	甲子
佐々木優成	1	釜石東

氏　名	学年	出身中
大澤　蓮夢	1	甲子
太田　亘祐	1	釜石
平野　颯輝	1	大平
藤原　歩夢	1	釜石
小笠原瑠逢	1	釜石東
佐々木海人	1	唐丹
福士　　蓮	1	釜石
難波　愛斗	1	大平
☆ 松田　愛夢	2	遠野

大槌

●部員／14人　●部長／岩間志織　●監督／菊池竜太

氏　名	学年	出身中
柏﨑　一馬	3	釜石東
小林　将斗	3	大槌
古川　真愛	3	釜石東
武田　侑弥	3	釜石東
◎ 神田　祥宜	3	大槌
植田　基希	3	釜石東
白銀　光稀	3	大槌
植田　詩季	2	釜石東
小國　元気	2	大槌
臼沢　　湊	1	大槌

氏　名	学年	出身中
塚本　歩夢	1	吉里吉里
小笠原忠大	1	大槌
☆ 東谷　　鈴	3	吉里吉里
☆ 芳賀　未優	3	吉里吉里

宮古

●部員／35人　●部長／浅水翔　●監督／沢田靖永

	氏　名	学年	出身中
	阿部　結翔	3	花輪
◎	黒田　慎斗	3	宮古・河南
	川中　健聖	3	花輪
	畠山　晃空	3	田老一
	吉濱瑠衣斗	3	崎山
	上木　楓馬	3	新里
	佐々木翔平	3	宮古西
	山根　尚也	3	宮古二
	舘洞　拓哉	3	宮古・河南
	小林　昂平	3	田老一
	堀合　　心	3	山田
	下山　竜綺	3	田老一
	中家　和優	3	宮古西
	尾形　伸悟	3	豊間根
	井川　昂己	2	宮古西
	金澤　良唯	2	宮古二
	久保田　涼	2	花輪
	大洞竜太郎	2	花輪
	菊地　　輝	2	宮古西
	山根　拓真	2	山田
	若狭　成吾	2	宮古二
	山根　竜馬	2	宮古・河南
	山口　智也	2	宮古西
	小野　優太	1	花輪
	久保田和也	1	津軽石
	沼﨑　倖成	1	山田
	澤田　洋人	1	花輪
	田澤　優大	1	宮古二
	中村　海翔	1	田野畑
	福士　尚幸	1	山田
	田中　佑樹	1	宮古二
☆	黒田　さえ	3	花輪
☆	中谷　杏朱	2	宮古一
☆	伊藤あすみ	2	山田
☆	柾家　寧皇	1	重茂

宮古商工

●部員／46人　●部長／小野寺健太　●監督／山崎明仁

	氏　名	学年	出身中
◎	川戸　　元	3	宮古二
	藤村　玄龍	3	新里
	星川ひかる	3	宮古・河南
	遠洞　龍希	3	新里
	伊東　梨月	3	花輪
	畠山　生嗣	3	花輪
	長谷川俊悟	3	津軽石
	箱石　隼吾	3	宮古二
	若狭　壮汰	3	津軽石
	休場　歩夢	3	新里
	荒川　　快	2	山田
	宇都宮　駿	2	宮古・河南
	齊藤　亮汰	2	豊間根
	佐々木丈壱	2	豊間根
	瀬川　蓮汰	2	豊間根
	藤田　晴輝	2	宮古一
	川戸　一輝	2	宮古一
	上家　尭斗	2	新里
	千葉　竜治	2	小本
	内藤　生吹	2	新里
	中谷　海斗	2	宮古西
	穂高　広海	2	宮古二
	猪又　舜矢	2	津軽石
	佐々木　涼	2	宮古・河南
	鈴木　鮎斗	2	崎山
	橋場　辰徳	2	宮古・河南
	三浦　　稜	2	宮古二
	石崎　志温	1	新里
	伊藤　　碧	1	重茂
	遠洞　翔矢	1	新里
	大澤　一葉	1	田老一
	瀬川　璃久	1	豊間根
	仲田駿太郎	1	宮古西
	野場　涉太	1	宮古二
	藤澤　真春	1	新里
	三田地健太	1	宮古二
	川戸　真翔	1	宮古二
	鈴木　　千	1	宮古・河南
	鳥居　咲良	1	山田
	中里　　凌	1	宮古二
	山内　一誠	1	花輪
☆	大久保藍唯	2	花輪
☆	佐々木美桃	2	花輪
☆	工藤　瑚雪	2	宮古二
☆	及川　莉子	1	宮古西
☆	齊藤　彩乃	1	豊間根

山田

●部員／9人　●部長／佐藤誠也　●監督／千葉亮太

	氏　名	学年	出身中
	渋梨子大生	3	山田
	鳥居　　旭	3	山田
◎	鈴木　陸翔	3	山田
	小野　堅斗	3	山田
	山崎　北斗	3	山田
	芳賀　亮海	2	豊間根
	上澤　知征	2	山田
	沼﨑　幹太	1	北海道・新冠
	菊地　琉雅	1	山田

久慈

●部員／53人　●部長／菊池達朗　●監督／柴田護

氏　名	学年	出身中
間峠　恒成	3	山形
柴田　尚衛	3	青森・白山台
小屋畑太志	3	長内
野崎　陸斗	2	三崎
◎ 中村　琉暉	3	野田
小野　慎太	3	野田
小野　聖真	3	野田
丹治　将汰	3	野田
貫牛　海翔	3	野田
下舘　叶汰	3	長内
小司　康天	3	久慈
北田　楓眞	3	野田
木村　一翔	3	長内
片座　快斗	3	野田
宇部　天翔	2	久慈
大村　　蓮	2	普代

氏　名	学年	出身中
高橋　楓大	2	久慈
高橋　　琉	2	久慈
滝谷　柊太	2	種市
播磨　颯和	2	長内
浅石　　快	2	長内
石井　愛星	2	野田
伊藤　大凱	2	久慈
宇名澤日向	2	夏井
宇部　智也	2	三崎
北野澤奎一郎	2	種市
関　　大翔	2	久慈
舘石　翔真	2	久慈
中野　胡琉	2	大野
野崎　颯太	2	野田
野場　拓海	2	普代
松川　緋祥	2	久慈

氏　名	学年	出身中
谷地　飛良	2	野田
吉田　　翔	2	久慈
澤里　大志	2	侍浜
荒谷　陽己	1	福岡
宮澤　尚生	1	久慈
川端　祥太	1	久慈
小川　天人	1	久慈
小向　陸斗	1	久慈
外舘　将吾	1	久慈
岩井　央侑	1	久慈
對馬　尚生	1	久慈
佐藤　汰星	1	大野
長川　晃己	1	大野
中村　大海	1	宿戸
清水　朔良	1	久慈
板垣　泰河	1	久慈

氏　名	学年	出身中
橋上　怜矢	1	久慈
古舘　温人	1	軽米
高橋　音翔	1	久慈
垂柳　　蒼	1	久慈
☆ 宇部　光都	3	宇部

岩泉

●部員／13人　●部長／五日市純哉　●監督／板屋信良

氏　名	学年	出身中
山岸　竜也	3	小川
澤　　和樹	3	小川
菊地　右人	3	小川
三田地叶夢	3	岩泉
◎ 畠山　裕希	3	岩泉
穂高　喜弘	3	田野畑
前川　颯雅	2	岩泉
内村　飛龍	2	岩泉
三田地尽礼	2	岩泉
阿部　　開	1	岩泉

氏　名	学年	出身中
畠山　裕暢	1	岩泉
横田　晃祐	1	田野畑
☆ 袰野　和奏	2	岩泉

久慈東

●部員／41人 ●部長／久保田達也 ●監督／中村健

	氏 名	学年	出身中
	山王 晃	3	長内
	久保 凜太	3	野田
	清水 綾也	3	大野
	佐々木武輝	3	長内
◎	羽柴 竜哉	3	長内
	吹切 一帆	3	宿戸
	太内田颯太	2	夏井
	北澤 総星	2	種市
	北澤 蓮	2	種市
	清水 泰成	2	久慈
	日影 龍光	2	夏井
	長倉 勇気	2	大野
	中田 龍弥	2	大野
	原子内来夢	2	宿戸
	吉田 大晟	2	久慈
	加美 来希	2	夏井
	吉田 海斗	2	夏井
	大西 翔也	2	侍浜
	加美 来夢	2	夏井
	釜谷 真生	2	久慈
	西野 響	2	久慈
	長川 紘人	1	大野
	川端 海輝	1	宿戸
	膳棚 志翔	1	宇部
	谷崎 佑晟	1	侍浜
	畑 優羽	1	大野
	大久保遥翔	1	侍浜
	谷地中凜生	1	種市
	山形 海渡	1	野田
	乱場 瑛仁	1	久慈
	村上 琉紀	1	夏井
	笠嶋 勇登	1	宿戸
	越廻 梗樹	1	久慈
	吉田 大雅	1	侍浜
	浅水 琉夢	1	侍浜
	岩脇 海惺	1	夏井
	高橋 桜介	1	久慈
	南川 結希	1	野田
	谷地瑠輝也	1	山形
☆	塩倉 瑠華	2	大野
☆	中屋敷美春	2	大野

久慈工

●部員／10人 ●部長／佐久山要 ●監督／佐々木譲

	氏 名	学年	出身中
	赤坂 誉基	3	普代
◎	三浦蒼一朗	3	小本
	三浦 悠吏	2	小本
	大道 康平	2	三崎
	長根 伊吹	2	野田
	北田 乙紗	1	野田
	坂本 優斗	1	長内
	小谷地翔大	1	野田
	玉川 裕貴	1	野田
	山形 一真	1	野田

福岡

●部員／34人 ●部長／三田聡 ●監督／田中純一

	氏 名	学年	出身中
	前田 李幸	3	一戸
◎	和田琉之介	3	九戸
	藤田 大和	3	浄法寺
	漆田 直生	3	浄法寺
	北田 俊輔	3	浄法寺
	樋口夢有斗	3	浄法寺
	平 泰成	3	福岡
	和嶋 裕也	3	御返地
	上山芽久斗	3	福岡
	古館 陽音	3	九戸
	久慈 魁真	3	福岡
	大谷 崇仁	3	軽米
	菅野 秀都	2	福岡
	平 颯太	2	福岡
	和山 智秋	2	福岡
	合川 拓真	2	一戸
	荒谷 寧央	2	福岡
	漆原 空蒼	2	福岡
	大平 史弥	2	御返地
	釜石 虎晟	2	福岡
	七戸 悠人	2	九戸
	竹田 悠人	2	福岡
	立崎 優太	2	一戸
	舘ヶ沢 颯	2	福岡
	舘山 翔真	2	福岡
	松澤 希龍	2	九戸
	村田 帆	2	葛巻
	安ケ平滉至	2	福岡
	山市 大河	2	青森・田子
	茶家 功大	1	福岡
	茶家 正大	1	福岡
	日影舘温人	1	一戸
	山本 彪雅	1	青森・三戸
☆	中村 舞桜	3	福岡

福岡工

●部員／11人　●部長／吉田小百合　●監督／中澤駿也

氏　名	学年	出身中
◎ 佐々木　廉	3	福岡
笠寺　翔太	3	福岡
髙村　澪蒔	3	金田一
田口　蓮	2	金田一
宮澤　憲正	2	浄法寺
立花　海翔	2	福岡
高田　悠利	2	福岡
鷹場　洋介	2	金田一
髙橋　雄飛	1	福岡
高森　悠吾	1	浄法寺

氏　名	学年	出身中
奥　享平	1	金田一

一戸

●部員／20人　●部長／川村洋平　●監督／椛沢正太郎

氏　名	学年	出身中
小田島　翔	3	浄法寺
照井　智朗	3	奥中山
柴田　蓮人	3	一戸
平糠　翔太	3	九戸
奥澤　一貴	3	御返地
◎ 米田　剛	3	一戸
平糠　晃太	3	九戸
泉久保由信	2	一戸
土屋　健太	2	一戸
中村　諒	2	一戸

氏　名	学年	出身中
堀内　涼斗	2	一戸
苗代幅光琉	2	一戸
鈴木　新大	2	一戸
大森　惠達	1	浄法寺
白坂　莉久	1	浄法寺
澤村　陽大	1	奥中山
山口　澪	1	浄法寺
三部　琢磨	1	浄法寺
☆ 柏葉　美咲	2	一戸
☆ 村里　和香	1	一戸

軽米

●部員／12人　●部長／菊地良弘　●監督／赤坂健太郎

氏　名	学年	出身中
◎ 小林　柊陽	3	軽米
鶴飼　和也	3	軽米
中野　寿哉	3	軽米
柳　翔磨	3	軽米
井戸渕拓巳	2	軽米
井戸渕颯真	2	軽米
皆川　椋太	2	軽米
佐々木正太	1	軽米
高橋　宥太	1	軽米
田代　晃一	1	軽米

氏　名	学年	出身中
鶴飼　将也	1	軽米
☆ 古舘美沙姫	1	軽米

種市・大野

〈連合チーム　部長／畠山拓矢　監督／及川学〉

種市　●部員／6人　●部長／野田亜悠子　●監督／及川学

	氏名	学年	出身中
◎	大久保毅康	3	三崎
	川戸道諒眞	3	三崎
	上畑　彪真	2	宿戸
	下苧坪颯汰	2	宿戸
	小子内海登	2	宿戸
	馬場　斗一	2	宿戸

大野　●部員／3人　●部長／伊藤誠章　●監督／畠山拓矢

	氏名	学年	出身中
	木村　遙斗	1	大野
◎	高際　将大	1	大野
	福島　光希	1	大野

葛巻

●部員／12人　●部長／小瀬川創　●監督／藤野康太

	氏名	学年	出身中
	大上　　捷	3	山形
◎	大道　　航	3	江刈
	伊藤　友聖	2	南城
	大川原陽斗	2	江刈
	関　　知諒	2	南城
	服部　河来	2	葛巻
	大上　北都	2	山形
	滝浪　　暁	1	高洲
	辰柳　玲斗	1	江刈
	四垂　哉汰	1	黒石野
	佐藤　遼河	1	江刈
☆	上平　奈和	2	葛巻

伊保内

●部員／18人　●部長／小田島哲男　●監督／田岡昌彦

	氏名	学年	出身中
	福田　　巧	3	九戸
	山下　真央	3	九戸
	岩崎　宏紀	3	九戸
	浅水　貫太	3	九戸
	森太　久斗	2	九戸
◎	小松　大希	3	九戸
	石川　隆人	3	九戸
	桐川　和輝	3	九戸
	山本　瑠輝	2	九戸
	日向　　碧	2	九戸
	佐々木悠琉	2	九戸
	古舘　智也	2	九戸
	田岡　武実	2	福岡
	七戸　駿輔	1	九戸
	中野　感大	1	九戸
	林　竜太郎	1	九戸
	屋形場愛司	1	九戸
	山下　俊也	1	九戸

岩手大会「名勝負」12番

数々の伝説の試合が残る甲子園。
夏の岩手大会も聖地に負けず劣らず「名勝負」がいくつも繰り広げられてきた。
好投手同士による投げ合いや大一番の劇的な展開。優勝候補を苦しめたチーム…。
貴重な写真が残る昭和50年代から昨年の大船渡ー盛岡四の激闘まで、
高校野球ファンの記憶に残る12試合を紹介する。

2019年	4回戦	大船渡 VS 盛岡四
2016年	2回戦	一関学院 VS 釜石
2015年	決勝	花巻東 VS 一関学院
2013年	準々決勝	水沢 VS 盛岡大付
2009年	決勝	盛岡一 VS 花巻東
2003年	決勝	盛岡大付 VS 福岡
1996年	決勝	花北商 VS 盛岡大付
1994年	決勝	盛岡四 VS 一関一
1992年	決勝	専大北上 VS 一関商工
1984年	準々決勝	大船渡 VS 盛岡商
1980年	3回戦	一関工 VS 福岡
1979年	準決勝	久慈 VS 盛岡工

気迫、剛腕ぐいぐい21K

大船渡

194球、毎回の21奪三振で盛岡四を振り切った大船渡のエース佐々木。8回には大谷翔平（エンゼルス）と並ぶ自己最速160キロをマークした＝2019年7月21日、県営球場

大船渡の剛腕佐々木朗希（3年）に大きな注目が集まった第101回大会。大船渡と盛岡四が対戦した4回戦は、大会一番の激闘に。佐々木は延長十二回、194球を投げ切り、毎回の21奪三振。4番打者としても決勝2ランを放ち、チームを8強に導いた。

佐々木は二回と三回、それぞれ連打を許す不安定な投球。それでも四回以降は失策と四球による走者を出しただけで、付け入るすきを与えない。味方打線は盛岡四の先発菊地芳（3年）を六回にとらえる。1死二塁から2番熊谷温人（3年）の右越え二塁打で先制。鈴木蓮（3年）の右前打で一、三塁とし、佐々木の二ゴロで1点を追加、2―0と優位に立つ。

第101回大会4回戦（2019年7月21日）

▽県営球場

大船渡	盛岡四
0	0
0	0
0	0
0	0
0	0
2	0
0	0
0	0
0	2
0	0
0	0
2	0
4	2

（延長十二回）

【大船渡】		打安点振球
②	及川　恵	64000
⑧	熊谷　温	61100
③	今　野	20000
3	鈴　木	31001
①	佐々木	61310
⑦	木　下	62010
⑥	吉　田	42002
⑨	三　上	51001
⑤	千　葉	62010
④	佐　藤	50020

犠盗失併残……
021013　4914454

【盛岡四】		打安点振球
⑤	塩　原	50021
⑦	高　見	61040
⑥	岸　田	51010
③	畠　山	41011
④	黒　渕	42021
②	横　山	51230
①	菊　地	20010
H	十良沢	10010
1	山　崎	20020
⑧	高　橋	51010
⑨	一盃森	30020
H	佐々木	10000
9	立　花	00000
H	沢　田	10010

犠盗失併残……
00119　4472213

▽本塁打　佐々木（大）
▽二塁打　熊谷温、及川恵（大）黒渕（盛）
▽審判　球審＝田口、塁審＝千葉、加倉、馬渕
▽試合時間　2時間56分

投手	回	打安振球失
佐々木	12	4772132
菊地	7	298312
山崎	5	246232

第101回大会 ベスト8

優勝：花巻東

- 決勝：花巻東 12－2 大船渡
- 準決勝：花巻東 11－5 黒沢尻工
- 準決勝：大船渡 5－0 一関工
- 準々決勝：花巻東 9－3 一関学院
- 準々決勝：一関一 6－11 黒沢尻工
- 準々決勝：大船渡 6－4 久慈
- 準々決勝：盛岡三 3－4 一関工

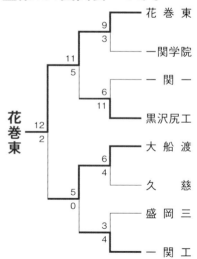

執念、剛球はじき返した

盛岡四

9回裏無死二、三塁で大船渡・佐々木の159キロを中前にはじき返す盛岡四の横山。2―2の同点とし、延長戦に持ち込んだ

八回まで毎回三振を喫していた盛岡四は、土壇場で執念を見せる。先頭の4番畠山航輔（3年）が四球で出塁すると、黒渕怜（2年）が初球をとらえて右翼線二塁打。無死二、三塁でこの日2三振の横山慶人（3年）がフルカウントからの7球目、159キロの速球を鮮やかに中前にはじき返し、試合を振り出しに戻す。

佐々木は同点を許したものの九回2死満塁のピンチをしのぐと、十回2奪三振、十一回も2奪三振と盛岡四を圧倒。そして十二回、死球の鈴木を一塁に置き、佐々木が2球目の外角高めを右翼席へ勝ち越し2ラン。佐々木はその裏を3者連続三振に打ち取り、激戦に終止符を打った。

岩手日報記者の取材録

物語を見ているようだった。7年前に同じ県営球場で表示された「160㌔」の再来、恐れず打ち返した相手打線、仲間がつないだ好機に決勝本塁打を放ったエース、そして、ほっとした涙…。小説でも描かないような出来過ぎた内容だが、見ていた者は目の前の戦いに心を奪われた。

早朝5時に球場入りしたが、既に入場待ちのファンも多かった。注目はもちろん大船渡の佐々木朗希。第2シード盛岡四相手に本気の投球を見られると開門から一気にごった返した。

印象的だったのは真剣勝負の中ではじけた笑顔。規格外の直球、変化球を見て驚くように笑いながら、それでも工夫を重ねて食らいつく盛岡四打線。冷静な佐々木も三振を奪ってほえたり、好守した野手と笑顔を交わしたり、この試合に懸ける気迫が伝わってきた。

試合を終え、健闘をたたえ合い握手する選手たち。悔しさ、喜びよりもやりきった笑顔がはじけた。本県高校野球の球史に間違いなく残る一戦だった。

（小田野純一）

TOPIC 甲子園トピック

第101回大会は、履正社（大阪）が決勝で星稜（石川）を破り、春夏通じて初優勝。専大北上に敗れた1997年の初出場以来、大阪の強豪としてセンバツで2度準優勝。夏は4度目の挑戦で栄冠をつかんだ。星稜は好投手奥川が11安打を喫して5失点。石川県勢初の日本一を逃した。

快投大竹、真骨頂の14K

一関学院

第98回大会2回戦で第1シード一関学院と、21世紀枠同士の対決ながらセンバツ1勝を挙げた釜石が対戦。大会序盤の注目カードは、左右の好投手2人による投手戦となった。

一関学院の大竹樹希哉（3年）は縦、横2種類のスライダーが武器。四回、釜石の3番大尻悠矢（2年）に左越えの先制アーチを許すが、五回以降はコーナーを突いて追加点を阻む。

釜石の岩間大（3年）はチェンジアップとスライダーでタイミングを外す投球術が持ち味。味方が先制した直後の五回、一関学院の大竹に同点ソロを喫したものの、果敢に内角を攻めて勝ち越しは許さ

釜石戦で14奪三振の好投を見せた一関学院の大竹。決勝でも盛岡大付打線を6安打に抑えるなど、5試合40回を投げ抜いた＝2016年7月11日、県営球場

第98回岩手大会2回戦（2016年7月11日）

▽県営球場

	1	2	3	4	5	6	7	8	9	10	11	12	13	計
釜石	0	0	0	1	0	0	0	0	0	0	0	0	0	1
一関学院	0	0	0	0	1	0	0	0	0	0	0	0	1	2

（延長十三回）

【一関学院】		打安点振球
⑥	小林	50021
⑧7	遠藤	41001
④	小椋	63000
⑨	深渡	50011
③	藤田	41101
①	大竹	41100
⑦	佐藤	21001
8	平岡	21000
②	斎藤	40000
⑤	千葉愛	51000

犠盗失併残……………
41019　419235

【釜石】		打安点振球
④	奥村	50021
⑧	岡道	41021
H	菊池智	10010
②	大尻	41110
⑤	菊池勇	50000
③	新沼	52020
⑨	佐々木航	41010
⑦	佐々木尚	51040
①	岩間	43000
⑥	石崎	41010

犠盗失併残……………
40227　41101142

▽本塁打　大竹（一）大尻（釜）
▽三塁打　千葉愛（一）新沼（釜）
▽二塁打　小椋（一）
▽審判　球審＝菊池　塁審＝佐々木英、杉本、佐々木健
▽試合時間　2時間48分

投手	回	打安振球失
大竹	13	4710142 1
岩間	13	509352

第98回大会 ベスト8

- 一関学院 4－0 宮古
- 千厩 2－3 一関工
- 専大北上 4－1 黒沢尻工
- 高田 0－14 盛岡大付
- 一関学院 5－2 一関工
- 専大北上 3－13 盛岡大付
- 一関学院 0－1 盛岡大付

盛岡大付

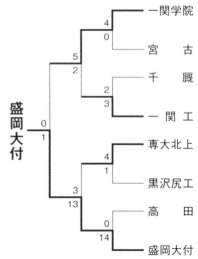

力投岩間、投球術みせた

釜石

ない。バックも2併殺でもり立て、九回は右翼手佐々木航太（2年）の好返球で本塁を死守する。

1―1で迎えた延長十三回、一関学院は1死満塁から藤田智也（3年）の中犠飛で三走小林亮介（3年）が生還。大竹は176球を投げ抜いて14三振の快投だった。釜石は九回裏、新沼康大（2年）が右中間を深々と破る三塁打。一気に本塁を突いたものの、遊撃手小林の好返球でサヨナラ勝ちを阻まれた。

岩間の153球の力投も実らず、釜石は敗退。一関学院も順当に決勝まで勝ち上がったが、盛岡大付に0―1で惜敗。6年ぶりの甲子園出場を逃した。

延長13回を投げ抜いた釜石のエース岩間。センバツ甲子園でも見せた巧みな投球術で第1シードを最後まで苦しめた

岩手日報記者の取材録

春の王者一関学院とセンバツ1勝の釜石。2016年夏の優勝旗の行方を左右する一戦だった。2回戦だが本紙は記者2人が取材に入った。

21世紀枠で春センバツに出場し、1勝を挙げた釜石は、エース岩間大がマウンドに立つと守備から攻撃まで勢いが増した。センバツで示したように岩間は大一番に強く、この試合も強打者に内角を強気に攻め、自慢のチェンジアップで打ち取った。

一関学院の左腕大竹樹希哉も負けじと、尻上がりに調子を上げる。マウンドでほえる岩間に対し、ポーカーフェースで淡々とアウトを重ねる大竹。スライダーの制球は圧巻だった。

140キロ超えの速球が主流の高校球界で、速球派ではない2人が繰り広げた投手戦。緩急と制球力の大切さ、スピードボールだけが投球ではないということを教えてくれた。

2人ともこの試合だけでなく、幾度も取材した。甲子園には届かず、悔しい思いで最後の夏を終えたが、思い出すのは悔し涙ではなく人懐っこい笑顔だ。

（斎藤孟）

TOPIC

甲子園トピック

第98回大会は作新学院（栃木）が54年ぶりに頂点に立った。今井が全5試合に先発し、最速152キロの速球と切れのある変化球で難敵を次々と退けた。創部115年の北海（南北海道）が準優勝。エース大西を軸に勝ち上がり、駒大苫小牧以来の優勝に迫った。

16安打を浴びながらも延長13回、190球を投げ抜いた花巻東の高橋樹也。16強入りした甲子園でも好投し、18歳以下W杯日本代表に選ばれた＝2015年7月24日

延長13回、耐えたエース

花巻東

第97回大会決勝は第1シード一関学院と第2シード花巻東が延長十三回、3時間36分に及ぶ大熱戦を繰り広げた。

中盤までは点の取り合い。花巻東が二回までに4―1とリードすれば、一関学院は三回1死一、二塁から4番小又怜(3年)の左越え3ランで同点。一関学院が四回、主将高橋柊也(3年)の二塁打などで3点を勝ち越すと、花巻東も小刻みに反撃、試合を振り出しに戻す。八回に花巻東が勝ち越して逃げ切りを図るが、一関学院はその裏、1年生小椋元太の左越え二塁打で再び追いつき、8―8で延長戦に突入する。

試合が動いたのは延長十三回。花巻東は先頭の佐々木勇哉(3年)が中前打で出

第97回大会決勝(2015年7月24日)

▽県営球場

	1	2	3	4	5	6	7	8	9	10	11	12	13	計
花巻東	1	3	0	0	1	2	0	1	0	0	0	0	1	9
一関学院	1	0	3	3	0	0	0	1	0	0	0	0	0	8

(延長十三回)

【花巻東】		打安点振球
⑥	田老	62211
②	福島	41003
⑦	千田	53101
④	熊谷	51211
⑧	佐々木	63210
⑤	小松	61010
5	菊地	00000
③	佐藤唯	75200
⑨	佐藤太	61011
①	高橋	61021
犠盗失併残	431215	5118978

【一関学院】		打安点振球
⑥	田村	41012
⑤	小椋	73100
②	高橋	51202
⑦	小又	53312
③13	佐竹	73100
⑧	佐藤智	50030
⑨	野々村	62011
①	佐藤拓	21000
3	佐々木	00000
H	小林	10010
3	菊池	10000
1	佐藤一	10000
④	千葉	42002
犠盗失併残	404314	4816779

▽本塁打　小又(一)
▽二塁打　佐藤太、佐々木(花)佐竹2、高橋、小椋(一)
▽暴投　佐竹(一)
▽守備妨害　千葉(一)
▽審判　球審＝千田　塁審＝高橋、里見、和田
▽試合時間　3時間36分

投手	回	打安振球失
高橋	13	6116798
佐藤拓	5⅓	298267
佐竹	4⅓	207021
佐藤一	3⅓	143501

第97回大会 ベスト8

1回戦		準決勝		決勝
一関学院 9 ― 1 一関工		一関学院 6 ― 3 盛岡北		一関学院 8 ― 9 花巻東
久慈 3 ― 6 盛岡北				
花巻東 3 ― 2 花巻農		花巻東 6 ― 1 専大北上		
専大北上 6 ― 2 盛岡大付				

優勝：花巻東

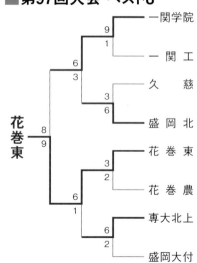

3時間36分、互角の勝負

一関学院

一関学院の4番小又怜が3回裏1死一、二塁で左越えに公式戦初本塁打。4−4の同点に追いつく

塁。犠打で1死二塁とし、主将の佐藤唯斗（3年）が中前にしぶとくはじき返し、勝ち越しに成功する。先発の高橋樹也（3年）は16安打を浴びながら190球を投げ切った。

　一関学院は十回1死二塁、十一回1死三塁のサヨナラ機で攻め切れなかった。3投手が粘り強く投げたものの、打線が九回以降、無得点に抑え込まれて涙をのんだ。

　決勝の延長戦は1974年の1県1代表制になってから3度目。92年（一関商工5—4専大北上）、2008（盛岡大付2—1盛岡中央）はいずれも十回で決着した。

岩手日報記者の取材録

　秋、春、夏とこの学年のすべての県大会決勝で戦った両校。球史に残る名勝負を繰り広げた両指揮官には深い絆があった。

　花巻東の佐々木洋監督と一関学院の沼田尚志監督は、ともに国士舘大卒。佐々木監督にとって沼田監督は、チームは違うが指導者の心得を学んだ父のような特別な存在。延長に突入し、一関学院がサヨナラ機を迎え、花巻東は敬遠策をたくみに使って踏みとどまる。佐々木監督は就任当初、一関学院に満塁策の末に敗れた試合を思い出していた。20代の駆け出し監督は試合後、沼田監督に電話し戦術などの教えを請うた。当時があったからこそ、今がある。壮絶な戦いの中、万感の思いが込み上げる。だからこそ「いいゲームをしているから満足しちゃだめだ。勝ちたいと思わないと勝てない」と自身に言い聞かせるように選手を鼓舞した。試合後、県営球場の通路で言葉を交わす2人。勝者と敗者を超えた絆があった。

　2019年夏で勇退した沼田監督のラストゲームは佐々木監督が率いる花巻東だった。野球の神様がもたらした不思議な巡り合わせを思い、胸が熱くなった。

（斎藤孟）

TOPIC

甲子園トピック

　第97回大会は仙台育英（宮城）が26年ぶりに決勝進出。エース佐藤世那が四回までに6失点したものの打線が奮起して6−6とした。しかし九回、東海大相模のエース小笠原に勝ち越しソロを浴び、この回4失点。春夏通じて11度目の挑戦でも、東北勢は大旗を手にできなかった。

気力203球、松本踏ん張る

盛岡大付

第95回大会準々決勝で、5季連続優勝を目指す盛岡大付と悲願の甲子園を期す水沢の試合は、2―2のまま譲らず延長十五回引き分け。両チームの先発投手が最後まで投げ抜き、白熱の投手戦を演じた。

水沢は二本柱の一人、遠藤祐亮(3年)が先発。3回戦では盛岡商から5者連続を含む12三振を奪い、4安打完封の快投でチームを勢いづかせた。盛岡大付は2年生ながらプロ注目の松本裕樹。140キロ台の直球と鋭い変化球を駆使、打者としても中軸を担う逸材がマウンドに立った。

水沢の遠藤は、初回こそ望月直也(3

要所を締めた投球で延長15回を2失点完投した盛岡大付の松本。203球の力投だった=2013年7月21日、県営球場

■第95回大会準々決勝(2013年7月21日)

▽県営球場

盛岡大付	水沢
2	0
0	0
0	2
0	0
0	0
0	0
0	0
0	0
0	0
0	0
0	0
0	0
0	0
0	0
2	0
0	2

(延長十五回引き分け再試合)

【水沢】		打安点振球
⑥	小野寺	51101
④	佐藤宇	61001
⑧	菊地	72010
②	後藤	73030
①	遠藤	70050
⑨	菅原	70000
⑦	千田	52011
③	大瀬	41000
⑤	佐々木	50000
犠盗失併残		
420213		53101103

【盛岡大付】		打安点振球
⑤	去石	52000
⑦	斎藤	41001
⑥	望月	62200
①	松本	50000
④	三浦	50000
③	福岡	51001
R	赤間	00000
⑨	吉田	41000
R9	友利	00001
H	谷藤	10010
⑧	菜花	60020
②	奈部川	40001
犠盗失併残		
31216		457235

▽本塁打　望月(盛)
▽二塁打　大瀬(水)去石、福岡(盛)
▽捕逸　奈部川(盛)
▽暴投　松本2(盛)
▽審判　球審=阿部　塁審=田口、高橋勝、萬
▽試合時間　3時間26分

投手	回	打安振球失
遠藤	15	537352
松本	15	60101032

■第95回大会 ベスト8

- 盛岡大付 8－3 水沢(再試合)
- 釜石商工 4－5 一関学院
- 盛岡四 6－1 福岡
- 花巻東 8－1 久慈工
- 盛岡大付 7－1 一関学院
- 盛岡四 3－4 花巻東
- 盛岡大付 1－5 花巻東

花巻東

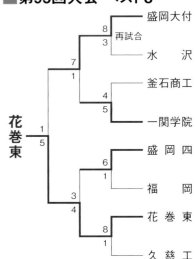

全力190球、遠藤投げ抜く

水沢

年）に左越え2点本塁打を浴びたものの、低めに球を集めて追加点を与えない。二回以降、三塁を踏ませたのはたった3度。県内公式戦29連勝中の盛岡大付を相手に一歩も引かず、１９０球で完投した。

　盛岡大付の松本は三回、犠飛と暴投で2点を失うが、逆転までは許さない。なお2死三塁の場面では、水沢の４番後藤勇希（３年）を自己最速１４７キロの速球で見逃し三振に打ち取る。計10安打を打たれながら要所を締めて15回、２０３球を投げ抜いた。

　翌日の再試合は盛岡大付が８―３で逆転勝ち。水沢は盛岡大付と同じ11安打を放ったが、主戦渡辺悠行（３年）を早めに援護できなかったのが響いた。

強力打線を相手に力投する水沢の先発遠藤。背番号「3」が5季連続優勝を狙う第1シードを2点に抑え込み、再試合に持ち込んだ

岩手日報記者の取材録

「水沢が第1シードを撃破」の記事を準備しながら戦況を見つめていた。息詰まる投手戦だったが、県王者盛岡大付を何度も攻め立てていたからだ。

水沢の遠藤祐亮（3年）と盛岡大付の松本裕樹（2年）がともに延長15回を投げ抜いた。毎試合5点以上は稼ぐ両校の強力打線が四回以降はゼロ行進。両指揮官は交代による流れの変化を恐れ、右腕に委ねるしかなかった。

夏を迎えると「胆江地区初の甲子園出場」が住民の応援メッセージとなる。渡辺悠行、遠藤の投手2本柱に主砲後藤勇希、俊足巧打の小野寺旭、闘将菅原理彦主将と、2013年の水沢はまさに黄金世代。期待の大きさが球場のスタンドを埋める観衆の数にも表れていた。

私学との勝負は少なからず選手に気負いを生む。千葉勝英監督は秋からほとんどスクイズのサインを出さず、勝負強さと強い精神力を求め、激戦への準備を進めてきた。

全ては出し切れなかったかもしれない。だが、勝利に懸ける思いは誰もが感じ取った3時間26分だった。

（小田野純一）

TOPIC

甲子園トピック

前橋育英（群馬）が1991年の大阪桐蔭以来の初出場優勝を果たした。1、2回戦で連続完封した2年生エース高橋光成が、決勝でも延岡学園（宮崎）相手に3失点完投した。花巻東と日大山形が4強入り。東北勢が躍進した大会だった。

雄星本領、逆転呼ぶ13K

花巻東

盛岡一打線を相手に力投する花巻東の菊池雄星。夏の甲子園は負傷がたたり、悲願の日本一に届かなかった＝2009年7月24日、県営球場

センバツ甲子園で全国屈指の左腕・菊池雄星(3年)を擁する花巻東が準優勝。大きな注目が岩手大会に集まる中、31年ぶりの甲子園へ快進撃を続ける古豪盛岡一と花巻東が決勝で激突した。

序盤から盛岡一が食らいつく。初回に先頭の千葉隆彦主将が中前打。二回も須川雄介(3年)が右翼線安打を放つ。そして四回、敵失と菊池達朗(3年)の右前打で1死一、二塁の好機を迎えると、この大会無安打の中村友隆(3年)が真ん中高めのスライダーをとらえて中前打。2走山崎将人(3年)が生還し、最速150キロ左腕から1点を奪う。

盛岡一の先発菊池は制球力抜群。盛岡

■第91回大会決勝 (2009年7月24日)

▽県営球場

	1	2	3	4	5	6	7	8	9	計
盛岡一	0	0	0	1	0	0	0	0	0	1
花巻東	0	0	0	0	0	0	2	0	×	2

【盛岡一】	打安点振球
⑥ 千葉 隆	4 1 0 0 0
⑤ 高橋 洵	3 0 0 2 0
⑧ 山 崎	4 0 0 3 0
④ 赤 沢	4 0 0 1 0
① 菊 池	3 1 0 0 0
⑦ 中村 友	3 1 1 2 0
③ 須 川	3 1 0 0 0
② 中村 圭	3 0 0 2 0
⑨ 大 友	3 0 0 3 0
9 北 田	0 0 0 0 0
犠盗失併残……	
1 0 2 1 3	30 4 1 13 0

【花巻東】	打安点振球
④ 柏 葉	3 2 1 0 1
⑧ 佐藤 涼	4 0 0 0 0
⑥ 川 村	4 0 0 1 0
⑤ 猿 川	4 0 0 2 0
③ 横 倉	3 0 0 1 0
② 千 葉	3 2 0 0 0
⑦ 佐々木大	2 1 0 1 1
R9佐藤 隆	0 0 0 0 0
① 菊池 雄	2 0 1 1 0
⑨7山 田	3 1 0 1 0
犠盗失併残……	
1 3 1 1 5	28 6 2 7 2

▽二塁打 千葉(花)
▽審判 球審＝高橋 塁審＝飛沢、大川原、佐藤
▽試合時間 1時間54分

投手	回	打安振球失
菊 池	8	31 6 7 2 2
菊池雄	9	31 4 13 0 1

■第91回大会 ベスト8

- 花巻東 5－3 高田
- 福岡 3－5 盛岡中央
- 盛岡大付 7－0 不来方
- 一関一 1－4 盛岡一
- 花巻東 14－3 盛岡中央
- 盛岡大付 0－1 盛岡一
- 花巻東 2－1 盛岡一

優勝 花巻東

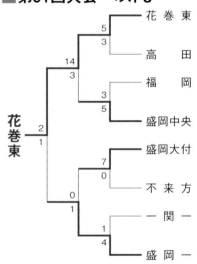

古豪健在、鮮やかに先制

盛岡一

決勝で花巻東を苦しめた盛岡一の主戦菊池達朗。センバツ準Vの勝負強い打線を7回まで無得点に抑えた

大付との投手戦を制した準決勝に続き、決勝も低めにコントロールされた直球と変化球、頭脳的な配球で花巻東打線に本塁を踏ませない。

それでも花巻東が徐々に地力を見せ始める。菊池雄星が五回以降、一人の走者も許さない力投で流れを引き寄せると、七回に反撃。千葉祐輔（3年）の左翼線二塁打を足掛かりに無死二、三塁と攻め、菊池雄星のスクイズで同点。さらに柏葉康貴（3年）の中前打で逆転に成功する。

堅守を誇った盛岡一だったが、七回に中継ミスや失策が重なり、久しぶりの大舞台を惜しくも逃した。

岩手日報記者の取材録

懐かしい好投手「キクチ」対決。名勝負の立役者は盛岡一の菊池達朗だ。大会前に「決め球パームは伏せてほしい」と頼んできた小柄な右腕が快投。チームが四回に先制すると、球場全体がどよめいた。多くのファンがセンバツ準優勝校の「夢の続き」を期待しつつ、古豪盛岡一のひたむきな戦いにしびれた。

0−1の重苦しい展開に花巻東のエース菊池雄星は「無失点じゃ駄目だ。奪三振で勢いを付けるしかない」とギアチェンジ。「本気の本気の本気モード」でほえまくった。

「1点取られて挑戦者になれたのが勝因」と佐々木洋監督。試合前から「5点追う展開を想定しろ」と指示。雄星は「（自分が）5点も取られるんですか」とむくれたが、試合終盤に「心の采配」が生きた。「運がいい。まだ1点差じゃないか」。選手たちは重圧をはね返し、執念の逆転勝ちで春夏甲子園出場を決めた。

取材ノートに「試合後の盛岡一スタンドから声援。（甲子園で）絶対優勝、頼んだぞ花巻東」の走り書きが残る。岩手が誇る「黄金世代」の決勝にふさわしい、さわやかな夏の午後だった。

（村上弘明）

TOPIC
甲子園トピック

中京大中京（愛知）が43年ぶりの日本一に輝いた第91回大会。決勝で敗れた日本文理（新潟）の猛反撃に甲子園が沸いた。6点差を追う九回2死走者なしから、3四死球に4長短打を集めて一気に5点。9−10と1点差に迫ったが、最後は痛烈な三塁ライナーで試合終了となった。

第85回大会（2003年）決勝 盛岡大付 VS 福岡

強打貫いて「春夏連続」

盛岡大付

第85回大会決勝は、18年ぶり11度目の甲子園をめざす福岡と第2シード盛岡大付が対戦。ゼロ行進が続く熱戦の末、盛岡大付が大船渡以来19年ぶりとなる春夏連続の甲子園出場を決めた。

盛岡大付はセンバツ甲子園で強豪横浜から9奪三振の力投を見せた山下徹（3年）が先発。福岡は背番号1の福田伸一（3年）がマウンドに立った。山下がスライダーを決め球に凡打の山を築けば、福田も果敢に内角を突いて決定打を許さない。

前半は福岡が押し気味に進めた。初回は2番戸来敬太（3年）が左前打、三回は9番平野弘幸（3年）が左翼線安打で出塁。4番五日市陽介（3年）も四回と七回

両校無得点で迎えた8回裏、盛岡大付の1番吉原が1死三塁から中犠飛を放ち、決勝点を挙げる＝2003年7月25日、県営球場

第85回大会決勝（2003年7月25日）

▽県営球場

	福岡	盛岡大付
1	0	0
2	0	0
3	0	0
4	0	0
5	0	0
6	0	0
7	0	0
8	0	1
9	0	0
計	0	1

【盛岡大付】		打安点振球
⑧	吉原	31100
⑦	阿部	40020
⑥	佐藤栄	40000
⑤	西田	41000
③	三浦	40000
⑨	小山田	21001
④	藤村	20001
②	小林	21000
①	山下	20000
犠盗失併残	30014	274122

【福岡】		打安点振球
④	太田	40000
⑥	戸来敬	41000
③	佐賀皇	40000
⑧	五日市	32001
②	沢田	20010
H	外田	10010
①	福田	30020
1	野崎	00000
⑤	古舘	20010
H	漆田	10000
5	堀内	00000
⑦	勘田	30010
⑨	平野	21001
犠盗失併残	10225	294062

▽二塁打　西田、小林（盛）
▽審判　球審＝馬渕　塁審＝飛沢、森橋、菊池
▽試合時間　1時間45分

投手	回	打安振球失
山下	9	324620
福田	8	294221
野崎	1	30000

第85回大会 ベスト8

優勝：盛岡大付

準々決勝		準決勝		決勝
福岡 2－1 金ケ崎	盛岡四 1－4 花巻東	福岡 3－2 花巻東		福岡 0－1 盛岡大付
盛岡大付 10－0 大船渡	盛岡中央 7－0 専大北上	盛岡大付 2－1 盛岡中央		

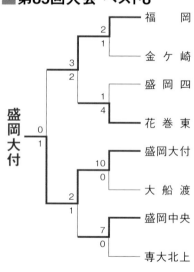

伝統校復活へ投打一丸

福岡

に中前打で出塁するなど、盛岡大付・山下に食らいつく。守りでも初回1死一塁、七回1死満塁を併殺で切り抜け、力投する福田をもり立てた。

盛岡大付は八回、先頭の8番小林雄輝(2年)が左越え二塁打で出塁。山下の犠打で1死三塁とし、吉原龍也(3年)が外角低めの変化球を中堅に運んだ。この犠飛で小林が生還。山下は結局、福岡打線に三塁を踏ませなかった。

福岡は4回戦で連覇を狙う一関学院、準決勝では花巻東をそれぞれ1点差で破るなど、ノーシードながら伝統校らしい粘りで甲子園にあと一歩まで迫った。

盛岡大付打線を4安打に抑えた主戦福田。福岡は健闘及ばず、18年ぶり11度目の甲子園はならなかった

岩手日報記者の取材録

夏の高校野球は大学野球部のマネジャーらが岩手日報の記録係として手伝ってくれる。古豪福岡の主砲五日市陽介(3年)の姉は県営球場の担当。蒸し暑い記者室の中、正確で見やすいスコアブックをつけてくれる優秀な「スコアラー」だった。

粘りの野球でノーシードから這い上がった福岡は落ち着いた試合運びを見せ、0—0で終盤に持ち込んだ。行き詰まる投手戦。五日市は盛岡大付の主戦山下徹(3年)から2安打を放ち、4番打者として気を吐いた。スコアブックの安打は赤い線で記入する。ボールペンの色を切り替える「かちっ」という音が、隣から力強く響いた。

福岡が絶体絶命の七回表1死満塁。芯を捉えた鋭い打球は主戦福岡伸一(3年)がとっさに出したグラブに収まり、投ゴロ併殺で古豪が流れをつかんだかに見えた。しかし八回表1死三塁、盛岡大付の中飛を捕った五日市の懸命のバックホームはわずかに左にそれた。

犠飛を示す「◇」を記したスコアブックに姉の涙が落ちた。「まだ勝てます。最後まで付けます」。気丈にグラウンドを見詰める瞳に、弟の血のにじむ努力が刻まれている気がした。

(太田代剛)

TOPIC

甲子園トピック

プロ注目のダルビッシュを擁する東北(宮城)が決勝に進出。2年生エースは体中の痛みをおして124球を投げきったが、2—4で敗れ東北勢の悲願はならなかった。優勝した常総学院の木内監督は1984年の取手二以来となる夏制覇。72歳での勇退を飾った。

美技、甲子園の夢つかむ

盛岡四

第76回大会は公立2校が決勝で激突、緊迫の投手戦を展開した。48年ぶり甲子園の期待を背負い、第1シードとして順当に勝ち上がった一関一。対する盛岡四は学校創立30周年。難敵を次々に破り大一番に駒を進めた。

両チームともエースが持ち味を発揮した。盛岡四は佐藤光徳(3年)が切れのあるスライダーを決め球に、抜群の制球力で連打を許さない。一関一の佐藤敦(3年)もサイドスローから緩急をつけた投球で圧倒し、五回まで無安打に抑え込む。

0―0のまま迎えた八回1死二塁、勝敗を左右する「美技」が盛岡四に飛び出す。代わったばかりの左翼手・小笠原竜太(2年)が、一関一の1番菅原康裕(3

9回表に1点を先制した盛岡四は、なお2死一、三塁で3番村上が中前適時打。2―0とリードを広げる。投手佐藤敦、捕手菅原純=1994年7月25日、県営球場

■第76回大会決勝 (1994年7月25日)

▽県営球場

	1	2	3	4	5	6	7	8	9	計
盛岡四	0	0	0	0	0	0	0	0	2	2
一関一	0	0	0	0	0	0	0	0	0	0

【盛岡四】	打安点振球
⑦9胡桃沢	51120
⑧清川	10004
②村上	41130
③駒木	31002
⑨沼宮内	20011
7小笠原	00000
④中村賀	30010
⑤吉田利	31011
⑥中村健	20010
①佐藤	40020
犠盗失併残 520211	2742118

【一関一】	打安点振球
⑨菅原康	41000
⑧阿部亨	42000
④金野	41000
②菅原純	20002
⑦三浦	31010
③斉藤	40000
①佐藤敦	30010
⑤浜井	10002
⑥飯塚	20000
犠盗失併残 20216	275024

▽審判　球審=船場、塁審=名久井、田中、杉山
▽試合時間　2時間21分

投手	回	打安振球失
佐藤	9	335240
佐藤敦	9	4041182

■第76回大会 ベスト8

- 一関一 6―5 不来方
- 盛岡一 4―14 高田
- 盛岡市立 4―8 大船渡
- 盛岡四 4―3 専大北上
- 準決勝:一関一 13―1 高田
- 準決勝:大船渡 3―4 盛岡四
- 決勝:盛岡四 2―0 一関一

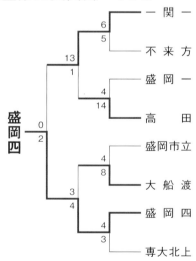

年）のヒット性の打球を好捕。続く阿部亨久（3年）の痛烈な当たりもマウンドの佐藤のグラブに吸い込まれ、一関一は無得点に終わる。

直後の九回、盛岡四は先頭の吉田利春（3年）が死球で出塁。2死二塁となったが、1番胡桃沢修司（3年）の中前打で先制する。返球の間に二進した胡桃沢がさらに三盗で揺さぶると、清川智紀（3年）も死球。2死一、三塁と攻め立てて3番村上健（3年）が中前打、2―0として勝利を決定づける。一関一の佐藤敦は11三振を奪う力投を見せたが、九回は相手の流れを止めることができなかった。

この大会以後、公立校同士の決勝は実現していない。

快音、それでも本塁遠く

一関一

8回裏一関一2死二塁。2番阿部亨の痛烈な当たりは投手佐藤が好捕。左翼手の美技に阻まれた菅原康に続き、絶好の先制機を逃す

岩手日報記者の取材録

学校創立30周年の節目で甲子園出場をつかんだ盛岡四。一関一との決勝の流れを引き寄せたのは左翼手小笠原竜太のスーパーキャッチだった。

八回から守備についたばかりで、代わりばなの打球処理は緊張が伴う。ましてや0―0で迎えた終盤の攻防。走者を二塁に置き、抜ければ試合をほぼ決める1点が相手に入る場面だ。そのプレッシャーを越えて一か八かのダイビングキャッチを決めた。県営球場全体が騒然となり、思わず記者席から身を乗り出したのを鮮明に覚えている。試合後、勝利の立役者は「自分でも抜けたと思った。捕れなかったら負けると思って夢中で飛びついた」とのコメントを残している。選手のこうした思い切りの良さが、その後の甲子園初戦突破につながったのだろう。

公立勢が夏の甲子園の土を踏めないまま四半世紀が過ぎた。球運をつかんだ盛岡四。球運に泣いた一関一。数々の奇跡のプレーを生み出した甲子園の熱戦に勝るとも劣らない一戦だった。

（高橋直人）

TOPIC

甲子園トピック

記録的な猛暑の下、決勝は九州勢同士の顔合わせ。九回に劇的な満塁弾を放った佐賀商が8―4で樟南（鹿児島）を破り、春夏通じて佐賀県勢初の日本一を成し遂げた。2年生エース峰は6試合連続完投。6試合を投げ抜いて優勝投手になったのは、第63回大会の報徳学園（兵庫）の金村以来。

土壇場で不屈の同点劇

一関商工

延長10回、菅原の中前打で夷塚（中央）がサヨナラのホームイン。チームメートが歓喜の表情で駆け寄る＝1992年7月27日、県営球場

2年連続同じ顔合わせとなった第74回大会決勝は、球史に残る激戦の末、一関商工が5年ぶり4度目の甲子園切符をつかんだ。

試合を優位に進めたのは専大北上。初回、4番井上浩司（3年）の中前打と5番加藤篤（3年）の右翼線三塁打で2点を先制すると、五回には井上の右犠飛で1点追加。1点を返された直後の七回には、3番小田島航（2年）が右越えソロ本塁打を放ち、4―1と再び3点差とした。

一関商工は九回に驚異的な粘りを見せた。先頭の4番鈴木芳信（3年）が中前打で出塁するも痛恨のけん制死。しかし5番菅原敬之（3年）が右前打で出塁する

第74回大会決勝（1992年7月27日）

▽県営球場

回	専大北上	一関商工
1	2	0
2	0	0
3	0	0
4	0	0
5	1	0
6	0	1
7	1	0
8	0	0
9	0	3
10	0	1×
計	4	5

（延長十回）

【専大北上】	打安点振球
⑥ 小　島	51010
④ 片　山	31002
⑨ 小田島	42100
⑤ 井　上	42210
①71加藤篤	51120
③ 埜　瀬	50010
⑦ 高　橋	40020
1 加藤隆	00000
7 佐々木智	00000
② 阿　部	42000
⑧ 菅　原	20001
犠盗失併残	
31118	369473

【一関商工】	打安点振球
⑨ 安　東	50000
④ 戸　羽	40001
⑥ 夷　塚	52000
② 鈴　木	52100
⑤ 菅　原	42101
① 山　井	41100
③ 永　井	30001
⑧ 本　城	42110
⑦ 小　原	10111
犠盗失併残	
22007	359524

▽本塁打　小田島（専）
▽三塁打　加藤篤（専）夷塚（一）
▽二塁打　井上（専）山井（一）
▽審判　球審＝杉山　塁審＝名久井、米沢、山下
▽試合時間　2時間50分

投手	回	打安振球失
加藤篤	8⅓	337233
加藤隆	⅔	41011
加藤篤	⅔	41001
山井	10	429734

第74回大会 ベスト8

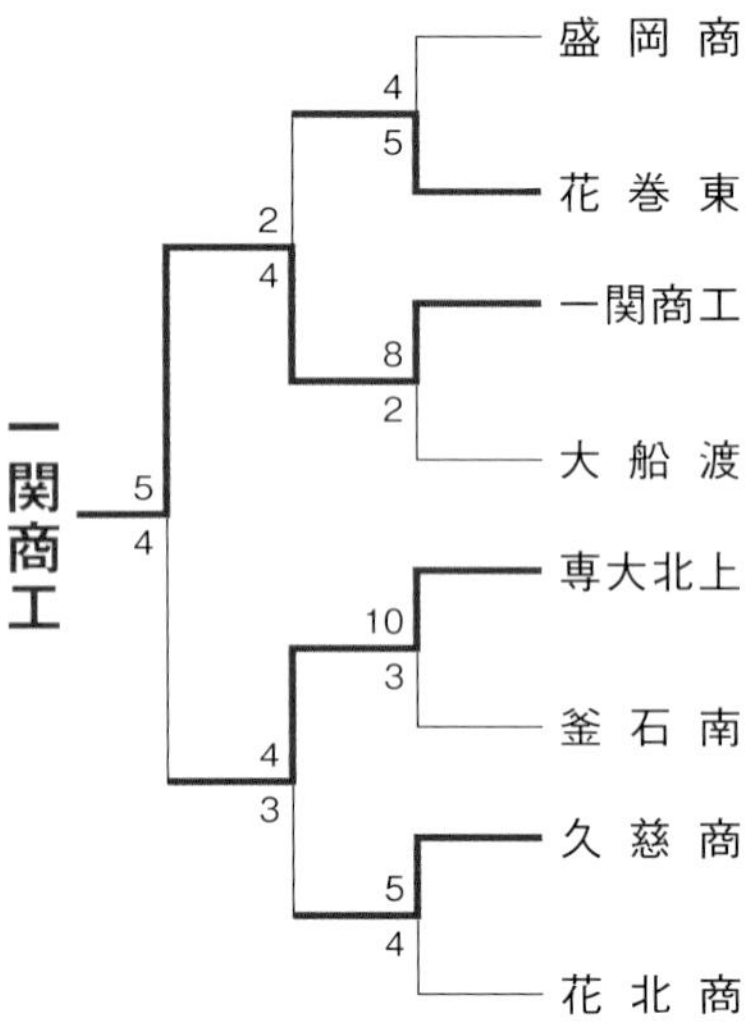

「あと2人」守り切れず

専大北上

岩手日報記者の取材録

第74回大会決勝は球史に残る名勝負だった。当時入社2年目、高校野球担当記者として駆け出しだった自分にとって、忘れることのできない「原点」のような試合だ。

一関商工のハードな練習は有名だった。選手たちは授業前、夜明けとともに練習を開始、日暮れ後も室内練習場で汗を流していた。「自分たちが県内で一番練習している」。ナインはそう口にした。

日々の地道な積み重ねが揺るぎない自信となり、決勝の大事な場面でも生かされた。九回裏、1点差に迫り、なお一打逆転を狙える1死二、三塁の場面。沼田尚志監督は迷わずスクイズのサインを出し、1年生打者がきっちり決めた。延長十回、サヨナラの本塁を踏んだのは、大会を通じて攻守に活躍した主将の夷塚誠。守り勝つ野球を追求した沼田監督の教えを体現する中心選手だった。

沼田野球は甲子園でも存在感を示した。この年は初戦で山口鴻城（山口）に快勝。2002年夏は優勝候補の一角、樟南（鹿児島）を単打2本とスクイズで破る番狂わせを演じた。沼田監督の真骨頂ともいえるベストゲームだった。

（八重樫卓也）

5回表専大北上1死満塁、井上の右犠飛で小島が生還、3−0とリードを広げる。捕手鈴木

と、続く山井耕二（3年）の右中間二塁打で2点差。投手交代後、永井禎顕（3年）の四球、8番本城和茂（3年）の中前打で1点差に詰め寄る。なおも1死二、三塁、9番小原秀之（1年）がスクイズを決めて試合を振り出しに戻した。

勢いに乗った一関商工は十回、敵失で出塁した主将の夷塚誠（3年）が2死から果敢に2盗を決める。投手はこの回から再びマウンドに立った専大北上のエース加藤篤。盗塁直後の4球目、菅原が高めの直球を中前にはじき返すと、夷塚は俊足を飛ばして一気にホームイン。連覇をほぼ手中にしていた専大北上にとっては、悪夢のような幕切れだった。

TOPIC

甲子園トピック

春夏連覇を狙う帝京が初戦敗退するなど、波乱続きの大会を制したのは西日本短大付（福岡）。しかし、この大会最大の出来事は星稜（石川）の強打者・松井秀喜に対する5連続敬遠。試合後の甲子園は騒然とし、勝利至上主義に対する賛否が世論を二分した。

エース金野自ら同点打

大船渡

第56回選抜大会でベスト4入りし、圧倒的な強さで県勢初の春夏連続甲子園を成し遂げた大船渡。唯一苦しんだ試合が、盛岡商との準々決勝だった。

大会屈指の左腕・金野正志(3年)はセンバツ後、ひじ痛を抱えた状態に。それでも4番鈴木嘉正(3年)を中心とした強力打線は健在。大船渡は危なげなく準々決勝に駒を進める。

盛岡商は、いずれもプロ入りする182センチの本格派右腕の山蔭徳法(3年)と猪久保吾一(2年)がバッテリーを組み、大船渡と互角の試合を演じた。

先制したのは盛岡商。三回、四球と渡辺輝彦(3年)の安打で無死一、二塁とし、手堅く送りバント。これが大船渡の連続

第66回大会準々決勝(1984年7月26日)

▽県営球場

	1	2	3	4	5	6	7	8	9	計
大船渡	0	0	0	0	0	3	1	0	0	4
盛岡商	0	0	2	0	0	0	1	0	0	3

【大船渡】		打安点振球
⑤	木下	40000
⑧	新沼	42100
⑨	今野一	41000
⑥	鈴木	30001
③	清水	42000
①	金野	31100
⑦	平山	42100
②	吉田	41000
④	菅野	21001
犠盗失併残	41317	3210302

【盛岡商】		打安点振球
⑥	渡辺	42110
④	中野	31010
①	山蔭	41020
②	猪久保	41020
③	鈴木	40020
⑧	藤原	30011
⑦	古舘	20010
H	吉田仁	10010
⑤	小笠原忍	40010
⑨	吉田建	21002
犠盗失併残	20226	3161123

▽三塁打　今野一、金野(大)
▽二塁打　渡辺、山蔭(盛)
▽審判　球審=船場　塁審=山口、森、平原
▽試合時間　2時間22分

投手	回	打安振球失
金野	9	3661233
山蔭	9	3810024

第66回大会 ベスト8

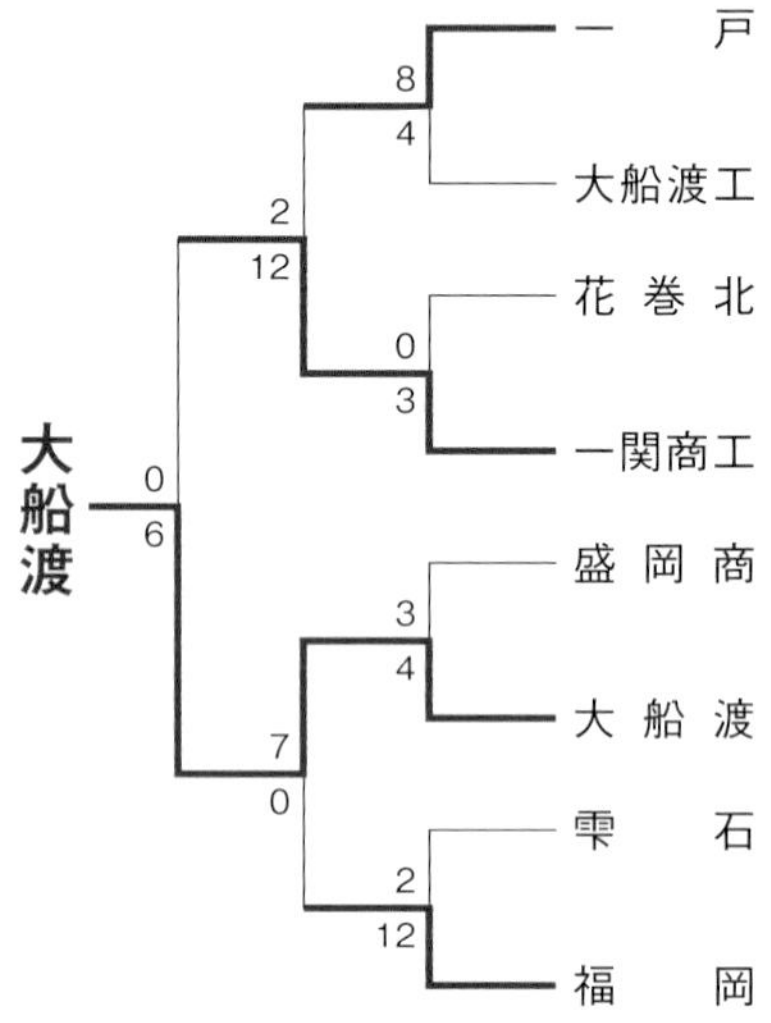

センバツ4強苦しめた

盛岡商

悪送球を誘い一気に2人が生還した。盛岡商バッテリーも強打の大船渡をよく抑え込んだ。四回1死二、三塁では冷静にスクイズを外して走者2人を一気に仕留め、流れを渡さない。

それでも地力に勝る大船渡は六回、今野一夫（3年）の三塁打を足がかりに敵失でまず1点。金野の三塁打、平山瑞央（2年）の中前打で鮮やかに試合をひっくり返した。盛岡商は2—4の七回、金野から2安打を放って1点を返し、最後まで食らいついた。

金野はこの試合で12奪三振と完全復活。準決勝は被安打3、決勝も被安打2と好投し、いずれも三塁さえ踏ませなかった。

6回表大船渡2死二塁、6番金野が右中間を破る三塁打を放ち、2—2の同点に追いつく。投手山蔭、捕手猪久保、球審船場＝1984年7月26日、盛岡市・県営球場

岩手日報記者の取材録

翌日の岩手日報朝刊は「大善戦盛岡商、死力尽くす」の見出しで詳報。「2時間22分の間、観衆に暑さを忘れさせるほどの力のこもった好勝負だった」。担当記者は運動部の小田島康隆さん（2018年死去、64歳）。のちにプロ入りするバッテリーを軸にした盛岡商の奮闘ぶりをたたえている。

大船渡のスクイズを外した四回表の1死二、三塁の場面だけで30行。センバツで2試合連続本塁打を放った大船渡の主砲鈴木嘉正と対決した六回表の攻防にも20行余りを費やし、手に汗握る攻防を描写した。

「山蔭は慎重だった。何度も猪久保の出すサインをのぞき込みセットポジションに入った」。この日の盛岡は最高気温31・3度。冷房などない球場の記者室で、第4試合の激闘に熱い視線を注ぐ記者の姿が目に浮かぶ。

山蔭徳法投手はこの年のドラフト会議で日本ハムから4位指名を受けてプロ入り。猪久保吾一捕手は4年後、ロッテ練習生からドラフト外で入団した。

TOPIC

甲子園トピック

決勝は夏2連覇を狙うPL学園（大阪）と、木内監督率いる取手二（茨城）が激突。延長十回に3ランを放った取手二が8—4で制し、茨城県勢初優勝を遂げた。金足農（秋田）がエース水沢を軸にベスト4入り。準決勝ではPL・桑田に逆転2ランを喫して2—3で惜敗した。

欠端2失点、チーム発奮

福岡

準決勝の一関商工戦で力投する欠端。決勝後「最も苦しかったのは一関工戦。あの試合に勝って一つ吹っきれた」と振り返った

秋と春の県王者で第1シードの福岡が19年ぶりの甲子園出場を決めた第62回大会。2―1で水沢に競り勝った決勝は、欠端光則（3年）と水沢の左腕大槻雅則（3年）の投手戦としてファンの記憶に刻まれている。その福岡を3回戦敗退の瀬戸際に追い込んだのは一関工だった。

最大の立役者はエース茂庭勝彦（3年）。179センチ、86キロ。威力十分の直球に切れのあるシュートを織り交ぜ、四球を出すものの決定打は許さない。五回の一死満塁をしのぐと、福岡打線を八回まで無得点に抑える。この好投に味方が応えたのは八回表。好リードで茂庭をもり立てた捕手佐々木直実（3年）が適時二塁

■第62回大会3回戦（1980年7月22日）

▽県営球場

	1	2	3	4	5	6	7	8	9	計
一関工	0	0	0	0	0	0	0	2	0	2
福岡	0	0	0	0	0	0	0	0	3×	3

【一関工】		打安点振球
⑥	柴田	41010
②	佐々木	42200
③	遠藤	30010
①	茂庭	40000
⑤	阿部洋	42000
⑦	阿部豊	40010
④	小野寺隆	22000
⑧	佐藤	20000
⑨	千葉	20010
犠盗失併残		
41014		297240

【福岡】		打安点振球
⑧	真下	41001
⑨	田岡	31011
H	神	00101
④	館	52100
①	欠端	41010
③	久慈	30000
②	平野	41010
⑥	平泉	31001
⑤	大村	30010
H	下村	00001
R	高山	00000
⑦	蒲田	31101
犠盗失併残		
120010		328346

▽二塁打　佐々木（一）、平泉（福）
▽審判　球審＝月館　塁審＝後藤、佐藤拓、上山
▽試合時間　2時間20分

投手	回	打安振球失
茂庭	8⅔	398463
欠端	9	337402

■第62回大会 ベスト8

- 福岡 4―0 広田水産
- 山田 0―1 一関商工
- 宮古 0―2 水沢
- 盛岡市立 2―1 大船渡工
- 福岡 9―0 一関商工
- 水沢 1―0 盛岡市立
- 福岡 2―1 水沢

優勝：福岡

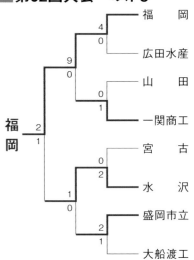

勝利目前、茂庭力尽きる

一関工

優勝候補の福岡打線を最後まで苦しめた茂庭。試合後は「勝利は意識しませんでしたが、福岡の粘り強い打線にやられました」と淡々と振り返った

打。一気に福岡を追い詰める。

甲子園8度出場の古豪が底力を発揮したのは、土壇場の九回。1死から連打と四球で満塁とし、9番蒲田一法(3年)の適時打でまず1点。主将の真下徹(3年)が打ち取られたものの、代打の神孝雄(3年)が極どく押し出し四球を選んで同点。さらに3番館浩孝(3年)が茂庭の166球目を中前にはじき返し、劇的な勝利を収めた。

欠端は7安打こそ許したものの、無四死球の安定感はさすが。のちにプロ野球で活躍する逸材と投げ合い、最後に力尽きた茂庭は「悔いはありません」とグラウンドを後にした。

岩手日報記者の取材録

「まさに九死に一生を得た」。白熱の投手戦から一転、終盤の逆転劇は当時の福岡監督、斎藤諒さんの著書「甲子園執念の代表」に詳しい。

前年秋の県大会決勝でも顔を合わせ、福岡がワンチャンスを生かして茂庭を攻略、4―2で優勝した。再戦となった夏は茂庭の切れの良いシュートに詰まらされゼロ行進。そして八回表、欠端が完全に詰まらせた打球は一塁後方にフラフラっと落ち、2点を先制される。ツキに見放されたと思っても無理はない。

しかし、野球の神様は福岡にも同等の球運を授けようとしたのかもしれない。九回裏、1点を返して2死満塁。斎藤監督は2回戦で当たっていた神を代打に送る。欠端と福岡中(二戸)時代からバッテリーを組む捕手だ。フルカウントからの7球目、外角真っすぐ。主審の手が上がりかかったが判定は「ボール」。斎藤監督がベンチから「打て」と叫ぶくらい際どい「運命の一球」は押し出し四球となり、2―2の同点に。選球眼の成せる業か、それとも手が出なかったのか。もちろん、ストライクなら試合は終わっていた。

3度岩手大会決勝で敗れた斎藤監督にとっても「4度目の正直」でつかんだ甲子園切符だった。

(千葉恵)

TOPIC 甲子園トピック

早実(東東京)の1年生エース荒木大輔が準決勝までの5試合、44イニング無失点の快投を演じ、「大ちゃんフィーバー」に揺れた甲子園。決勝は屈指の左腕愛甲を擁する横浜が、序盤で荒木を攻略。6―4で初優勝を飾った。

北田、絶妙スローボール

久慈

1979年の第61回大会準決勝は、誰もが驚く超スローボールを駆使した久慈の北田俊郎（2年）が、ドラフト2位で西武入りする盛岡工の本格派左腕・田鎖博美（3年）に投げ勝ち、岩手の高校野球史に鮮烈な1ページを刻んだ。

北田は、けがの3年生エースの「代役」として背番号1をつけ、サイドスローに転向。準決勝を前に右脇腹を痛めた北田は、速球を放れないことを逆手に取り、徹底的にスローボールで勝負した。ゆっくりしたモーションから球速100キロにも届かないカーブでじらし、ときには沈むシュートで内角を突く。打ち気をそらす見事な投球で、春の王者に本塁を踏ませない。

一方、最速140キロ超を誇る田鎖も、

超スローボールで盛岡工打線を7安打零封した久慈の北田。決勝もスローボールで福岡を1点に抑え、久慈を初優勝に導いた＝1979年7月26日、県営球場

■第61回大会準決勝（1979年7月26日）

▽県営球場

	1	2	3	4	5	6	7	8	9	計
盛岡工	0	0	0	0	0	0	0	0	0	0
久慈	0	0	0	0	0	0	2	0	0	2

【久　慈】

		打安点振球
⑨	戸賀沢	20021
④	新里	40020
⑥	小向	20012
②	下館	30011
⑧	晴山	41020
③	外館	20001
⑤	打座	30001
①	北田	20100
⑦	門ノ沢	21111

犠盗失併残……………………
30015　242297

【盛岡工】

		打安点振球
⑥	北田	41010
③	藤沢	42000
②	猪狩	40000
①	田鎖	43000
⑧	本田	30001
⑨	長谷川浩	40000
⑤	吉田	30000
⑦	桜場	31000
④	長谷川伸	20000
H4	菊池	10000

犠盗失併残……………………
00016　327011

▽二塁打　田鎖、桜場（盛）
▽暴投　田鎖（盛）
▽審判　球審＝石川　塁審＝平原、中村肥、渡辺
▽試合時間　2時間25分

投手	回	打安振球失
北田	9	337110
田鎖	9	342972

■第61回大会 ベスト8

- 盛岡工 6－3 盛岡四
- 平舘 3－6 久慈
- 水沢 6－4 盛岡商
- 花北商 2－7 福岡
- 盛岡工 0－2 久慈
- 水沢 0－10 福岡
- 久慈 3－1 福岡
- 優勝：久慈

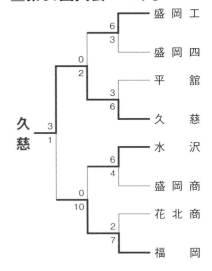

剛腕田鎖、2安打に泣く

盛岡工

182センチから投げ下ろす速球で久慈打線に付け入るすきを与えない。立ち上がりこそ制球に苦しんだが、六回まで8奪三振、1安打も許さなかった。

試合が動いたのは七回。久慈の先頭晴山茂幸(3年)がチーム初安打で出塁すると、犠打と田鎖の暴投、四球で1死一、三塁の好機。ここで8番北田がスリーバントスクイズを決めて先制、さらに門ノ沢俊治(2年)の三遊間を破る安打で2点目を挙げた。久慈打線が豪腕から放った安打はこの回の2本だけだった。

北田は決勝でも福岡・欠端光則(2年)との投げ合いを制し、久慈に初優勝をもたらした。県大会5試合で与えた四死球はわずか2個。抜群の制球力が生みだしたスローボールだった。

久慈から9三振を奪った盛岡工の左腕田鎖。7回に喫した2安打で甲子園の夢を断たれた（岩手県高野連30周年記念誌「熱球」より）

岩手日報記者の取材録

「投げたくて投げたんじゃない。それしか投げられなかった」。2年前、北田俊郎さん本人から、スローボールの誕生秘話を聞いた。

大会直前の6月、エースで4番の大上忠美（3年）が左腕を骨折。小倉建一監督は北田に背番号1を託すとともに連戦を乗り切るため、上手投げから横手投げへフォームも変えさせた。しかしその影響で右脇腹を痛め、岩手大会に入ってからは激痛との闘い。ついに限界に達し、超スローボールを投げ始めたのが盛岡工戦だという。

相手打者が「捕手の返球の方が速い」と感じるほどの遅い球で手玉に取る。投球の8割は右打者の外に逃げるカーブ。「絶対振らない」と思った時しか、真っすぐは投げなかった。「私が監督なら、投げさせません。小倉さんには何か見えていたのかもしれません」。好投はまさにけがの功名だった。

「スイングの速い人は（ボールを）待てるから僕の球を打てる」と言う通り、田鎖には被安打3と痛打された。西武で一時、野手に転向する田鎖は打者でも非凡な才能があった。スローボールを駆使したのは、続く福岡との決勝と甲子園での浜田（島根）戦まで。ひと夏だけの転向が一層印象を強くする。

（千葉恵）

TOPIC

甲子園トピック

尾藤監督率いる箕島（和歌山）が、決勝で池田（徳島）に4−3で逆転勝ち。史上3校目の春夏連覇を達成した。箕島と星稜（石川）が延長18回の死闘を繰り広げた3回戦は、今も甲子園の名勝負として語り草になっている。

第72回秋季東北地区高校野球
東北大会

県勢5年連続のセンバツならず

2年連続センバツ出場を目指した第1代表の盛岡大付は、準決勝で仙台育英（宮城第1）に敗退。第2代表の花巻東は初戦の2回戦で、第3代表の一関学院も準々決勝で姿を消し、県勢5年連続のセンバツ出場はならなかった。

決勝は仙台育英が鶴岡東（山形第1）を11―8で下し、3年ぶり10度目の栄冠に輝いた。仙台育英は1点を追う八回、笹倉世凪《せな》（1年）＝一関市花泉町出身＝の同点打などで打撃戦を制した。

決勝

鶴岡東―仙台育英　8回裏仙台育英2死一、三塁、笹倉が左前に適時打を放ち、8―8の同点に追い付く

■2019・10・18　盛岡市・県営球場

仙台育英（宮城1） 11―8 鶴岡東（山形1）

鶴岡東	0	0	0	1	6	0	1	0	0	8
仙台育英	2	1	0	1	0	1	2	4	×	11

（鶴）山崎、渡辺、太田、小林三―北原（仙）笹倉、杉山、向坂―木村、小野寺
【本】鈴木（鶴）佐々木（仙）

笹倉が貴重な同点打

16安打を放った仙台育英が、しぶとく食らいつく鶴岡東を振り切った。7―8と1点を追う八回2死一、二塁。打席が回ってきた笹倉世凪（1年）は「何としても点を取る」と、低めの球を左前にはじき返して試合を振り出しに戻した。先発投手では五回途中4失点。試合をつくれなかった不本意な投球を帳消しにした。

笹倉の同点打など、仙台育英はこの回5連打で4点を奪って逆転、打撃戦にけりをつけた。神宮大会へ向けて笹倉は「投球フォームを意識し、コントロールを修正したい」と意気込んだ。

【第4日】

準決勝

10月17日

■盛岡市・県営球場

盛岡大付 2―9 仙台育英（宮城1）

仙台育英	0	0	1	5	1	0	0	2	9
盛岡大付	2	0	0	0	0	0	0	0	2

（八回規定によりコールドゲーム）

（仙）向坂―木村（盛）大久保、石井―塚本

【本】塚本（盛）【三】宮本（仙）【二】笹倉（仙）山口（盛）

盛岡大付、19安打浴びる

盛岡大付投手陣が19安打を喫してコールド負け。先発大久保は三回に1点を失うと、四回は7安打を集められて5失点。2番手石井も八回に4安打を浴びて2点を失った。

打線は初回2死一塁から塚本の左越え2点本塁打で先制。二回も1死から山口が二塁打を放ったが無得点に終わり、三回以降は相手左腕に無安打に封じられた。

仙台育英に力負け

2年連続のセンバツ出場を懸けた大事な一戦。盛岡大付は仙台育英に投打で圧倒された。

先発は初戦で2安打完封の大久保瞬（2年）。今大会2試合で計33安打の強力打線を相手に「全てが決め球だと思って投げた」と初回から全力で挑んだ。決め球の内角直球を多投し、三回までは1失点で粘った。

しかし3巡目の四回、生命線の内角に投げ込めず、ストライクを取りにいった変化球をことごとく痛打された。この回だけで7安打を浴びて5失点。「（相手打者に）だんだん狙い球を絞られた。厳しいところを意識しすぎて球数が多くなってしまった」とうつむいた。

看板の打線も3安打と振るわなかった。初回に塚本悠樹（2年）の左越え2ランで先制したものの、尻上がりに調子を上げた相手投手に三回以降は無安打に終わった。

関口清治監督は「2―1から次の1点を取っていれば試合展開は違っていた。甘い球を捉える精度に違いを感じた」と総括した。小林武都《たける》主将（2年）は「課題だった最初の好機をものにできたが、力負けだった」と悔しさをにじませた。

4番塚本が先制2ラン

東北大会で不調だった盛岡大付の4番塚本悠樹（2年）が初回に先制2ランを放ち存在感を示した。

相手左腕は変化球が多いと予測し、外角から甘く入った初球のスライダーを強振。打った瞬間に本塁打と分かる強烈な打球だった。

最高の立ち上がりになったが、その後は沈黙した。「第2打席以降、打てなくて悔しい。どの投手も打ち崩せるように打撃を磨く」と雪辱を誓った。

仙台育英―盛岡大付　1回裏盛岡大付2死一塁、塚本が左越えに本塁打を放ち、2点を先制する

5回のピンチでマウンドに集まる盛岡大付の選手たち

【仙台育英】		打	安	点	振	球
④	渡辺	4	1	1	1	1
⑤	田中	5	3	1	1	1
⑦	宮本	5	2	3	2	1
⑥	入江	4	1	1	1	0
③	笹倉	4	1	0	1	1
①	向坂	5	3	1	1	0
⑧	佐々木	5	4	1	0	0
②	木村	5	2	0	0	0
⑨	松本	3	1	0	1	1
H9	吉野	1	1	1	0	0

犠盗失併残…………
2 0 0 0 15　41 19 9 8 5

【盛岡大付】		打	安	点	振	球
⑧	渡辺	2	1	0	1	2
⑥	四日市	4	0	0	2	0
③	松本	2	0	0	1	2
②	塚本	4	1	2	2	0
⑦1	石井	3	0	0	1	0
⑤	川瀬	3	0	0	2	0
④	山口	3	1	0	0	0
⑨	板橋	3	0	0	2	0
①	大久保	1	0	0	0	0
H	新井	1	0	0	1	0
7	小林	1	0	0	1	0

犠盗失併残…………
0 0 2 0 5　27 3 2 13 4

▽審判　球審＝立花　塁審＝吉尾、宇都宮、千田
▽試合時間　2時間30分

投手	回	打	安	振	球	失
向坂	8	31	3	13	4	2
大久保	5	33	14	4	4	7
石井	3	15	5	4	1	2

【第3日】
準々決勝
10月15日

■盛岡市・県営球場
一関学院 1―6 仙台育英（宮城1）

	1	2	3	4	5	6	7	8	9	計
仙台育英	0	0	0	0	1	0	5	0	0	6
一関学院	0	0	0	0	0	0	0	0	1	1

（仙）笹倉、向坂、菅原、伊藤、向坂―木村
（一）佐藤弘、小綿、菅原―佐々木春、浦島
【二】笹倉（仙）

一関学院、痛恨の七回

一関学院は中盤まで接戦に持ち込んだものの打線が精彩を欠いた。五回に押し出し四球で先制点を献上。七回は3四死球を与えて満塁にすると、適時打と内野守備の乱れで5失点。3投手は11四死球を出しながら粘投したが、野手陣が支えられなかった。

打線は二回1死二塁の先制機で無得点。九回は内野ゴロの間に1点を返したが反撃が遅かった。

中盤まで互角の戦い

一関学院が優勝候補を相手に、中盤まで互角の戦いに持ち込んだ。

初回の無死満塁など何度も訪れたピンチをしのいだ。「直球を見せ球に緩い変化球で打ち取る」。捕手佐々木春磨（2年）が狙い通りのリードで簡単には得点を許さなかった。しかし五回、何度もマウンドに駆け寄って投手を鼓舞していた佐々木春の両足が悲鳴を上げる。足がつってもマスクをかぶり続けたが、七回に無念の交代。守りの要を欠いて5点を失い、仙台育英に押し切られた。

悔やまれるのは打線。3安打に封じられ、140キロ前後の球速を誇る相手投手陣を最後まで打ち崩せなかった。佐藤颯弥主将（2年）は「自分たちのリズムで攻撃できなかった」と振り返った。

仙台育英―一関学院　試合終了後、握手を交わす一関学院の選手たち

【仙台育英】		打安点振球
④	渡　辺	41002
⑤	田　中	62110
⑦	宮　本	21003
⑥	入　江	41001
①38	笹　倉	41011
⑧	佐々木	10001
H3	石　川	00001
181	向　坂	21000
③	秋　山	21000
H9	吉　野	00101
H	金　子	10000
9	杉　山	10000
1	菅　原	00000
1	伊　藤	00000
3	村　上	00000
②	木　村	51110
⑨89	松　本	41011

犠盗失併残……………
030014　　36103411

【一関学院】		打安点振球
⑧	近　江	40010
⑥	佐藤颯	41000
⑦	佐々木大	40020
⑤	坂　本	31011
③	奥　谷	20001
⑨	瀬　川	40120
②	佐々木春	10011
2	浦　島	10011
①	佐藤弘	00000
1	小　綿	10000
1	菅　原	21010
④	鈴木来	20021

犠盗失併残……………
21447　　2831115

▽審判　球審＝吉尾　塁審＝立花、馬渕、小谷地

▽試合時間　2時間52分

投手	回	打安振球失
笹　倉	4⅓	161320
向　坂	2⅔	80300
菅　原	1	41300
伊　藤	⅔	61131
向　坂	⅓	10100
佐藤弘	2⅔	145030
小　綿	4⅔	232276
菅　原	2⅓	103210

被安打4、10奪三振で完封した盛岡大付の石井

■盛岡市・県営球場

盛岡大付 3—0 東奥義塾（青森3）

	1	2	3	4	5	6	7	8	9	計
東奥義塾	0	0	0	0	0	0	0	0	0	0
盛岡大付	0	0	0	0	0	0	3	0	×	3

（東）山内、斉藤—原田（盛）石井—塚本
【三】阿部（盛）【二】松本（盛）

盛岡大付、2年連続ベスト4

投打がかみ合い終盤に勝負強さを発揮した盛岡大付が4強入りした。0—0の七回2死二塁から代打阿部の三塁打で1点を先制。続く2死二、三塁で四日市が2点適時打を放ち、リードを3点に広げた。

先発石井は被安打4、10奪三振で完封。安定した投球で三塁を踏ませなかった。

代打阿部が千金の一打

代打の一振りが勝負を決めた。大会直前の選手登録変更でベンチ入りした背番号20の阿部乃暉《ないき》（2年）が、ここ一番で勝負強さを発揮。盛岡大付を2年連続の準決勝に導いた。

相手主戦の右下手投手を攻めあぐね、両校無得点で迎えた七回。ようやくつかんだ2死二塁の先制機に、関口清治監督は「朝の打撃練習で右下手に合っていた」と迷わず代打に阿部を起用した。阿部は狙っていた初球を強振、外角の直球を捉えた打球は右中間を深々と破る三塁打。好投を続ける石井駿大朗（2年）を助ける値千金の一打となった。

関口監督が「レギュラーで使いたかった」と実力を認める阿部だが、3週間前に腰椎分離症を発症したため県大会はベンチを外れた。けがを乗り越えての一打に「やっと結果が出て良かった」と笑みを浮かべた。あと1勝でセンバツ甲子園が近づく。阿部は「準決勝も苦しい試合になる。しっかり準備して1打席のチャンスをものにしたい」と力を込めた。

エース石井が完封

盛岡大付の主戦石井駿大朗（2年）がエースの貫禄を見せた。強風が吹き荒れる中、球速よりも低めへの制球を徹底。「力を抜いた方がいい球がいった」と尻上がりに調子を上げ、10奪三振。七回は3者連続三振に打ち取った。

前日の2回戦で、背番号10の大久保瞬（2年）が完封した。調子が悪くても背番号1の意地を見せたかったという。「（先制打を放った）阿部乃暉も調子が悪い中、努力していたのを見ていた。すごくうれしかった」。代打の一打も励みに最後まで投げ抜いた。

東奥義塾—盛岡大付　7回裏盛岡大付2死二塁、代打阿部が右中間三塁打を放ち1—0と先制する

【東奥義塾】		打安点振球
⑥	小田桐	41000
⑦	古川	41020
③	佐藤宏	40020
②	原田	40000
⑨	芳賀	41000
⑤	北川	40030
⑧	相馬	31010
①	山内	10011
1	斉藤	10010
④	山谷	30000
犠盗失併残		
00106		3240101

【盛岡大付】		打安点振球
⑧	渡辺	31001
⑥	四日市	42200
③	松本	43000
②	塚本	40010
①	石井	40010
⑤	川瀬	20001
H	木嶋	10000
7	小林	00000
④	山口	31000
⑨	板橋	20011
⑦	新井	20000
H	阿部	11100
R	遠藤	00000
75	篠山	00000
犠盗失併残		
01106		308333

▽暴投　石井（盛）1＝八回
▽審判　球審＝布田　塁審＝里見、小野寺、畑川
▽試合時間　1時間53分

投手	回	打	安	振	球	失
山内	5⅔	22	5	1	1	0
斉藤	2⅓	11	3	2	2	3
石井	9	33	4	10	1	0

弘前東―盛岡大付　14奪三振、被安打2で完封した盛岡大付の大久保

■盛岡市・県営球場

盛岡大付 3―0 弘前東(青森2)

弘前東	0	0	0	0	0	0	0	0	0	0
盛岡大付	0	0	0	0	0	0	2	1	×	3

(弘)成田、山口直、岩渕―崎野(盛)大久保―塚本
【二】崎野(弘)板橋2(盛)

盛岡大付が完勝発進

盛岡大付は先発大久保が被安打2、14奪三振で完封した。最速135キロの直球とスライダーを武器に相手に的を絞らせず、三塁を踏ませない完璧な投球だった。打線は0―0の七回1死一、三塁から四日市の中前打で1点を先制。続く松本の内野安打で追加点を奪った。八回は板橋の左翼線二塁打で好機を広げ、大久保の左犠飛で加点した。

【弘前東】		打安点振球
⑧	木村	40020
⑥	蝦名	40010
⑦	佐藤	41010
⑤	藤田	40030
③	成田優	40030
⑨	山谷治	30010
②	崎野	21001
①	成田紘	10010
1	山口直	10001
1	岩渕	00000
④	小野	20010
H	山口一	10010
4	工藤	00000

犠盗失併残……………………
00005　　302 0142

【盛岡大付】		打安点振球
⑧	渡辺	31001
⑥	四日市	31101
③	松本	43100
②	塚本	30011
⑦	石井	41000
7	小林	00000
④	山口	41010
4	鳴海	00000
⑤	川瀬	32000
⑨	板橋	42000
①	大久保	10111

犠盗失併残……………………
411010　　2911334

▽暴投　成田紘(弘)1＝一回

▽審判　球審＝富樫　塁審＝熊谷、伊藤、佐藤
▽試合時間　2時間23分

投手	回	打	安	振	球	失
成田紘	3	14	4	1	2	0
山口直	4⅓	20	6	2	2	3
岩渕	⅔	3	1	0	0	0
大久保	9	32	2	14	2	0

大久保14奪三振、三塁踏ませず

県大会優勝投手が東北大会初戦のマウンドで圧巻の投球を見せた。盛岡大付は右横手の大久保瞬(2年)が弘前東打線を手玉に取り、14奪三振で完封。右打者に絶対の自信を持つ背番号10が本領を発揮した。

野手8人が全て右打者の相手打線に対し、関口清治監督は迷いなく大久保を先発に指名した。初回に遊撃手四日市翔(2年)の好守で波に乗ると、二回の3者連続を含めて四回までに7奪三振。五回に2死一、二塁のピンチを招いたが、強気に直球を続けて打ち取った。

外角の制球さえ気を付ければ連打はないと、内外角の投げ分けを意識していたが「思ったより逆球が多かった」と苦笑い。だが、スライダーを含めた逆球も効果的で、相手に的を絞らせなかった。八回、先頭打者の頭部へ死球を与えると、指揮官は「大久保は優しい子。切り替えて攻め抜いてほしかった」と伝令を送って間を取り、後続を断った。

打線は七回に均衡を破った。久々に上位を任された2番四日市が1死一、三塁から中前にはじき返して待望の先制点。新チーム最初の試合は1番を担ったが、調子を崩して県大会は打順を下げた背番号6は「ずっと悔しさしかなかった。軽打で強い打球を意識して練習してきた」とバットに気迫を込めて大久保を援護した。

【第2日】

2回戦

10月14日

仙台育英－花巻東　四回、花巻東の大和田が右越えソロを放ち、2－0とする

■花巻市・花巻球場

花巻東 2―3 仙台城南（宮城3）

仙台城南	0	0	0	0	0	0	2	0	0	0	1	3
花巻東	1	0	0	1	0	0	0	0	0	0	0	2

（延長十一回）

（仙）阿部伶―石川（花）田村、松本、小野寺―菅
【本】大和田（花）【二】高橋陸（仙）大和田（花）

延長11回、花巻東散る

花巻東は延長の末に競り負けた。初回1死一塁から大和田の二塁打で1点を先制。四回は大和田の右越えソロでリードを広げた。七回に同点に追い付かれてからは八、十回の満塁の好機を生かせなかった。

投手陣は田村、松本、小野寺の継投で踏ん張ったが、二つの失策がいずれも失点につながった。

守りのミスで初戦敗退

県大会5試合で1失策の花巻東が、守りのミスでまさかの初戦敗退を喫した。

【仙台城南】	打安点振球
⑧　倉　片	5 1 0 3 0
⑥4伊　藤	4 1 0 1 0
⑦6立　山	4 0 0 3 1
⑨　高橋　陸	3 2 0 0 2
③　鈴　木	5 1 0 0 0
⑤　松　本	3 0 0 0 1
②　石　川	5 1 1 2 0
④　山　崎	4 1 0 0 0
H　菅　原	0 0 0 0 0
H　高橋　大	1 1 1 0 0
R7井　山	0 0 0 0 0
①　阿部　伶	5 1 0 3 0
犠盗失併残	
2 2 0 1 9	39 9 2 12 4

【花巻東】	打安点振球
②　菅	6 2 0 0 0
④　清　川	5 3 0 0 0
⑦　大和田	4 3 2 0 1
①3田　村	3 0 0 0 2
⑨　渡　辺	3 0 0 0 1
⑤　菱　川	5 0 0 0 0
⑥　酒　井	4 0 0 0 1
⑧　佐　藤	5 1 0 0 0
③　菊　地	1 0 0 0 0
1　松　本	2 0 0 0 0
1　小野寺	0 0 0 0 0
H　相　野	0 0 0 0 1
犠盗失併残	
2 1 2 2 11	38 9 2 0 6

▽暴投　松本（花）1＝十一回
▽審判　球審＝沢田　塁審＝菊池、熊谷、福士
▽試合時間　2時間29分

投　手　回　打安振球失
阿部伶　11　46 9 0 6 2
田　村　6⅓ 24 4 5 2 2
松　本　4⅓ 19 4 6 2 1
小野寺　⅓ 2 1 1 0 0

中盤までは花巻東ペース。3番大和田快（2年）が初回に先制の適時二塁打を放ち、四回は右越えソロで貴重な追加点。先発の田村陽大（同）は六回まで相手打線を2安打に抑えた。

しかし七回、田村が先頭打者に二塁打を浴び、次打者の右前打で右翼手が失策。花巻東らしくない形で失点すると、救援した松本遼大（2年）も甘く入った変化球を痛打され、試合は振り出しに。十一回も1死二塁から二塁手が失策。2死満塁から主戦小野寺輝（2年）を投入したが、内野安打で勝ち越しを許した。小野寺は「ピンチを抑えてこそのエース。失点して申し訳ない」と目を赤くした。

佐々木洋監督は「相手は無失策。堅い守備が売りだったが、エラーの差で負けた」と肩を落とした。

清川大雅主将（2年）は「出られなかった（主砲の）水谷公省（同）が一番悔しいと思う。選抜に連れて行けず申し訳ない」とうなだれた。

日大山形―一関学院　7回裏一関学院1死一、二塁、小綿が左前に適時打を放ち、6―5と勝ち越す

■花巻市・花巻球場

一関学院 9―5 日大山形（山形2）

	1	2	3	4	5	6	7	8	9	計
日大山形	0	0	1	0	0	4	0	0	0	5
一関学院	3	1	0	0	1	0	1	3	×	9

（日）斎藤堅、加藤、槙―町田（一）佐藤弘、小綿―佐々木春
【本】佐々木大（一）宇津木（日）【三】坂本（一）
【二】荒木（日）佐々木大、奥谷（一）

一関学院、集中打で8強

一関学院が終盤の集中打で初戦を突破、準々決勝に進んだ。5―5の七回1死一、二塁から小綿の左前適時打で勝ち越しに成功。八回は奥谷の二塁打など4安打を集めて3点を追加した。初回は佐々木大の2ランなどで3点を先制。15安打で9点を奪い、日大山形に打ち勝った。

記録に残らない守りのミスが目立ったが、佐藤弘、小綿の両右腕が粘り強く投げ抜いた。

【日大山形】		打安点振球
⑨	滝口	51100
②	町田	40001
⑧	荒木	52100
⑥	鹿野	50010
⑦	浅利	53000
③	佐藤拓	43010
⑤	斎藤爽	41110
①	斎藤堅	10000
1	加藤	10001
R	新田	00000
1	槙	10000
④	宇津木	42100
犠盗失併残		
00029		3912432

【一関学院】		打安点振球
⑧	近江	30011
⑥	佐藤颯	20002
⑦	佐々木大	43201
⑤	坂本	42100
③	菅原	30100
3	奥谷	21100
⑨	瀬川	31101
②	佐々木春	43001
①	佐藤弘	20000
1	小綿	22201
④	鈴木来	43101
犠盗失併残		
421112		3315918

▽ボーク　加藤（日）
▽審判　球審＝吉尾　塁審＝布田、谷地、伊東
▽試合時間　2時間31分

投手	回	打	安	振	球	失
斎藤堅	1⅓	11	5	0	2	4
加藤	3⅔	17	4	1	2	1
槙	3	17	6	0	4	4
佐藤弘	3⅓	15	5	1	0	1
小綿	5⅔	26	7	2	2	4

1回裏一関学院1死二塁、佐々木大が先制の左越え2ランを放ち、拳を突き上げて二塁へ向かう

終盤勝負、一気に勝ち越し

一度は追いつかれた一関学院が、終盤の集中打で初戦を突破した。

守りのミスなどで4点リードを失う嫌な展開。終盤の大切さを説いてきた高橋滋監督の期待に応え、ここから打線が奮起した。七回、四球と7番佐々木春磨（2年）の初球ヒットエンドランが内野安打となり1死一、二塁。2番手で粘投していた小綿大斗（同）が「自分で取られた分、打ってやる」と、遊撃手の頭上を越える勝ち越しの一打を放った。

勢いづいた打線は八回1死から中軸の3連打などで3得点。一気に日大山形を突き放した。途中出場で適時打を放った奥谷奏《かな》翔《と》（1年）は「先輩の声、後半の勢いで力みがなくなった」とベンチからの応援に感謝した。

次戦の相手は優勝候補の仙台育英。積み重ねた練習量を信じ、最後まで食らいつく。

3番佐々木大が大暴れ

3番の佐々木大輔（2年）が2点本塁打を含む3安打と大暴れ。初回1死二塁の好機で「先発の（佐藤）弘平に先制点をプレゼントしたかった」と気合を入れた。真ん中低めの変化球をすくい上げ、先制の一発。四、八回も安打でつないだ。「3番はつなぐことが大事」と佐々木大。次戦に向けて「今日の終盤のように連打で点を奪いたい」と意気込んだ。

日大山形—一関学院　7回裏一関学院1死一、二塁、小綿が左前に適時打を放ち、6—5と勝ち越す

■花巻市・花巻球場

一関学院 9—5 日大山形（山形2）

	1	2	3	4	5	6	7	8	9	計
日大山形	0	0	1	0	0	4	0	0	0	5
一関学院	3	1	0	0	1	0	1	3	×	9

（日）斎藤堅、加藤、槙—町田（一）佐藤弘、小綿—佐々木春
【本】佐々木大（一）宇津木（日）【三】坂本（一）
【二】荒木（日）佐々木大、奥谷（一）

一関学院、集中打で8強

一関学院が終盤の集中打で初戦を突破、準々決勝に進んだ。5—5の七回1死一、二塁から小綿の左前適時打で勝ち越しに成功。八回は奥谷の二塁打など4安打を集めて3点を追加した。初回は佐々木大の2ランなどで3点を先制。15安打で9点を奪い、日大山形に打ち勝った。

記録に残らない守りのミスが目立ったが、佐藤弘、小綿の両右腕が粘り強く投げ抜いた。

【日大山形】		打安点振球
⑨	滝口	51100
②	町田	40001
⑧	荒木	52100
⑥	鹿野	50010
⑦	浅利	53000
③	佐藤拓	43010
⑤	斎藤爽	41110
①	斎藤堅	10000
1	加藤	10001
R	新田	00000
1	槙	10000
④	宇津木	42100
犠盗失併残	00029	3912432

【一関学院】		打安点振球
⑧	近江	30011
⑥	佐藤颯	20002
⑦	佐々木大	43201
⑤	坂本	42100
③	菅原	30100
3	奥谷	21100
⑨	瀬川	31101
②	佐々木春	43001
①	佐藤弘	20000
1	小綿	22201
④	鈴木来	43101
犠盗失併残	421112	3315918

▽ボーク　加藤（日）
▽審判　球審＝吉尾　塁審＝布田、谷地、伊東
▽試合時間　2時間31分

投手	回	打安振球失
斎藤堅	1⅓	115024
加藤	3⅔	174121
槙	3	176044
佐藤弘	3⅓	155101
小綿	5⅔	267224

1回裏一関学院1死二塁、佐々木大が先制の左越え2ランを放ち、拳を突き上げて二塁へ向かう

終盤勝負、一気に勝ち越し

一度は追いつかれた一関学院が、終盤の集中打で初戦を突破した。

守りのミスなどで4点リードを失う嫌な展開。終盤の大切さを説いてきた高橋滋監督の期待に応え、ここから打線が奮起した。七回、四球と7番佐々木春磨（2年）の初球ヒットエンドランが内野安打となり1死一、二塁。2番手で粘投していた小綿大斗（同）が「自分で取られた分、打ってやる」と、遊撃手の頭上を越える勝ち越しの一打を放った。

勢いづいた打線は八回1死から中軸の3連打などで3得点。一気に日大山形を突き放した。途中出場で適時打を放った奥谷奏《かな》翔《と》（1年）は「先輩の声、後半の勢いで力みがなくなった」とベンチからの応援に感謝した。

次戦の相手は優勝候補の仙台育英。積み重ねた練習量を信じ、最後まで食らいつく。

3番佐々木大が大暴れ

3番の佐々木大輔（2年）が2点本塁打を含む3安打と大暴れ。初回1死二塁の好機で「先発の（佐藤）弘平に先制点をプレゼントしたかった」と気合を入れた。真ん中低めの変化球をすくい上げ、先制の一発。四、八回も安打でつないだ。「3番はつなぐことが大事」と佐々木大。次戦に向けて「今日の終盤のように連打で点を奪いたい」と意気込んだ。

【第2日】
2回戦
10月14日

仙台育英ー花巻東　四回、花巻東の大和田が右越えソロを放ち、2ー0とする

■花巻市・花巻球場

花巻東 2―3 仙台城南（宮城3）

仙台城南	0	0	0	0	0	0	2	0	0	0	1	3
花巻東	1	0	0	1	0	0	0	0	0	0	0	2

（延長十一回）

（仙）阿部伶―石川（花）田村、松本、小野寺―菅
【本】大和田（花）【二】高橋陸（仙）大和田（花）

延長11回、花巻東散る

花巻東は延長の末に競り負けた。初回1死一塁から大和田の二塁打で1点を先制。四回は大和田の右越えソロでリードを広げた。七回に同点に追い付かれてからは八、十回の満塁の好機を生かせなかった。

投手陣は田村、松本、小野寺の継投で踏ん張ったが、二つの失策がいずれも失点につながった。

守りのミスで初戦敗退

県大会5試合で1失策の花巻東が、守りのミスでまさかの初戦敗退を喫した。

中盤までは花巻東ペース。3番大和田快（2年）が初回に先制の適時二塁打を放ち、四回は右越えソロで貴重な追加点。先発の田村陽大（同）は六回まで相手打線を2安打に抑えた。

しかし七回、田村が先頭打者に二塁打を浴び、次打者の右前打で右翼手が失策。花巻東らしくない形で失点すると、救援した松本遼大（2年）も甘く入った変化球を痛打され、試合は振り出しに。十一回も1死二塁から二塁手が失策。2死満塁から主戦小野寺輝（2年）を投入したが、内野安打で勝ち越しを許した。小野寺は「ピンチを抑えてこそのエース。失点して申し訳ない」と目を赤くした。

佐々木洋監督は「相手は無失策。堅い守備が売りだったが、エラーの差で負けた」と肩を落とした。

清川大雅主将（2年）は「出られなかった（主砲の）水谷公省（同）が一番悔しいと思う。選抜に連れて行けず申し訳ない」とうなだれた。

【仙台城南】		打安点振球
⑧	倉片	51030
⑥4	伊藤	41010
⑦6	立山	40031
⑨	高橋陸	32002
③	鈴木	51000
⑤	松本	30001
②	石川	51120
④	山崎	41000
H	菅原	00000
H	高橋大	11100
R7	井山	00000
①	阿部伶	51030
犠盗失併残		
22019		3992124

【花巻東】		打安点振球
②	菅	62000
④	清川	53000
⑦	大和田	43201
①3	田村	30002
⑨	渡辺	30001
⑤	菱川	50000
⑥	酒井	40001
⑧	佐藤	51000
③	菊地	10000
1	松本	20000
1	小野寺	00000
H	相野	00001
犠盗失併残		
212211		389206

▽暴投　松本（花）1＝十一回
▽審判　球審＝沢田　塁審＝菊池、熊谷、福士
▽試合時間　2時間29分

投手	回	打安振球失
阿部伶	11	469062
田村	6⅓	244522
松本	4⅓	194621
小野寺	⅓	21100

弘前東—盛岡大付　14奪三振、被安打2で完封した盛岡大付の大久保

■盛岡市・県営球場

盛岡大付 3—0 弘前東（青森2）

弘前東	0	0	0	0	0	0	0	0	0	0
盛岡大付	0	0	0	0	0	0	2	1	×	3

（弘）成田、山口直、岩渕—崎野（盛）大久保—塚本
【二】崎野（弘）板橋2（盛）

【弘前東】		打安点振球
⑧	木村	40020
⑥	蝦名	40010
⑦	佐藤	41010
⑤	藤田	40030
③	成田優	40030
⑨	山谷治	30010
②	崎野	21001
①	成田紘	10010
1	山口直	10001
1	岩渕	00000
④	小野	20010
H	山口一	10010
4	工藤	00000
犠盗失併残	00005	3020142

【盛岡大付】		打安点振球
⑧	渡辺	31001
⑥	四日市	31101
③	松本	43100
②	塚本	30011
⑦	石井	41000
7	小林	00000
④	山口	41010
4	鳴海	00000
⑤	川瀬	32000
⑨	板橋	42000
①	大久保	10111
犠盗失併残	411010	2911334

▽暴投　成田紘（弘）1＝一回

▽審判　球審＝富樫　塁審＝熊谷、伊藤、佐藤
▽試合時間　2時間23分

投手	回	打	安	振	球	失
成田紘	3	14	4	1	2	0
山口直	4⅓	20	6	2	2	3
岩渕	⅔	3	1	0	0	0
大久保	9	32	2	14	2	0

盛岡大付が完勝発進

盛岡大付は先発大久保が被安打2、14奪三振で完封した。最速135キロの直球とスライダーを武器に相手に的を絞らせず、三塁を踏ませない完璧な投球だった。打線は0—0の七回1死一、三塁から四日市の中前打で1点を先制。続く松本の内野安打で追加点を奪った。八回は板橋の左翼線二塁打で好機を広げ、大久保の左犠飛で加点した。

大久保14奪三振、三塁踏ませず

県大会優勝投手が東北大会初戦のマウンドで圧巻の投球を見せた。盛岡大付は右横手の大久保瞬（2年）が弘前東打線を手玉に取り、14奪三振で完封。右打者に絶対の自信を持つ背番号10が本領を発揮した。

野手8人が全て右打者の相手打線に対し、関口清治監督は迷いなく大久保を先発に指名した。初回に遊撃手四日市翔（2年）の好守で波に乗ると、二回の3者連続を含めて四回までに7奪三振。五回に2死一、二塁のピンチを招いたが、強気に直球を続けて打ち取った。

外角の制球さえ気を付ければ連打はないと、内外角の投げ分けを意識していたが「思ったより逆球が多かった」と苦笑い。だが、スライダーを含めた逆球も効果的で、相手に的を絞らせなかった。八回、先頭打者の頭部へ死球を与えると、指揮官は「大久保は優しい子。切り替えて攻め抜いてほしかった」と伝令を送って間を取り、後続を断った。

打線は七回に均衡を破った。久々に上位を任された2番四日市が1死一、三塁から中前にはじき返して待望の先制点。新チーム最初の試合は1番を担ったが、調子を崩して県大会は打順を下げた背番号6は「ずっと悔しさしかなかった。軽打で強い打球を意識して練習してきた」とバットに気迫を込めて大久保を援護した。

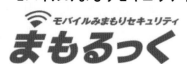

被安打4、10奪三振で完封した盛岡大付の石井

■盛岡市・県営球場

盛岡大付 3—0 東奥義塾（青森3）

東奥義塾	0	0	0	0	0	0	0	0	0		0
盛岡大付	0	0	0	0	0	0	3	0	×		3

（東）山内、斉藤—原田（盛）石井—塚本
【三】阿部（盛）【二】松本（盛）

盛岡大付、2年連続ベスト4

投打がかみ合い終盤に勝負強さを発揮した盛岡大付が4強入りした。0—0の七回2死二塁から代打阿部の三塁打で1点を先制。続く2死二、三塁で四日市が2点適時打を放ち、リードを3点に広げた。

先発石井は被安打4、10奪三振で完封。安定した投球で三塁を踏ませなかった。

代打阿部が千金の一打

代打の一振りが勝負を決めた。大会直前の選手登録変更でベンチ入りした背番号20の阿部乃暉《ないき》（2年）が、ここ一番で勝負強さを発揮。盛岡大付を2年連続の準決勝に導いた。

相手主戦の右下手投手を攻めあぐね、両校無得点で迎えた七回。ようやくつかんだ2死二塁の先制機に、関口清治監督は「朝の打撃練習で右下手に合っていた」と迷わず代打に阿部を起用した。阿部は狙っていた初球を強振、外角の直球を捉えた打球は右中間を深々と破る三塁打。好投を続ける石井駿大朗（2年）を助ける値千金の一打となった。

関口監督が「レギュラーで使いたかった」と実力を認める阿部だが、3週間前に腰椎分離症を発症したため県大会はベンチを外れた。けがを乗り越えての一打に「やっと結果が出て良かった」と笑みを浮かべた。あと1勝でセンバツ甲子園が近づく。阿部は「準決勝も苦しい試合になる。しっかり準備して1打席のチャンスをものにしたい」と力を込めた。

エース石井が完封

盛岡大付の主戦石井駿大朗（2年）がエースの貫禄を見せた。強風が吹き荒れる中、球速よりも低めへの制球を徹底。「力を抜いた方がいい球がいった」と尻上がりに調子を上げ、10奪三振。七回は3者連続三振に打ち取った。

前日の2回戦で、背番号10の大久保瞬（2年）が完封した。調子が悪くても背番号1の意地を見せたかったという。「（先制打を放った）阿部乃暉も調子が悪い中、努力していたのを見ていた。すごくうれしかった」。代打の一打も励みに最後まで投げ抜いた。

東奥義塾—盛岡大付　7回裏盛岡大付2死二塁、代打阿部が右中間三塁打を放ち1—0と先制する

【東奥義塾】		打	安	点	振	球
⑥	小田桐	4	1	0	0	0
⑦	古川	4	1	0	2	0
③	佐藤宏	4	0	0	2	0
②	原田	4	0	0	0	0
⑨	芳賀	4	1	0	0	0
⑤	北川	4	0	0	3	0
⑧	相馬	3	1	0	1	0
①	山内	1	0	0	1	1
1	斉藤	1	0	0	1	0
④	山谷	3	0	0	0	0
犠盗失併残						
0 0 1 0 6		32	4	0	10	1

【盛岡大付】		打	安	点	振	球
⑧	渡辺	3	1	0	0	1
⑥	四日市	4	2	2	0	0
③	松本	4	3	0	0	0
②	塚本	4	0	0	1	0
①	石井	4	0	0	1	0
⑤	川瀬	2	0	0	0	1
H	木嶋	1	0	0	0	0
7	小林	0	0	0	0	0
④	山口	3	1	0	0	0
⑨	板橋	2	0	0	1	1
⑦	新井	2	0	0	0	0
H	阿部	1	1	1	0	0
R	遠藤	0	0	0	0	0
75	篠山	0	0	0	0	0
犠盗失併残						
0 1 1 0 6		30	8	3	3	3

▽暴投　石井（盛）1＝八回
▽審判　球審＝布田　塁審＝里見、小野寺、畑川
▽試合時間　1時間53分

投手	回	打	安	振	球	失
山内	5⅔	22	5	1	1	0
斉藤	2⅓	11	3	2	2	3
石井	9	33	4	10	1	0

春のセンバツ出場校と戦績

大会(開催年)	出場校	回戦		スコア	対戦校
第27回(1955年)	**一関一**	2回戦	●	0—5	県尼崎(兵庫)
第30回(1958年)	**遠野**	1回戦	●	1—4	兵庫工(兵庫)
第34回(1962年)	**宮古**	1回戦	●	3—4	松山商(愛媛)
				(延長十五回)	
第38回(1966年)	**盛岡商**	2回戦	●	2—6	育英(兵庫)
第44回(1972年)	**専大北上**	1回戦	○	1—0	花園(京都)
		2回戦	●	1—4	日大三(東京)
第50回(1978年)	**黒沢尻工**	1回戦	●	0—1	箕島(和歌山)
第56回(1984年)	**大船渡**	1回戦	○	4—0	多々良学園(山口)
		2回戦	○	8—1	日大三島(静岡)
		準々決	○	1—0	明徳(高知)
		準決勝	●	1—2	岩倉(東京)
第64回(1992年)	**宮古**	1回戦	●	3—9	星稜(石川)
第68回(1996年)	**釜石南**	1回戦	●	7—9	米子東(鳥取)
第75回(2003年)	**盛岡大付**	2回戦	●	0—10	横浜(神奈川)
第76回(2004年)	**一関一**	1回戦	●	0—6	拓大紅陵(千葉)
第78回(2006年)	**一関学院**	1回戦	●	1—2	岐阜城北(岐阜)
第80回(2008年)	**一関学院**	2回戦	●	1—4	東洋大姫路(兵庫)
第81回(2009年)	**花巻東**	1回戦	○	5—0	鵡川(北海道)
		2回戦	○	4—0	明豊(大分)
		準々決	○	5—3	南陽工(山口)
		準決勝	○	5—2	利府(宮城)
		決　勝	●	0—1	清峰(長崎)
第82回(2010年)	**盛岡大付**	1回戦	●	4—5	中京大中京(愛知)
第84回(2012年)	**花巻東**	1回戦	●	2—9	大阪桐蔭(大阪)
第85回(2013年)	**盛岡大付**	2回戦	○	4—3	安田学園(東京)
		3回戦	●	0—3	敦賀気比(福井)
第88回(2016年)	**釜石**	1回戦	○	2—1	小豆島(香川)
		2回戦	●	1—9	滋賀学園(滋賀)
第89回(2017年)	**不来方**	1回戦	●	3—12	静岡
	盛岡大付	1回戦	○	10—9	高岡商(富山)
				(延長十回)	
		2回戦	○	5—1	智弁学園(奈良)
		準々決	●	1—8	履正社(大阪)
第90回(2018年)	**花巻東**	2回戦	○	5−3	東邦(愛知)
		3回戦	○	1−0	彦根東(滋賀)
				(延長十回)	
		準々決	●	0−19	大阪桐蔭(大阪)
第91回(2019年)	**盛岡大付**	1回戦	○	3—2	石岡一(茨城)
		2回戦	●	1—9	龍谷大平安(京都)

(通算15勝22敗)

第72回秋季東北地区高校野球

県大会

盛岡大付が2年連続V

盛岡大付が看板の強力打線で2年連続11度目の頂点に立った。４番の塚本悠樹（２年）が４本塁打を放つなど、決勝までの5試合で９本塁打。延長にもつれこんだ準決勝は２者連続アーチで盛岡商を下すと、決勝は塚本の２試合連続ソロなどで花巻東に競り勝った。花巻東は春、夏に続く３季連続優勝を逃した。名将・沼田尚志前監督から高橋滋監督に代わった一関学院が３位に食い込んだ。

盛岡商が28年ぶりの４強入り。１年生エースの桜庭悠空を中心に全員野球で勝ち上がった。東北大会出場はならなかったが、準決勝と3位決定戦では強豪私学と渡り合った。

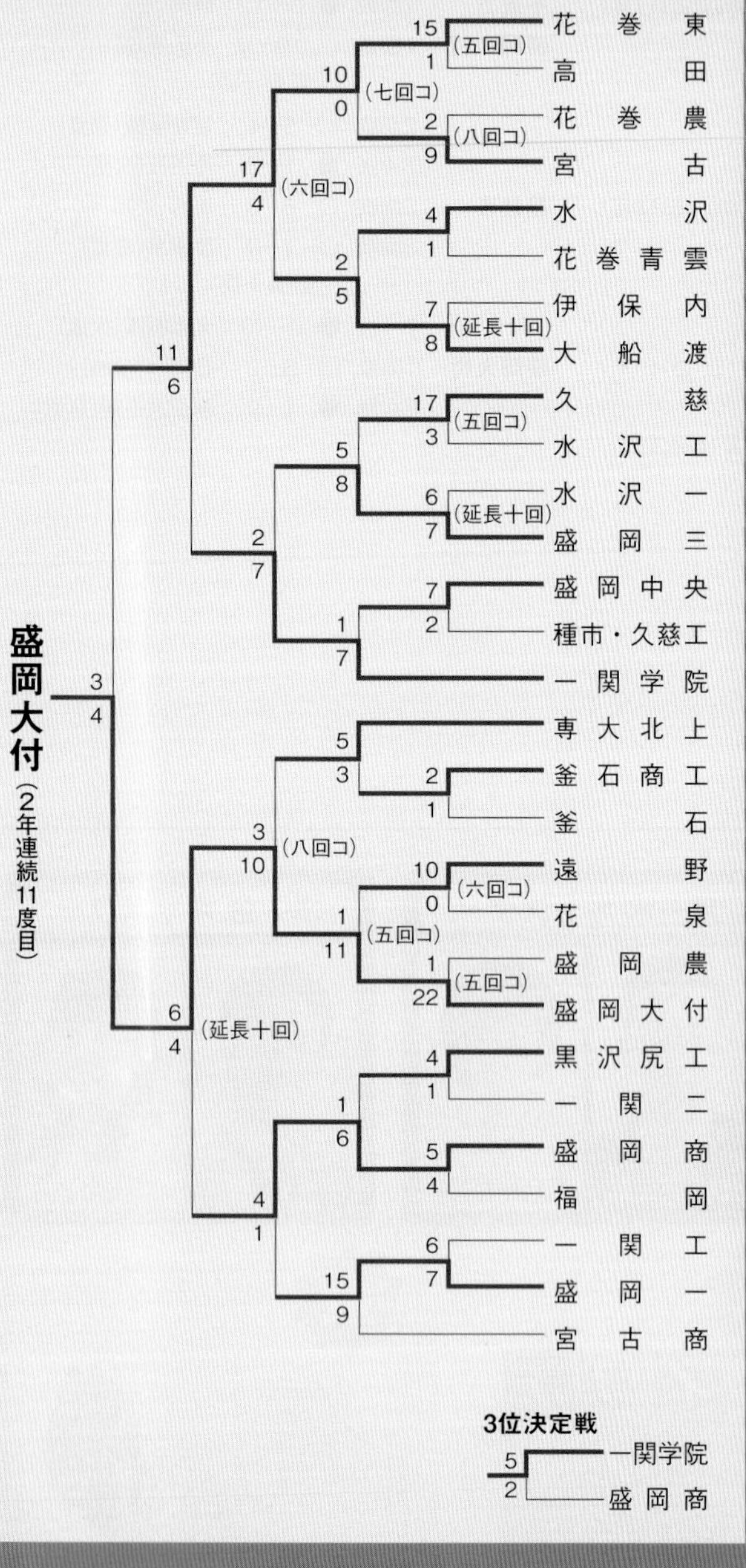

昨年に続いて花巻東を決勝で下し、11度目の秋優勝を果たした盛岡大付ナイン

■2019・9・22　盛岡市・県営球場

決勝

盛岡大付 4―3 花巻東

	1	2	3	4	5	6	7	8	9	計
花巻東	1	0	0	0	0	1	0	1	0	3
盛岡大付	0	1	0	0	2	1	0	0	×	4

（花）古川端、松本―菅（盛）大久保―塚本【本】渡辺、塚本（盛）【二】塚本（盛）

【花巻東】

		打	安	点	振	球
②	菅	4	0	0	2	1
④	清川	4	1	0	1	0
⑦	大和田	3	1	0	0	1
⑧	水谷	3	1	0	0	1
③	田村	4	2	3	0	0
⑤	菱川	4	0	0	0	0
⑥	酒井	4	0	0	1	0
①	古川端	2	0	0	1	0
1	松本	1	0	0	1	0
H	渡辺	1	0	0	0	0
⑨	佐藤	4	2	0	0	0

犠盗失併残……
01027　347363

【盛岡大付】

		打	安	点	振	球
⑧	渡辺	4	2	2	0	0
⑤	川瀬	3	1	0	2	0
H5	篠山	1	1	0	0	0
③	松本	4	0	0	1	0
②	塚本	4	2	1	0	0
⑦	石井	3	1	0	0	0
④	山口	3	0	0	0	0
⑨	板橋	2	0	0	1	1
⑥	四日市	3	1	1	1	0
①	大久保	3	1	0	1	0

犠盗失併残……
00003　309461

▽暴投　大久保1＝八回
▽審判　球審＝井上　塁審＝那須野、鈴木、千田
▽試合時間　1時間47分

投手	回	打	安	振	球	失
古川端	5	20	7	4	1	3
松本	3	11	2	2	0	1
大久保	9	37	7	6	3	3

花巻東ー盛岡大付　5回裏盛岡大付2死一塁、渡辺が左越えに本塁打を放ち3ー1と勝ち越す

【最終日】
決勝
9月22日

盛岡大付2発、流れ渡さず

盛岡大付が2本塁打で競り合いを制し、2年連続11度目の頂点に立った。盛岡大付は二回、四日市の左前打で1―1とすると、五回に渡辺の2ランで勝ち越し。六回には塚本の2試合連続ソロで突き放した。先発大久保は右横手から最速141キロの直球を主体に、3失点で切り抜けた。

花巻東は5番田村が先制打を含む3打点の活躍。しかし相手投手に要所を締められ、1点差で涙をのんだ。

夏の教訓、つなぐ打撃貫く

盛岡大付が花巻東の3季連続優勝を阻止し、秋の優勝旗を再びつかんだ。準決勝までの4試合で7本塁打の強力打線が、決勝でも2アーチ。新チームも持ち前の強打で頂点に立った。

1―1の五回、1番渡辺翔真（1年）が勝ち越し2ラン。1点を返されて3―2とされた六回には、ここまで3本塁打の4番塚本が左越えソロ本塁打を放ち、勝負どころで長打力を見せつけた。

花巻東打線を7安打3点に抑えた盛岡大付の大久保（手前）

夏はまさかの3回戦敗退。1点の重みを教訓に、全員が強く低い打球でつなぐ打撃にこだわった。8番四日市翔（2年）が放った二回の同点打は、三塁手のグラブをはじく鋭い打球。勝ち越し本塁打を放った渡辺は「打球が上がってしまった」と反省するほどだった。

投げては大久保瞬（2年）が、左打者7人を並べた花巻東打線を7安打に抑え込んだ。「恐れるな」と指揮官からげきを受け、右横手投げには相性の悪い左打者に強気の内角攻めを貫いた。三者凡退は3度だけ。「気持ちを前面に出した」投球で、何度もピンチを切り抜けた。

新チームは夏の甲子園に乗り込んだ花巻東より1カ月早く始動。約50の練習試合を重ねたとあって、関口清治監督は「正直、負けてはいけない戦い」と話した。次は地元開催の東北大会。2年連続のセンバツ出場へ負けられない戦いが続く。

花巻東、あと1点遠く

準決勝までの4試合すべてで2桁得点を挙げた花巻東打線は3点に抑え込まれ、昨年の決勝で敗れた雪辱はならなかった。

初回に田村陽大（2年）の適時打で幸先良く1点を先制。しかし2回以降は凡フライが増え、追加点が奪えない。左打者が計6安打を放ったものの、準決勝までの集中打は影を潜めた。

先発の古川端晴輝（2年）は1―1の五回、簡単に2アウトを取ってから9番打者に安打を許し、続く1番に2ランを浴びた。内角を狙った直球が甘く入ったという古川は「9番で抑えていれば問題なかった。1番に対しても慎重さが欠けていた」と肩を落とした。清川大雅主将（2年）は「打線のつながりに欠けていた。走者三塁で1点を取る確実性も高めなければ」と、東北大会に向けて反省した。

花巻東－盛岡大付　2回裏盛岡大付2死一、三塁、四日市の左前打で1－1の同点とする

【最終日】
3位決定戦
9月22日

一関学院―盛岡商　9回表一関学院2死一、三塁、佐々木春がセーフティーバントを決めて三走坂本が生還。5―2と突き放す

■盛岡市・県営球場

一関学院 5―2 盛岡商

一関学院	0	0	3	0	0	1	0	0	1	5
盛岡商	0	0	1	0	0	0	0	1	0	2

(一)佐藤弘、小綿、鈴木壮―佐々木春　(盛)桜庭―川野
【三】佐藤颯(一)遠山(盛)　【二】近江、瀬川、坂本(一)広田、飛内(盛)

一関学院、逃げ切る

一関学院が序盤のリードを守り切った。三回に近江の二塁打など4安打を集めて3点を先制。六回は佐藤颯の三塁打と佐々木大の右前打で1点を加えた。投手陣は11安打を許したが3人の継投でしのいだ。

盛岡商は再三の好機を生かせず、三回に佐々木の犠飛、八回は遠山の三塁打から内野ゴロで返した2点のみ。15安打を浴びながら5失点にとどめた桜庭を援護できなかった。

新指揮官の下で東北切符

沼田尚志前監督からチームを引き継いだ高橋滋監督の下、一関学院が3校目の東北切符を勝ち取った。

7番佐々木春磨(2年)が小技で貢献した。2点を先制し、なお2死一、三塁の三回。三塁前へのセーフティーバントを決め、連投の相手エースから3点を奪って主導権を握った。九回にも再び三塁前へのバント安打で貴重な5点目。この日だけでバント安打を三つ決めて2打点。中軸に負けない活躍で勝利を引き寄せた。

課題も残った。15安打を放ちながら12残塁。守りでは3併殺を決めた一方で失策が二つ。決して褒められた内容ではなかった。「県大会で手応えも反省もできた」と高橋監督。真の力は東北大会で試される。

盛岡商、堂々の戦い

古豪復活を思わせる戦いだった。準決勝で盛岡大付を苦しめた盛岡商が、3位決定戦でも一関学院と渡り合った。1年生エースの力投と、しぶとい攻撃で堂々と戦い抜いた。

準決勝で延長10回、163球を投げ抜いた主戦桜庭悠空《ゆうく》(1年)が、この日も先発のマウンドに立った。「疲れよりも強豪を抑えたい気持ちが強かった」。序盤は高めに浮く癖がある直球を見せ球に変化球で打ち取った。三回は強烈な打球が襲い、グラブで反応した左手はしびれた状態に。それでも仲間に笑顔で応え、117球で完投した。

打線は初回から2死満塁と攻め立て、三回にはヒットエンドランを2度成功させて食らいついた。それだけにバント失敗やサインミスが痛かった。川野知樹主将(2年)は「守備は自信をつかめた大会だった。冬に振り込んで打力を鍛える」と自らに言い聞かせた。

東北大会を逃したものの、すがすがしい表情で握手を交わす盛岡商の選手たち

【一関学院】		打安点振球
⑧	近　江	42001
⑥	佐藤　颯	42000
⑦	佐々木大	42201
⑤	坂　本	53000
③	奥　谷	52000
⑨	瀬　川	31101
9	千　田	10010
②	佐々木春	53200
①	佐藤　弘	20000
1	小　綿	20000
1	鈴木　壮	10000
④	鈴木　来	40000
犠盗失併残		
112312		4015513

【盛岡商】		打安点振球
⑨	荘　野	30002
④	飛　内	42010
③	佐々木	32101
②	川　野	41001
⑤	田山　頼	52000
⑧	遠　山	41000
①	桜　庭	40100
⑥	広　田	31001
⑦	小野寺	42010
犠盗失併残		
201112		3411225

▽三塁打　佐藤颯(一)遠山(盛)
▽二塁打　近江、瀬川、坂本(一)広田、飛内(盛)
▽審判　球審＝八重樫　塁審＝佐藤、伊藤、菩提野
▽試合時間　2時間16分

投手	回	打安振球失
佐藤弘	3⅔	186021
小綿	4	163121
鈴木壮	1⅓	72110
桜庭	9	4415135

盛岡市の県営球場で準決勝2試合が行われ、盛岡大付が2年連続、花巻東は3年連続で決勝に進んだ。盛岡大付は4―4の延長十回、塚本悠樹、石井駿大朗（ともに2年）の連続本塁打で2点を勝ち越し。粘る盛岡商を6―4で振り切った。花巻東は初回に水谷公省、田村陽大（ともに2年）の適時打で2点を先制。三回までに大量10点を奪い、一関学院を11―6で退けた。

花巻東―一関学院　2回表花巻東2死三塁、清川が適時打を放ち3―0とリードを広げる。捕手佐々木春

【花巻東】	打安点振球
② 菅	40101
④ 清川	42100
⑦ 大和田	42001
⑧ 水谷	43401
③ 田村	42301
⑥ 酒井	52000
⑤ 菱川	40000
① 小野寺	22001
1 松本	21000
⑨ 渡辺	11200
H9佐藤	20000
犠盗失併残……	
41018	3615110 5

【一関学院】	打安点振球
⑧ 近江	51010
⑥ 佐藤颯	52210
⑦ 佐々木大	42100
⑤ 坂本	31101
③ 奥谷	20011
⑨ 千田	42100
① 菅原	11100
1 鈴木壮	00000
1 小綿	20010
1 佐藤弘	10010
② 佐々木春	40000
④ 鈴木来	10003
犠盗失併残……	
10325	329655

▽妨害出塁　菱川（佐々木春）
▽捕逸　菅1＝七回
▽審判　球審＝小谷地　塁審＝水野、田村、小野寺
▽試合時間　2時間26分

投手	回	打安振球失
小野寺	5	237225
松本	4	152331
菅原	2	147035
鈴木壮	⅓	73015
小綿	5⅔	204011
佐藤弘	1⅔	51000

■盛岡市・県営球場

花巻東 11―6 一関学院

花巻東	2	3	5	0	0	0	0	1	0	11
一関学院	0	2	0	0	3	0	1	0	0	6

（花）小野寺、松本―菅（一）菅原、鈴木壮、小綿、佐藤弘―佐々木春
【三】佐々木大（一）【二】渡辺、水谷2（花）菅原、佐藤颯、坂本（一）

花巻東、強打で圧倒

花巻東が序盤で試合を決めた。初回に水谷、田村の連続適時打で2点を先制。二回は清川、田村の適時打で3点。三回は相手の失策から打者一巡の攻撃で5点を加えた。大量リードを小野寺―松本の継投で守り切った。

一関学院は二回、千田の中前打と菅原の二塁打で2点を返し、五回は4連打で3点を奪う意地を見せたが、投手陣が誤算だった。

3季連続優勝に王手

ここまで毎試合2桁得点の強力打線がこの日も爆発。花巻東は三回までに大量10得点を奪い、3季連続制覇に王手をかけた。

初回から上位打線が快音を響かせた。4番水谷公省、5番田村陽大（ともに2年）の連続適時打でまず2点。二回は2死三塁で2番清川大雅主将（2年）が初球を振り抜いて左前適時打。流れをさらに引き寄せた。4点差に追い上げられた八回には、1死二塁から水谷が適時二塁打を放ち、ダメ押しの1点。4番がきっちり仕事を果たした。

一方で投手陣は課題が残った。満を持して先発した主戦の小野寺輝（2年）が5回5失点。大量リードにもかかわらずリズムに乗れなかった。佐々木監督は「探りながら投げていた。抑える気持ちがこもっていない」とエースに反省を促した。決勝の相手は2年連続で盛岡大付。清川主将は「まずは県大会優勝。去年は決勝で悔しい思いをしているので必ず勝ちたい」と雪辱を誓った。

3番手小綿が立て直す

一関学院の3番手・小綿大斗（2年）が一方的な展開を立て直した。三回途中からリリーフ。「失点を防げば味方の打力なら追い付ける」と信じ、この日も安定感のある投球で5回1失点にまとめ、味方の反撃につなげた。小綿の力投に応えた打線は五回に4連打で3点。七回にも1点を返し、最大8点差から4点差にまで詰め寄った。佐藤颯弥主将（2年）は「詰めの甘さが出てしまったが、必ず最後の東北出場権は勝ち取る」と話し、3位決定戦に向けて気持ちを切り替えていた。

盛岡大付—盛岡商　10回表盛岡大付無死、塚本が左中間に本塁打を放ち5—4と勝ち越す

8回裏盛岡商1死三塁、遠山の三塁打で生還した川野(2)を笑顔で迎える盛岡商の選手たち

■盛岡市・県営球場

盛岡大付 6—4 盛岡商

	1	2	3	4	5	6	7	8	9	10	計
盛岡大付	2	0	0	0	0	2	0	0	0	2	6
盛岡商	1	0	0	0	2	0	0	1	0	0	4

(延長十回)

(付)石井—塚本(商)桜庭—川野
【本】板橋、塚本、石井(付)【三】佐々木、遠山(商)【二】篠山(付)

2者連続弾、盛岡大付が延長制す

盛岡大付が本塁打攻勢で延長戦を制した。1点を追う六回は板橋の2ランで逆転。同点の十回は塚本、石井の連続本塁打で勝ち越した。先発石井は被安打8、4失点で完投した。

盛岡商は1—2の五回、佐々木の適時三塁打などで逆転。八回には遠山の三塁打で試合を振り出しに戻したが、なおも1死三塁の好機を生かせず。最後は主戦桜庭が延長で力尽きた。

粘る相手を強打で振り切る

昨秋王者が苦しみながら2連覇への道をつないだ。投打の柱が放った2者連続本塁打で、盛岡大付が2年連続の決勝に駒を進めた。

必死に食らいつく相手に追いつかれ、延長に持ち込まれた。「ここまで来たら技術の勝負じゃない」。十回、円陣で関口清治監督が気合を入れる。先頭はこの日無安打の4番塚本悠樹(2年)。「気持ちを切り替え冷静に」。変化球狙いだった2球目、高めに浮いた直球に体が反応した。高々と舞い上がった打球は左中間フェンスを越え、盛岡大付に待望の勝ち越し点が入った。続く打者はエースの石井駿大朗(2年)。「自分で決めようと思っていたが、塚本が打ってくれて楽になった」。振り抜いた打球は塚本と同じように左中間へ。2者連続アーチで勝利を決定づけた。

石井はマウンドでも奮闘した。4失策とばたついた野手に声をかけ、持ち前の制球力でピンチをしのいだ。八回は同点とされ、なおも1死三塁。「(捕手の)塚本を信じて低めに投げ切れた」と空振り三振で窮地を切り抜けた。

昨秋も大船渡のプロ注目右腕・佐々木朗希を攻略し、優勝までつなげた。「苦しみを強みに変えたい」と関口監督。決勝も泥くさく勝利にこだわる。

1年生エース痛恨

盛岡商は今大会を1人で投げ抜いてきた主戦桜庭悠空《ゆうく》(1年)が延長で力尽きた。初回に2点を失ったものの、二回からは低めに集め、強打の盛岡大付打線を打ち取った。疲労が限界に迫っていた十回、先頭打者の2球目。投げた瞬間に「甘い」と感じた直球は高めに入り、勝ち越しの本塁打を浴びた。互角の戦いを演じた川野知樹主将(同)は「バントミスで好機を広げられなかった。修正して明日(3位決定戦)は必ず勝ちたい」と前を向いた。

【盛岡大付】		打	安	点	振	球
⑧	渡辺	5	2	0	0	0
⑤	篠山	4	2	0	0	0
5	川瀬	1	1	0	0	0
③	松本	5	1	0	0	0
②	塚本	4	1	2	0	0
①	石井	5	3	2	0	0
④	山口	3	0	0	1	2
⑨	板橋	4	3	2	1	1
⑦	新井	3	1	0	1	0
7	小林	2	0	0	0	0
⑥	四日市	4	0	0	0	0

犠盗失併残……………………
21409　40146 3 3

【盛岡商】		打	安	点	振	球
⑨	荘野	5	2	0	3	0
④	飛内	5	1	0	1	0
③	佐々木	5	1	1	0	0
②	川野	5	1	0	1	0
⑤	田山頼	3	1	1	0	1
⑧	遠山	4	2	1	1	0
①	桜庭	5	0	0	1	0
⑥	広田	4	0	0	2	0
⑦	小野寺	4	0	0	0	0

犠盗失併残……………………
20009　40 8 3 9 1

▽暴投　石井2＝五、八回
▽審判　球審＝菅原英　塁審＝長坂、千田、菅原正
▽試合時間　2時間21分

投手	回	打	安	振	球	失
石井	10	43	8	9	1	4
桜庭	10	45	14	3	3	6

準々決勝4試合が行われ、花巻東、盛岡大付、一関学院、盛岡商が4強入りした。花巻東は、夏の決勝でも対戦した大船渡を逆転して4年連続の進出。盛岡大付は2年連続、一関学院は2年ぶり。盛岡商のベスト4は28年ぶり。

盛岡商 28年ぶり4強

盛岡商は1―1の六回1死満塁から桜庭の犠飛で勝ち越しに成功。九回は荘野が2点三塁打を放ってリードを広げた。先発桜庭は要所を締めて1失点完投。

盛岡一は五回に森の中前打で同点に追い付いた。相手を上回る11安打を放ったが、好機を生かせなかった。

■花巻市・花巻球場

盛岡商 4―1 盛岡一

	1	2	3	4	5	6	7	8	9	計
盛岡商	0	0	0	1	0	1	0	0	2	4
盛岡一	0	0	0	0	1	0	0	0	0	1

(商)桜庭―川野(一)菅、佐々木裕―金沢
【三】荘野(商)【二】田山頼、広田(商)菅、高橋怜(一)

【盛岡商】		打	安	点
⑨	荘野	5	1	2
④	飛内	5	1	0
③	佐々木	4	1	0
②	川野	5	2	0
⑤	田山頼	2	1	0
⑧	遠山	3	2	1
①	桜庭	2	0	1
⑥	広田	3	1	0
⑦	小野寺	4	1	0

振球犠盗失併残………
343003933104

【盛岡一】		打	安	点
⑧	福田	4	1	0
④	森	4	2	1
⑥	川村咲	4	3	0
⑨	高橋怜	4	2	0
⑤	川村尚	3	0	0
⑦	浅沼	3	1	0
②	金沢	3	0	0
③	高橋健	4	0	0
①	菅	1	1	0
H	近藤	1	1	0
1	佐々木裕	0	0	0
H	高橋滉	1	0	0

振球犠盗失併残………
340212832111

盛岡商―盛岡一　要所を締めて1失点で完投した盛岡商の桜庭

1年生桜庭が1失点完投

走者を出してから踏ん張った。盛岡商は主戦の桜庭悠空《ゆうく》(1年)が11安打を浴びながら要所を抑えて1失点完投。「盛岡の早慶戦」と称される伝統の一戦を制して28年ぶりの4強に進んだ。

変化球を巧みに操り凡打の山を築いた。毎回走者を背負ったが、ピンチになるとギアを上げて打ち取った。野手陣は三つの併殺を取り、七回には中堅手の遠山翔矢(2年)が矢のようなバックホームでタッチアウト。堅守でエースをもり立てた。

桜庭はバットでも貢献。同点の六回1死満塁で「外野まで飛ばす」と強振し、狙い通りの中犠飛で勝ち越した。

ダメ押しがほしい九回には、今大会ここまで1安打と不調が続く1番打者の荘野樹(2年)が2点適時三塁打。「今まで足を引っ張っていたが、チームを助けられた」と胸を張った。

相手より安打が少なくても勝利をつかんだ。兼田智監督は「長打を狙わず、逆方向を意識していることが勝負強さにつながっている」と分析した。

あと1勝で東北大会出場が決まる。荘野は「気持ちで勝ちたい」と闘志を燃やした。

花巻東が猛攻17安打

■花巻市・花巻球場

花巻東 17―4 大船渡

	1	2	3	4	5	6	計
花巻東	2	0	0	5	2	8	17
大船渡	3	0	0	0	1	0	4

(六回コールド)

(花)菱川、松本―菅(大)前川、吉田、高―及川太
【三】菅(花)【二】田村2、菅、大和田(花)吉田(大)

花巻東は1点を追う四回、酒井の右前打で同点に追い付くと、菅の2点三塁打で勝ち越した。二回から救援した松本が5回1失点の好投で流れを呼び込んだ。

大船渡は初回に吉田、及川遥の適時打で3点を奪い一時は逆転したが、中盤以降に失点を重ねた。

【花巻東】		打	安	点
②	菅	5	5	5
⑤4	清川	4	1	1
⑦	大和田	3	2	3
R	平山	0	0	0
7	村上	0	0	0
⑧	水谷	3	0	2
③	田村	3	3	1
①5	菱川	4	1	1
R5	安ケ平	0	0	0
④	渡辺	1	0	0
1	松本	3	3	1
⑥	酒井	4	2	2
⑨	佐藤	3	0	0

振球犠盗失併残………
2833009331716

【大船渡】		打	安	点
⑦	千田	3	1	0
⑧	細谷	3	0	0
R	中村	0	0	0
④	金野	3	0	0
⑥16	吉田	3	2	1
②	及川太	3	1	1
③	佐々木翔	2	0	0
⑨	及川遥	3	3	2
⑤65	武田	3	2	0
①	前川	2	0	0
5	今野	0	0	0
1	高	1	0	0

振球犠盗失併残………
74022182694

■盛岡市・県営球場

盛岡大付 10—3 専大北上

専大北上	3	0	0	0	0	0	0	0	3
盛岡大付	0	0	2	2	1	1	1	3x	10

（八回コールド）

（専）高橋、長島—川上、佐藤魁（盛）大久保—塚本

【本】大久保（盛）【二】早坂、高橋（専）松本、塚本、石井（盛）

盛岡大付3戦連続コールド

盛岡大付は三回に松本の中前打で1点差に追い上げると、四回に渡辺の左前打で逆転。六回に大久保のソロで加点し、八回は塚本、石井の連続二塁打で勝負を決めた。

専大北上は初回に高橋の2点二塁打などで3点を先制したが、二回以降は無得点と投手陣を援護できなかった。

【専大北上】		打安点
④	川村	410
⑤	小原	420
⑦	早坂	420
③	鈴木	400
⑧	杉崎	310
①	高橋	312
1	長島	100
⑨	坂本	200
H	小田島	110
2	佐藤魁	000
②	川上	200
H	工藤大	100
9	塚本	000
⑥	粟野	200

振球犠盗失併残………

5 2 0 0 0 2 6 31 8 2

【盛岡大付】		打安点
⑧6	渡辺	312
⑤	篠山	200
③	松本	432
②	塚本	522
⑦9	石井	522
④	山口	430
⑨8	板橋	211
⑥	四日市	100
H	新井	100
7	小林	100
①	大久保	211
H	木嶋	100

振球犠盗失併残………

0 7 3 3 2 1 8 31 13 10

専大北上—盛岡大付　4回裏盛岡大付2死二、三塁、渡辺が左前打を放ち4—3と逆転する。捕手川上

初回3失点にも焦らず

盛岡大付は三回以降、毎回得点の13安打10得点。3戦連続コールド勝ちで4強入りした。

「取られたら取り返せばいい」。初回の3失点に動じることなく、打席でのベストパフォーマンスに集中した。三回、2四球を足がかりに松本龍哉（1年）の適時打でまず2点。先制を許した重苦しい雰囲気は、これで一気に消えた。続く四回は2死二、三塁から渡辺翔真（同）が詰まりながら外野まで運び、逆転に成功した。

投げては右横手の大久保瞬（2年）が、二回以降は配球を変えて無失点。六回には人生初の本塁打を放つなど投打で活躍し「新チームをけん引しようと練習してきた」と笑顔を見せた。

県内随一の打力を誇りながら夏は3回戦敗退。長打に頼ったもろさを露呈した。関口清治監督は「前に飛ばせば何かが起きる」と新チームに言い続け、この日は三振ゼロ。安打数よりも、飛距離よりも、泥くさく勝利につながる得点を最重視した。勝利への渇望はどこにも負けない。

一関学院、序盤で主導権

一関学院は初回に坂本の2点二塁打、奥谷の右前打で3点を先制。二回は2死からの4連打で3点を加えた。3投手の継投で2失点に抑えて逃げ切った。

盛岡三は三回から救援した利府が粘投。六回に菅原の中犠飛、八回にも1点を返したが届かなかった。

【一関学院】		打安点
⑧	近江	311
⑥	佐藤颯	421
⑦	佐々木大	421
⑤	坂本	533
③	奥谷	311
⑨	瀬川	410
9	千田	000
②	佐々木春	410
①	菊池	000
1	小綿	400
1	鈴木壮	000
④	鈴木来	410

振球犠盗失併残………

4 4 1 5 3 0 6 35 12 7

【盛岡三】		打安点
⑧4	吉川	300
④1	利府	420
①8	後藤	210
②	菅原	301
⑦	高橋	400
⑥	佐々木	410
⑨	小谷地	300
⑤	志和	300
H	山崎	110
③	糠森	200
H	下谷地	110
R	山下	000
3	熊谷	100

振球犠盗失併残………

7 3 2 0 1 1 7 31 6 1

■盛岡市・県営球場

一関学院 7—2 盛岡三

一関学院	3	3	0	0	0	0	0	0	1	7
盛岡三	0	0	0	0	0	1	0	1	0	2

（一）菊池、小綿、鈴木壮—佐々木春（盛）後藤、利府—菅原

【三】佐藤颯（一）【二】坂本、佐藤颯（一）利府2（盛）

■花巻市・花巻球場

盛岡大付 11―1 遠野

遠野	0	0	1	0	0	1
盛岡大付	6	0	1	2	2x	11

（五回コールド）

（遠）菊池紘、鈴木―石田（盛）渋―塚本
【二】板橋、渋（盛）

■盛岡市・県営球場

花巻東 10―0 宮古

花巻東	3	2	2	2	0	0	1	10
宮古	0	0	0	0	0	0	0	0

（七回コールド）

（花）清水、菱川、田村、清川―菅（宮）阿部、川中、山根拓―黒田
【本】菱川（花）【三】渡辺、佐藤（花）【二】田村、大和田、水谷（花）

■花巻市・花巻球場

盛岡商 6―1 黒沢尻工

黒沢尻工	0	0	1	0	0	0	0	0	0	1
盛岡商	0	1	0	4	1	0	0	0	×	6

（黒）高橋、藤沢、佐藤拓、松原―佐藤慎（盛）桜庭―川野
【三】小野寺（盛）【二】広田（盛）

■盛岡市・県営球場

盛岡一 15―9 宮古商

盛岡一	3	1	4	0	0	0	5	2	0	15
宮古商	2	3	0	3	0	0	1	0	0	9

（盛）菅、平井、佐々木裕―金沢（宮）川戸一、遠洞、荒川―瀬川
【本】高橋怜（盛）瀬川（宮）【三】川村尚、高橋健、福田（盛）
【二】川村咲、金沢（盛）荒川2、遠洞、宇都宮（宮）

盛岡三―久慈　9回表盛岡三2死満塁、高橋が左中間二塁打を放ち、8―5と勝ち越す

盛岡三、打撃戦を制す

■盛岡市・県営球場

盛岡三 8―5 久慈

盛岡三	0	0	2	0	2	1	0	0	3	8
久慈	0	0	4	1	0	0	0	0	0	5

（盛）後藤、利府―菅原（久）間峠―柴田
【三】利府（盛）貫牛（久）
【二】吉川、菅原、小谷地、高橋（盛）丹治（久）

盛岡三が両チーム合わせて28安打の打撃戦を制した。5―5で迎えた九回、1死から1～3番の3連打で満塁。2死後、5番高橋一輝（2年）が「4番が打ち取られた変化球が来ると思った」とカーブを狙い打ち。左中間を破り、走者一掃の二塁打となった。コンパクトな振りで内角をさばき、毎回安打で久慈の左腕間峠恒成（2年）にプレッシャーをかけ続けた。

投げては2番手利府が丁寧にコースを突き無失点。救援した九回に4失点した1回戦の汚名を返上した。利府は「仲間に初戦以上のピンチはないと言われ心強かった」と感謝した。

■花巻市・花巻球場

大船渡 5—2 水沢

	1	2	3	4	5	6	7	8	9	計
大船渡	0	1	0	0	0	0	4	0	0	5
水沢	0	0	1	0	0	0	0	0	1	2

（大）前川—及川太（水）神田、伊藤、佐藤—竹田
【二】細谷（大）吉田（水）

大船渡—水沢　7回表大船渡1死二塁、武田が左前打を放つ。敵失が重なり2走が生還し2—1と勝ち越す

大船渡、投打かみ合う

大船渡は、この秋から背番号1をつける左腕前川真斗（2年）が2試合連続で完投した。リズムよく投げ込み、無四球で2失点。バックも4失策でもり立てた。前川は「前回は四球から失点してしまったが、今日はストライク先行で投げられた」と納得の98球を振り返り、花巻東との「再戦」となる準々決勝に向け「自分の全力をぶつけたい」と闘志を燃やした。

攻撃では背番号20の武田慎之介（1年）が活躍した。1—1の七回1死二塁でしぶとく左前打。敵失も重なり勝ち越し点につなげた。二回は先制打も放ち3安打1打点。頼もしい8番打者は「目に見える形でチームに貢献できてうれしい」と喜んだ。

一関学院、盤石の継投

一関学院が主戦佐藤弘平と小綿大斗（ともに2年）のリレーで快勝した。

2人とも夏の準々決勝で花巻東に打ち込まれた。小綿は相手打線を止められず、救援した佐藤は1死も奪えなかった。長年チームを率いた沼田尚志監督の最後の試合にしてしまった。佐藤は「何もできなくて悔しかった」と振り返る。

この日の佐藤は内外角に丁寧に投げ分け、7回を3安打無失点。リリーフした小綿は最終回にソロ本塁打を浴びたものの、許した安打はその1発だけ。2人の強い覚悟がにじんだマウンドだった。

一関学院—盛岡中央　7回を被安打3、無失点と好投した一関学院の先発佐藤弘

■金ケ崎町・森山総合公園球場

一関学院 7—1 盛岡中央

	1	2	3	4	5	6	7	8	9	計
一関学院	0	1	1	1	0	0	0	0	4	7
盛岡中央	0	0	0	0	0	0	0	0	1	1

（一）佐藤弘、小綿—佐々木春（盛）藤本凱—藤島
【本】吉田恵（盛）【三】千田、近江（一）

専大北上 きっちり犠飛

■金ケ崎町・森山総合公園球場

専大北上 5—3 釜石商工

	1	2	3	4	5	6	7	8	9	計
釜石商工	0	0	2	0	0	0	1	0	0	3
専大北上	1	0	1	0	1	0	2	0	×	5

（釜）山崎—小笠原（専）長島—川上
【三】川村（専）【二】堀内（釜）

専大北上は終盤に勝ち越し、釜石商工とのシーソーゲームを5—3で制した。三回に1—2とリードされ、七回には3—3の同点に追い付かれた。ただ、チャンスは逃さなかった。七回裏に川村英治（2年）の右越え三塁打で勝ち越すと、小原宏太（同）の犠飛で1点を追加。力投を続ける先発長島暖和（1年）をようやく援護し、そのまま逃げ切った。

粟野元斗主将（2年）は「練習試合などでも、リードされてから逆転してきた」と焦らなかった。

盛岡商、逆転サヨナラ

■花巻市・花巻球場

盛岡商 5—4 福岡

福岡	1	0	3	0	0	0	0	0	0	4
盛岡商	3	0	0	0	0	0	0	0	2x	5

(福)前田—和田(盛)桜庭—川野
【二】田山頼、小野寺(盛)

盛岡商が劇的な逆転サヨナラ勝ち。初回に無安打で3点を挙げたものの、八回まで1安打に抑えられていた打線が最終回に目覚めた。3—4で迎えた九回裏、先頭の田山頼翔《らいと》(2年)が二塁打で出塁し、1死三塁から投手の桜庭悠空《ゆうく》が起死回生の適時打を放つ。しっかり送って2死二塁。「1年生がつくってくれたチャンス。逆転するにはここしかない」と、小野寺周生《しゅう》(2年)が外角の直球を振り抜く。これが執念の右翼線二塁打となって桜庭が生還。12安打を浴びながら最後までマウンドを守った1年生エースの力投に応えた。

福岡—盛岡商　9回裏盛岡商2死二塁、小野寺の右翼線二塁打で二走桜庭が生還し、サヨナラ勝ちを収める

■盛岡市・県営球場

盛岡大付 22—1 盛岡農

盛岡農	0	1	0	0	0	1
盛岡大付	7	8	5	2	×	22

(五回コールド)

(農)工藤、藤原、武田—大志田(付)渡辺、田崎、渡辺—塚本、田屋
【本】塚本2、松本(付)【二】武田(農)渡辺、篠山、四日市(付)

■花巻市・花巻球場

遠野 10—0 花泉

花泉	0	0	0	0	0	0	0
遠野	2	5	0	1	0	2x	10

(六回コールド)

(花)千葉—佐藤(遠)菊池紘—石田
【三】佐々木勁(遠)【二】佐々木勁(遠)

釜石商工、気迫のサヨナラ

釜石商工がサヨナラ勝ちで同地区対決を制した。1―1で迎えた最終回。何度も走者を背負っていた先発の山崎蓮（2年）が相手の攻撃を3人で片付け、流れを呼び込む。先頭の近藤秀哉（1年）が敵失で出塁し、犠打と木村翔大（2年）の右前打で1死一、三塁。打席にはここまで無安打の鳥居健（2年）。直球に食らいついた打球は三遊間を抜け、近藤がサヨナラのホームを踏んだ。

2打席目の良い感覚が残っていたという鳥居は「地区予選はチームの足を引っ張った。最後に貢献できた」と表情を緩めた。

■金ケ崎町・森山総合公園球場

釜石商工 2―1 釜石

釜石	0	0	0	1	0	0	0	0	0	1
釜石商工	0	0	1	0	0	0	0	0	1x	2

（釜）中館―高清水享（商）山崎―小笠原

釜石―釜石商工　9回裏釜石商工1死一、三塁、鳥居の左前打で三走近藤（後方右）が生還。サヨナラ勝利が決まりナインが駆け寄る

黒沢尻工―一関二　9回表黒沢尻工1死満塁、松原が右前打を放ち2―1と勝ち越す

■金ケ崎町・森山総合公園球場

黒沢尻工 4―1 一関二

黒沢尻工	0	0	0	0	0	0	0	0	4	4
一関二	0	0	0	0	1	0	0	0	0	1

（黒）小野寺、高橋、藤沢―佐藤慎（一）佐藤―三浦

黒沢尻工、土壇場で発奮

黒沢尻工が土壇場で試合をひっくり返した。相手主戦の前に八回まで1安打。「打たないと勝てない。長いオフになるぞ」。石橋智監督のげきにナインが奮起した。押し出し四球で同点とすると、松原大修《だいすけ》（2年）の右前適時打、続く角舘希海《のぞみ》（同）の2点適時打で3点を追加。夏にベンチ入りできなかった2人が意地を見せた。

新チームには夏4強の原動力となった石塚綜一郎、佐々木駿介（ともに3年）のような大砲はいない。その分、つないで1点を奪うスタイルを貫く。松原は「打つことでいろんな人に恩返しをしたかった。どんな相手でも打で貢献したい」と声を弾ませた。

盛岡一、しぶとく突破

■盛岡市・県営球場

盛岡一 7―6 一関工

盛岡一	0	1	0	2	0	2	0	0	2	7
一関工	0	0	0	0	0	5	0	0	1	6

（盛）菅、平井―金沢（一）小野寺、福島、千葉陽―阿部悠
【三】川村尚（盛）【二】佐藤樹、藤野、山平（一）

盛岡一が勝負強さを発揮した。「犠打だけで得点できる力はない。状況に応じた動きを選手にも考えさせている」と川又範明監督。思い切りよくスイングしたかと思えば、追い込まれると軽打でつなぎ、先発全員安打で夏4強の一関工に競り勝った。機動力も駆使し、盗塁やヒットエンドランで何度も揺さぶった。九回の勝ち越し打を放ったのは4番高橋怜大《れお》（2年）。初球を狙いすまし、痛烈な打球を左前にはじき返した。「大差はいらない。とにかく勝ちにこだわる」と話した。

大船渡—伊保内　10回表大船渡1死一、三塁、佐々木翔が中堅に犠飛を放ち8—7と勝ち越す

大船渡、エース粘る

■盛岡市・県営球場

大船渡 8—7 伊保内

大船渡	1	0	1	4	0	1	0	0	0	1	8
伊保内	0	0	0	0	0	3	1	3	0	0	7

（延長十回）

（大）前川—及川太（伊）小松、福田、森—山下
【三】吉田（大）【二】細谷、千田、及川太（大）小松、森、山下、日向（伊）

大船渡が伊保内の猛反撃に遭った。コールド勝ちも見えた六回裏、先発の前川真斗（2年）が相手打線につかまる。みるみるリードを失い、八回には7—7に追いつかれた。吉田昂生主将（同）は「まだ同点。まずこの打者を打ち取ろう」と仲間を鼓舞、相手の勢いを食い止めて延長戦に持ち込んだ。

落ち着きを取り戻した大船渡は十回表、1死一、三塁から佐々木翔汰（2年）の中犠飛で勝ち越しに成功。「最低限の仕事ができた」と胸をなでおろした。138球を投げ抜いた前川はマウンドで思わずガッツポーズ。「焦ったら終わりだと思い、冷静に投げた。守備のおかげで勝てた」とバックに感謝した。

■盛岡市・県営球場

花巻東 15—1 高田

高田	1	0	0	0	0	1
花巻東	2	2	1	10	x	15

（五回コールド）

（高）佐藤、村上、新沼—平野（花）古川端、田村—菅
【三】菅、渡辺（花）【二】大和田（花）

■花巻市・花巻球場

宮古 9—2 花巻農

花巻農	0	0	0	0	0	0	0	2	2
宮古	0	0	0	0	0	3	1	5x	9

（八回コールド）

（花）遠藤、藤原奏—瀬川（宮）阿部—黒田
【三】佐々木（宮）【二】高橋空、高橋悠（花）舘洞、山根尚（宮）

■金ケ崎町・森山総合公園球場

盛岡中央 7—2 種市・久慈工

種市・久慈工	0	0	0	0	0	0	2	0	0	2
盛岡中央	0	1	2	0	0	2	2	0	×	7

（種）上畑、下苧坪—大久保（盛）高橋、佐々木、藤本凱—藤島
【二】赤坂（種）千葉、藤島、白畑（盛）

■花巻市・花巻球場

水沢 4—1 花北青雲

花北青雲	0	0	1	0	0	0	0	0	0	1
水沢	0	1	0	1	0	0	0	2	×	4

(花)高橋、東—鎌田(水)神田、伊藤—竹田
【二】安倍、小野寺(水)

水沢、下位打線が活躍

水沢の下位打者2人が計4安打3打点と活躍した。

まず1—1の四回。先頭の7番小野寺陽紀(1年)が中前打で出塁すると、8番安倍快斗(2年)はあえてフライを狙って強振。芯でとらえた打球は右翼手の頭上を越え、俊足の小野寺が一気にホームを陥れた。2—1の八回には連続適時打が飛び出した。小野寺が二塁打を放てば、安倍も中前打で続き、決定的な2点を加えた。

小野寺は遊撃手として好守も見せ「地区予選は自分のミスで負けた試合もあった。守備では足を引っ張りたくなかった」と笑顔だった。

花北青雲—水沢　4回裏水沢無死一塁、安倍が右越え二塁打を放ち2—1と勝ち越す

■金ケ崎町・森山総合公園球場

盛岡三 7—6 水沢一

盛岡三	0	0	0	1	0	4	0	0	1	1	7
水沢一	1	0	0	0	0	0	1	0	4	0	6

(延長十回)

(盛)後藤、利府、後藤—菅原(水)高橋陽、小竹、高橋陽—大山
【二】菅原(盛)本間、大山(水)

盛岡三—水沢一　再登板した10回裏を三者凡退に抑え、仲間と初戦突破を喜び合う盛岡三の先発後藤(手前左)

盛岡三、窮地しのぐ

盛岡三が粘る水沢一を振り切った。4点リードで迎えた九回裏、救援した背番号1の利府寛太(2年)が打ち込まれまさかの同点。サヨナラ負けの瀬戸際にまで追い込まれた。

延長は投打で地力を発揮。十回2死三塁、吉川久登(2年)が力強く引っ張った打球は敵失を誘い、三走が生還。先発した後藤謙介(同)が再びマウンドに上がり、三者凡退で乗り切った。吉川主将は「ほっとしている。勝てて良かった」と苦しい試合を振り返った。

久慈、三回に一挙14点

■盛岡市・県営球場

久慈 17—3 水沢工

水沢工	1	0	0	0	2	3
久慈	0	0	14	3	x	17

(五回コールド)

(水)高橋知、山本、天久—及川勇(久)丹治、間峠、滝谷—柴田
【三】貫牛(久)【二】及川勇、伊藤、千田(水)伊藤、柴田(久)

久慈は1点を追う三回に打線が爆発。打者二巡、延べ19人の猛攻で一挙14点を奪った。

二回までは無安打だったが、三回は先頭の貫牛海翔(2年)が三塁打で反撃の口火を切った。次打者の内野ゴロで同点とすると、一気にたたみかけて14安打。そのほとんどが逆方向の単打だった。中村琉暉主将(同)は「(引退した)3年生のような長打力がない分、単打で次につなぐ意識で得点できた」と振り返った。

盛岡地区

8月24日～9月1日＝県営球場、八幡平市総合公園球場

▽1回戦

盛岡農　30030225｜15
江南義塾盛岡　00020300｜5
（八回コールド）
（盛）工藤、武田―大志田（江）太田、田沢、太田、田沢―出村【三】大志田（盛）【二】熊谷、坂本、武田、工藤（盛）滝沢（江）

盛岡北　013011003｜9
盛岡南　111000113｜8
（北）千葉、兼平―川村（南）高見―浅沼【本】田山（南）【三】田山（南）【二】兼平（北）浅沼、藤沢2、吉田、熊谷（南）

盛岡中央　022010100｜6
盛岡三　011000000｜2
（中）藤本―藤島（三）後藤、利府―菅原【三】佐々木（中）【二】吉田恵（中）吉川、高橋（三）

盛岡一　222111012｜12
盛岡市立　003010020｜6
（一）菅、平井―金沢（市）本堂、田村、村田、本堂、工藤―佐々木飛【本】高橋怜（一）【二】福田2（一）三浦、村田（市）

盛岡四　10244｜11
盛岡工　00000｜0
（五回コールド）
（四）山崎―煙山、十良沢（工）昆野、工藤、中村、阿部―下屋敷【三】黒渕（四）【二】酒井2、山崎2、黒渕（四）

盛岡大付　2300025｜12
盛岡誠桜　0000000｜0
（七回コールド）
（付）渋、伊藤、藤井、渡辺―田屋、狐崎（誠）林、木戸場、成ケ沢―野元【二】山口、石井（付）

不来方　000002000｜2
盛岡商　10000201×｜4
（不）阿部、佐々木、阿部―北舘（盛）桜庭―川野【二】塚本（不）飛内（盛）

平　舘　010000000｜1
岩　手　10000100×｜2
（平）佐々木奏―阿部（岩）西村、小野―高橋、村上【二】佐々木大、遠藤（平）藤村、松村（岩）

▽代表決定戦

盛岡農　100011004｜7
盛岡北　100012100｜5
（農）工藤、武田―大志田（北）千葉―川村【二】小野寺（農）兼平、谷藤（北）
（盛岡農は44年ぶり4度目）

盛岡大付　100001100｜3
盛岡四　000000000｜0
（付）大久保、渋―田屋（四）山崎―煙山【二】山口、渡辺、大久保（付）
（盛岡大付は18年連続26度目）

盛岡中央　000200000｜2
盛岡一　000000001｜1
（中）藤本―藤島（一）菅―金沢【三】川村咲（一）【二】藤島、白畑（中）高橋怜（一）
（盛岡中央は5年連続21度目）

岩　手　000010000｜1
盛岡商　00010010×｜2
（岩）村上―小野（盛）桜庭―川野【二】松村（岩）荘野（盛）
（盛岡商は4年連続31度目）

▽準決勝

盛　岡　農　0000000｜0
盛岡大付　0160011×｜9
（七回コールド）
（農）熊谷、藤原―大志田（付）藤井、伊藤、渡辺―狐崎、田屋

盛岡中央　101101101｜6
盛岡商　101000101｜4
（中）高橋、佐々木、藤本凱―藤島（商）桜庭、高橋、吉田―川野【本】佐々木（中）【三】飛内（商）【二】吉田恵、藤島、高林（中）佐々木、阿部（商）

▽第1、第2代表決定戦

盛岡大付　100012002｜6
盛岡中央　001000000｜1
（付）石井、大久保、渋―田屋（中）高橋、佐々木、藤本―藤島【三】松本（付）【二】石井、松本、渡辺、川瀬、山口（付）千葉、菅野（中）

▽敗者復活1回戦

江南義塾盛岡　000000｜0
盛　岡　三　120115x｜10
（六回コールド）
（江）太田―出村（盛）下谷地―菅原【本】利府（盛）【三】菅原（盛）【二】古川2、志和、菅原（盛）

盛　岡　南　0000000｜0
盛岡市立　4002001x｜7
（七回コールド）
（南）高見―浅沼（市）佐々木飛―鎌田【二】佐々木飛2（市）

盛岡工　130002200｜8
不来方　003000200｜5
（盛）阿部、昆野―下屋敷（不）遠藤、阿部、佐々木―北舘【二】小野寺2、笹山2（盛）佐々木（不）

平舘　110040010｜7
盛岡誠桜　000000020｜2
（平）佐々木奏―阿部（盛）林、木戸場、林―野元【二】佐々木奏（平）林、野元（盛）

▽敗者復活2回戦

岩　手　0111000｜3
盛岡三　4100032x｜10
（七回コールド）
（岩）桜田、西村、村上―小野、高橋悠（盛）後藤―菅原【二】斉藤、樋口、田山（岩）吉川、菅原、志和、熊谷（盛）

盛　岡　四　20000024｜8
盛岡市立　00000000｜0
（八回コールド）
（四）山崎―煙山（市）本堂、田村、村田―佐々木飛【二】佐々木飛（市）

盛岡一　020201100｜6
盛岡工　000000000｜0
（一）菅、平井―金沢（工）昆野―下屋敷【三】高橋怜（一）【二】森（一）

盛岡北　000000000｜0
平　舘　10001000×｜2
（盛）高橋、兼平、千葉―川村（平）佐々木奏―阿部【二】兼平（盛）吉川（平）

▽敗者復活代表決定戦

盛岡四　000100000｜1
盛岡三　01010110×｜4
（四）山崎―煙山（三）利府―菅原【三】後藤（三）
（盛岡三は10年連続22度目）

平　舘　0002000｜2
盛岡一　3110202x｜9
（七回コールド）
（平）佐々木奏―阿部（盛）菅―金沢【二】遠藤（平）金沢、高橋怜、高橋健（盛）
（盛岡一は3年連続27度目）

花巻地区

8月24日～9月1日、花巻球場

▽1回戦

花巻北　001000100｜2
遠　野　000000012x｜3
（花）武田、袴田、武田、菊池―八重畑（遠）菊池紘―石田【二】八重畑（花）菊池紘（遠）

花巻農　010001000｜2
花北青雲　02000100×｜3
（農）菊池、藤原奏―瀬川（青）高橋―鎌田【本】高橋悠（農）【三】鎌田（青）【二】小原、冨手（青）

遠野緑峰　71000000｜8
花　巻　南　0123621x｜15
（八回コールド）
（遠）菊池浩、佐々木康、菊池浩―佐々木真（花）菊池、高橋―鈴木【二】菊池優、菊池浩、佐々木真、佐々木康（遠）小笠原、小原（花）

三校連合（紫波総合・水沢農・雫石）　00000｜0
花巻東　3035×｜11
（五回コールド）
（連）鈴木―坂本（花）船越、田村―小船、菅【三】水谷（花）【二】酒井2、小船、大和田、田村、菱川（花）

▽代表決定戦

花北青雲　100000214｜8
遠野　44000001×｜9
（花）高橋―鎌田（遠）菊池紘、神原―石田【二】高橋、鎌田（花）佐々木陽2、菊池暉、神原2（遠）
（遠野は2年連続25度目）

花巻南　00000｜0
花巻東　2318×｜14
（五回コールド）
（南）佐々木利、桜田、伊藤―鈴木（東）小野寺、菱川―菅【本】清川、菅（東）【二】水谷、田村（東）
（花巻東は15年連続37度目）

▽第1、第2代表決定戦
花巻東52304｜14
遠　野01000｜1
(五回コールド)
(花)古川端、松本―菅(遠)菊池紘、鈴木―石田【本】清川(花)【二】水谷、相野(花)

▽敗者復活1回戦
花巻北000210201｜6
花巻農13000221×｜9
(北)武田―八重畑(農)遠藤、藤原奏―瀬川【三】高橋空(農)【二】武田、佐藤大(北)遠藤、板倉(農)

遠野緑峰401002200｜9
紫波総合・水沢農・雫石102000000｜3
(遠)菊池浩、菊池優―佐々木真(紫)鈴木―坂本【二】菊池浩2(遠)

▽敗者復活代表決定戦
花巻農102410000｜8
花巻南102010002｜6
(農)菊池、遠藤―瀬川(南)佐々木、高橋、伊藤―鈴木【本】久保田(南)【二】高橋空、梅野(農)鈴木(南)
(花巻農は3年ぶり12度目)

遠野緑峰000000130｜4
花北青雲01220100×｜6
(遠)菊池優―佐々木真(花)東、小原、高橋―鎌田【二】佐々木康、菅沼、菊池浩、菊池魁(遠)小原(花)
(花北青雲は9年連続24度目)

北奥地区

8月24日～9月2日＝金ケ崎町・森山総合公園球場、北上市民江釣子球場

▽1回戦
黒沢尻工020102100｜6
水沢工002200000｜4
(黒)小野寺―佐藤(水)高橋知、山本―及川勇【三】千田、伊藤(水)【二】菊池、佐藤、松原(黒)吉田(水)

岩谷堂020000000｜2
水沢一00002032×｜7
(岩)佐藤―及川大(水)小竹、高橋陽―大山【三】及川(水)【二】千田(水)

▽2回戦
金ケ崎002210009｜14
西和賀・前沢000000010｜1
(金)梶原、小野寺、海鋒―渥美(西)須藤、坂内、須藤―東【三】小野寺(金)白鳥(西)【二】久保田、渥美2(金)東(西)

水沢010800112｜13
黒沢尻工012150010｜10
(水)神田、伊藤―竹田(黒)小野寺、菅原、藤沢、畠山、佐藤拓、松原―佐藤慎【二】千葉葵(水)小野寺2、加藤(黒)

黒沢尻北121120000｜7
専大北上023001012x｜9
(黒)渡辺、星―佐藤(専)高橋、真野―佐藤【本】小原(専)【三】高橋寛(黒)粟野、高橋(専)【二】佐藤(黒)

水沢商000030000｜3
水沢一34000002×｜9
(商)小沢、千田大―千田慎(一)小竹、高橋陽―大山【三】浅沼(一)【二】小沢、千葉(商)千田、三瓶(一)

▽代表決定戦
水　沢600000500｜11
金ケ崎000200500｜7
(水)神田、佐藤、藤沢、及川真、千葉英―竹田、三浦(金)中田、梶原―渥美【三】渥美(金)【二】吉田、菊池悠(水)渥美(金)
(水沢は3年連続33度目)

水　沢　一00002｜2
専大北上45003x｜12
(五回コールド)
(水)小竹、新田―大山(専)高橋―川上【本】杉崎(専)【三】本間(水)小原(専)【二】杉崎、高橋、川村2、小原(専)
(専大北上は18年連続36度目)

▽第1代表決定戦
専大北上000002000｜2
水沢000000000｜0
(専)長島―川上(水)神田、伊藤―竹田【三】早坂(専)【二】菊地(水)

▽第3、第4代表決定戦
水沢工002020100｜5
黒沢尻工000000000｜0
(水)天久、小野寺、桂田、菊地―高橋(黒)菅原、佐々木、佐藤拓、松原―加藤【二】千田(水)

▽敗者復活1回戦
黒沢尻北00110000｜1
水　沢　工00102401x｜8
(八回コールド)
(黒)渡辺、星、小原、山田―佐藤(水)高橋―及川勇【三】天久(水)

▽敗者復活2回戦
水沢工230000010｜6
水沢商010000000｜1
(工)高橋知―及川勇(商)遠藤―千田慎【二】千田、及川勇、天久、村上(工)千田竜、千田大(商)

西和賀・前沢1001000｜2
黒沢尻工021016×｜10
(七回コールド)
(西)坂内、須藤―東(黒)菅原、佐々木、藤沢―佐藤【三】加藤(黒)【二】村上、東(西)松原、角舘、及川(黒)

▽敗者復活代表決定戦
水沢工004110001｜7
金ケ崎420000000｜6
(水)高橋、山本―及川勇(金)小野寺、梶原、中田―渥美【三】吉田(水)【二】村上、阿部(水)小野寺、梶原(金)
(水沢工は3年ぶり17度目)

水　沢　一0000000｜0
黒沢尻工1000060×｜7
(七回コールド)
(水)小竹、高橋陽―大山(黒)小野寺―佐藤【二】千田、及川(水)及川(黒)
(黒沢尻工は5年連続35度目)

金ケ崎000020000｜2
水沢一02100002×｜5
(金)中田―渥美(水)高橋陽―大山【二】高橋陽(水)
(水沢一は2年ぶり17度目)

一関地区

8月24日～9月1日＝一関市・一関総合運動公園球場

▽1回戦
千　厩00010010｜2
一関一30103101x｜9
(八回コールド)
(千)金今、遠藤、金今、遠藤、藤野、及川―佐藤(一)岩渕和―高橋啓【二】金今(千)高橋紬、小野寺(一)

▽2回戦
大　東00000｜0
一関工00631x｜10
(五回コールド)
(大)滝沢、佐藤彗―菊池(一)小野寺―阿部【三】山平(一)【二】阿部、佐藤蓮、千田、立石(一)

一関修紅001000100｜2
一関二20040010×｜7
(修)佐藤翔、小原―千葉圭(二)佐藤、高橋翔―三浦【三】山田(二)【二】檀上、千葉圭、伊藤(修)佐藤(二)

一関高専00000｜0
一関学院10393×｜25
(五回コールド)
(高)吉田、内海、塚田―八巻(学)佐藤弘、佐藤竜―佐々木春、杉沢【三】近江(学)【二】瀬川、佐々木大、奥谷、佐藤颯(学)

花　泉000000200｜2
一関一000000000｜0
(花)千葉―佐藤(一)岩渕匠、岩渕和―高橋啓【三】岩渕匠(一)【二】佐藤、小野寺(花)

▽代表決定戦
花　泉0000000｜0
一関学院200412×｜9
(七回コールド)
(花)千葉、石田―佐藤(一)伊藤、小綿―佐々木春【三】小綿(一)【二】坂本、佐々木大(一)
(一関学院は16年連続36度目)

一関二001000010｜2
一関工01100200×｜4
(二)佐藤、高橋翔―三浦(工)小野寺、福島、千葉―阿部【三】菅原(二)【二】山平、阿部2(工)
(一関工は2年ぶり20度目)

▽第1、第2代表決定戦
一　関　工000000｜0
一関学院00442x｜10
(六回コールド)
(工)千葉、立石、阿部未、福島―阿部悠(学)鈴木壮、菅原―佐々木春【三】佐藤颯(学)【二】奥谷、菅原(学)

▽敗者復活1回戦

大東 000010000 1
千厩 04000021× 7

(大)高橋、滝沢―菊池(千)及川、藤野、遠藤―佐藤【本】千葉(千)【二】古舘(千)

▽敗者復活2回戦

一関修紅 0000001 1
千厩 001010× 2

(七回降雨コールド)

(一)佐藤翔、小原―山崎(千)及川、藤野―佐藤【三】菅原(千)【二】遠藤(千)

一関一 00276 15
一関高専 00005 5

(五回コールド)

(一)岩渕和、須藤、熊谷―高橋啓(高)吉田、塚田―八巻【二】小野寺、松嶋(一)八巻(高)

▽敗者復活代表決定戦

花泉 002001000 3
千厩 000101000 2

(花)千葉―佐藤(千)及川―佐藤【三】千葉(千)【二】佐藤、千葉(千)

(花泉は2年連続9度目)

一関一 001203002 8
一関二 03040101× 9

(一)岩渕匠、岩渕和、小野寺、岩渕匠―高橋啓(二)佐藤―三浦【三】山田(二)

(一関二は6年ぶり15度目)

沿岸南地区

8月25日～9月1日＝住田町運動公園球場

▽1回戦

大船渡東
100100000001 3
000002000000 2
釜石商工

(延長十二回)

(大)村上、仁木崇―近江優(釜)山崎―小笠原【三】佐々木(大)【二】野々村、仁木崇(大)

高田 000001010 2
大槌 04100000× 5

(高)新沼、吉田、村上―平野(大)柏崎―小林【二】村上、平野、大和田稚(高)

▽代表決定戦

大船渡東
000010010 2
00011102× 5
大船渡

(東)村上、熊谷―近江優(大)前川―及川【本】今川(東)【三】吉田(大)【二】佐々木、田村(大)

(大船渡は3年連続34度目)

大槌 000001002 3
釜石 00103000× 4

(大)武田―小林(釜)中舘、長谷川―高清水【二】難波(釜)

(釜石は2年ぶり5度目)

▽第1、第2代表決定戦

大船渡 0320116 13
釜石 2110000 4

(七回コールド)

(大)高、吉田、前川―及川(釜)中舘、木下、五十嵐―高清水【本】及川(大)【三】関根(釜)【二】及川(大)

▽敗者復活代表決定戦

大槌 000000 0
釜石商工 00421 3x 10

(六回コールド)

(大)柏崎、植田基―小林(釜)山崎―小笠原【三】山崎、堀内、佐々木稜(釜)【二】佐々木稜、鳥居、木村、山崎、小笠原、堀内(釜)

(釜石商工は2年連続5度目)

高田 012306 12
大船渡東 010000 1

(六回コールド)

(高)村上、吉田、新沼―平野(大)仁木崇、村上、熊谷、今川―近江【本】佐々木(高)【二】千葉、佐藤、熊谷、加藤(高)仁木崇(大)

(高田は5年連続38度目)

沿岸北地区

8月24日～9月1日＝宮古市・宮古運動公園球場

▽1回戦

宮古工 004000101 6
宮古 20401102× 10

(工)三浦、藤村、長谷川―藤村、橋場、藤村(宮)阿部、菊地、山根拓―黒田【本】長谷川(工)川中(宮)【三】佐々木、黒田(宮)【二】黒田(宮)

▽2回戦

岩泉
200101000 4
03002000× 5
リアス三校連合
(山田・宮古水産・住田)

(岩)山岸―沢(連)鳥居、佐々木―大谷【二】畠山(岩)大谷(連)

宮古商 100043001 9
宮古 020003300 8

(商)川戸、遠洞―瀬川(宮)川中、菊地、阿部―黒田【本】瀬川(商)【三】瀬川、荒川(商)畠山、阿部(宮)【二】佐々木(宮)

▽代表決定戦

山田・宮古水産・住田
0000010 1
220004× 8
宮古商

(七回コールド)

(山)鳥居、佐々木―大谷(宮)川戸一―瀬川【三】瀬川2(宮)【二】鳥居、水野、大谷(山)

(宮古商は15年連続24度目)

▽敗者復活1回戦

宮古工 000000002 2
岩泉 001000000 1

(宮)三浦、藤村―藤村、橋場(岩)山岸―沢【三】穂高(宮)畠山(岩)【二】藤村、橋場(宮)沢(岩)

▽敗者復活2回戦

宮古工 1000000 1
宮古 303220× 10

(七回コールド)

(工)三浦、穂高、藤村、長谷川―藤村、橋場、藤村(宮)阿部―黒田【二】山根、阿部、舘洞(宮)

▽敗者復活第2代表決定戦

宮古
06211211 14
02200030 7
山田・宮古水産・住田

(八回コールド)

(宮)阿部、山根拓、川中―黒田(山)鳥居、佐々木、村上颯―大谷【三】舘洞(宮)鳥居(山)【二】吉浜、佐々木2、阿部、舘洞(宮)鈴木、水野(山)

(宮古は5年連続38度目)

県北地区

8月24日～9月1日＝二戸市・大平球場

▽1回戦

福岡 01254 12
軽米・葛巻 10010 2

(五回コールド)

(福)前田、樋口、平泰―和田(軽)井戸渕―大道【三】和山、藤田、平颯(福)【二】平颯、和山2(福)柳(軽)

久慈東 000000010 1
一戸 30001100× 5

(久)佐々木、長倉―吹切、吉田信(一)小田島―照井【二】吉田大(久)土屋2、奥沢、小田島(一)

久慈 85211 4 30
福岡工 00000 0

(五回コールド)

(久)間峠、滝谷、播磨―柴田(福)宮沢、立花、宮沢―佐々木【本】貫牛(久)【三】貫牛、小野慎2、高橋琉(久)【二】小野慎、小野聖、高橋琉、中村(久)

伊保内
000001032 6
000010000 1
種市・久慈工

(伊)小松、福田―山下(種)上畑、赤坂、下苧坪―大久保【二】石川、桐川、山本、森(伊)

▽代表決定戦

福岡 000003005 8
一戸 000000000 0

(福)前田―和田(一)小田島、泉久保―照井【三】樋口(福)【二】和田、藤田、前田(福)

(福岡は16年連続49度目)

伊保内 010000100 2
久慈 03000004× 7

(伊)森―山下(久)間峠―柴田【二】古舘(伊)

(久慈は2年ぶり25度目)

▽第1、第2代表決定戦

久慈 000100300 4
福岡 000000020 2

(久)間峠、播磨―柴田(福)前田、平泰―和田

▽敗者復活1回戦

軽米・葛巻
010000100 2
00200122× 7
久慈東

(軽)井戸渕、関―大道(久)北沢総、西野―吹切【二】井戸渕、服部(軽)羽柴(久)

福岡工
001004000 5
10050500× 11
種市・久慈工

(福)田口、高田、宮沢―宮沢、田口、佐々木(種)赤坂、上畑、下苧坪―大久保【三】佐々木(福)川戸道(種)【二】下苧坪、三浦(種)

▽敗者復活代表決定戦

久慈東 001000001 2
伊保内 20101010× 5

(久)長倉、佐々木―吹切(伊)小

松、福田―山下【三】羽柴（久）
【二】北沢蓮（久）
（伊保内は3年ぶり13度目）
種市・久慈工 000265―13
一戸 020000―2
（六回コールド）
（種）上畑―大久保（一）小田島―照井【二】下苧坪（種）
（種市・久慈工は初出場）

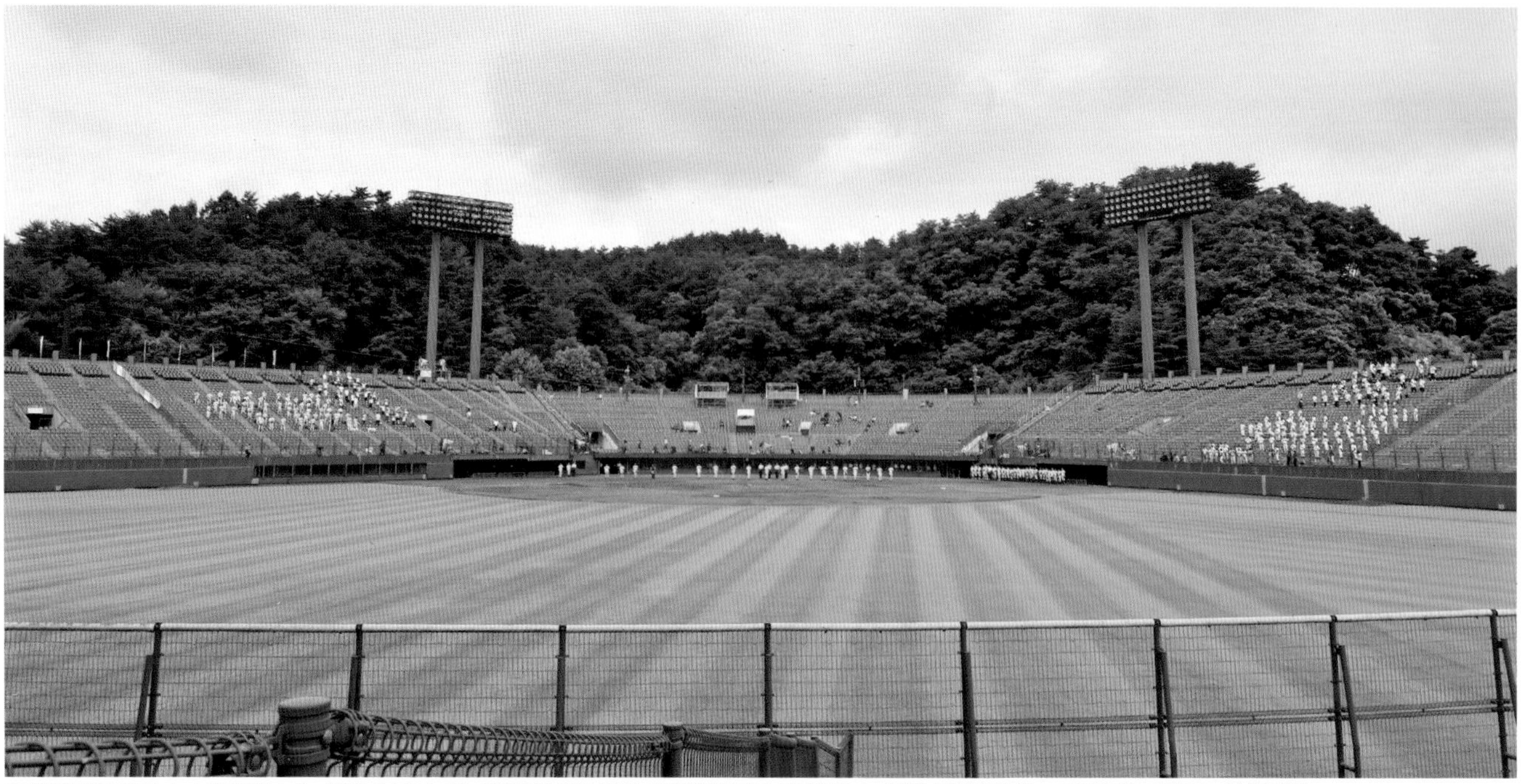

原則無観客で行われた夏季県大会。決勝のスタンドも保護者や控え部員、報道関係者らが見守る中、熱戦を繰り広げた＝7月26日、盛岡市・県営球場

編集後記

ことしで4年目を迎えた「いわて高校野球ファイル」。
5月ごろから「ことしは発行しますか」との問い合わせが相次ぎました。

華やかな開会式は行われず、ブラスバンドの応援がないスタンド。
試合前のシートノックもなし。
新型コロナウイルス対策のため、すべてが異例ずくめの「夏季県大会」でした。
3年生部員はもちろん、下級生も指導者も、選手を支えてきた家族も、
きっと特別な思いで試合に臨んだことでしょう。

地区予選を含め64試合。勝利の先に甲子園がなくても、すべてがナイスゲームでした。
「2020世代」の奮闘に心から拍手を送ります。(T)

決勝を終え笑顔で写真に納まる一関学院と盛岡大付の選手。
いつもと異なる夏の大会にも選手をはじめ関係者には充実感が漂った